生活因阅读而精彩

生活因阅读而精彩

Wall Street's Napoleon
Morgan Family's Biography

华尔街的拿破仑
摩根家族传

方向苹◎著

中国华侨出版社

图书在版编目(CIP)数据

华尔街的拿破仑:摩根家族传 / 方向苹著. —北京:
中国华侨出版社,2014.6

ISBN 978-7-5113-4744-2

Ⅰ.①华… Ⅱ.①方… Ⅲ.①摩根,J.P.(1837~1913)-
家族-历史 Ⅳ.①K837.120.95

中国版本图书馆 CIP 数据核字(2014)第129431 号

华尔街的拿破仑:摩根家族传

著　　者 /	方向苹
责任编辑 /	若　溪
责任校对 /	孙　丽
经　　销 /	新华书店
开　　本 /	787 毫米×1092 毫米　1/16　印张/20　字数/254 千字
印　　刷 /	北京军迪印刷有限责任公司
版　　次 /	2014 年 8 月第 1 版　2020 年 5 月第 2 次印刷
书　　号 /	ISBN 978-7-5113-4744-2
定　　价 /	60.00 元

中国华侨出版社　北京市朝阳区静安里 26 号通成达大厦 3 层　邮编:100028

法律顾问:陈鹰律师事务所

编辑部:(010)64443056　　64443979
发行部:(010)64443051　　传真:(010)64439708
网址:www.oveaschin.com
E-mail:oveaschin@sina.com

前言

提到摩根家族，我们会想到它的众多头衔："金融世家""华尔街的朱庇特""金融界的拿破仑"，甚至"美国无形的政府"……这众多的头衔足以说明摩根家族在美国的强悍地位。

19世纪末20世纪初，摩根家族堪称华尔街真正的主宰者。事实上，摩根家族不仅在华尔街叱咤风云，在美国也所向披靡，是全美国人民的债主，更是全世界的债主。

摩根时代，正是美国崛起的年代，摩根家族推动了美国的崛起，美国的崛起也为摩根家族提供了腾飞的契机。那个年代，经济领域有众多的佼佼者："石油大王"洛克菲勒、"钢铁大王"卡内基、"汽车大王"福特……然而这众多的名头都没有摩根家族响亮，至于说对美国社会以及全世界的影响，它们都不及摩根家族那么深刻而长远。

摩根家族经历了一次次危机，又一次次安然渡过危机，并在危机中迅速强大起来；它一次次拯救美国经济，却一次次遭人诟病，但摩根家族从不解释。作为商业家族，摩根家族的目的只有一个——积累财富,但作为美国的企业,摩根家族为挽救国家的经济命运从不迟疑。

我们只知道摩根家族是强悍的商业帝国,却不知这个强悍的帝国曾经不过是孱弱的农耕家庭;我们知道朱尼尔斯·摩根、皮尔庞特·摩根,却不知道他们的祖辈辛勤努力为他们奠定了创业的基础。

今天的我们该如何评价摩根家族?它是商场中欲壑难填的魔鬼,还是正义与慈善的化身?它是国家经济的拯救者,还是底层人民的毁灭者?无疑,它的身份是多重的。但有一点,谁也不能否定摩根家族在美国经济和世界经济中所起的作用。

所以,《华尔街日报》这样评价摩根家族:“上帝在公元前 4000 年前创造了世界,摩根在 1901 年重组了这个世界。”是的,摩根这个世界公认的“债主”支配着这个世界。但它不可能永远支配这个世界,也不可能主导这个世界,因为世界在前进,世界不是属于一个家族的。

而作为现代人,我们该从摩根家族身上学到什么呢?当然不只是津津乐道摩根家族的历史,羡慕摩根家族的辉煌,而是要学习摩根家族的精神和品质:在摩根家族里,没有坐享其成,只有勤奋不息、开拓不止;没有嚣张跋扈的个人英雄主义者,只有注重合作、善于学习的前赴后继者。不服输的精神,与众不同的见识,认真的态度,正义的化身,对社会的关爱、对国家的使命感……这些才是我们要学习的摩根家族的真正内涵。

时至今日,摩根家族或许不再叱咤华尔街,但摩根家族留给我们的一切永远存在我们的记忆里,摩根家族的优良传统——拼搏的精神和正直的品行永远是我们生活的指引。

目　录

CONTENTS

第九章
战争中的财富，摩根家族的鼎盛时代

第十章
天下没有不散的宴席，家族也会分裂

第一章
遥远的 1838 年，
俱乐部式的融资银行

　　摩根家族就像一座高大的丰碑一样屹立在人们心中，因为它创造了一个无与伦比的金融王国。然而，这个金融王国的创始人，却并不是摩根家族，而是乔治·皮博迪。让镜头回到遥远的 1838 年，乔治·皮博迪完成了一次神秘使命后，在伦敦创建了一个类似俱乐部的商号，并一点点地将它发展壮大。而这个商号，就是后来大名鼎鼎的摩根王国的前身。

创始人皮博迪的选择

　　如今，一提起 JP 摩根大通集团，几乎无人不知，无人不晓。它是一个极具传奇性的金融帝国，被称为"华尔街的拿破仑"，它的金融大权为摩根家族的成员牢牢掌控着。然而却很少有人知道，摩根财团的创始人并非摩根家族的人，而是一位名叫乔治·皮博迪的美国商人。

　　一切要从 1835 年的美国说起。那时的美国政府正在经历一场"新经济泡沫"带来的危机。随着工业的高度发展，美国的州政府大肆修建铁路、运河、公路……而这些项目的资金全部来源于英国银行家们的贷款。有一天，马里兰州的议员们猛然发现，州政府已无力支付高额的债券利息，再这么下去，政府即将面临破产。于是，皮博迪作为美国政府的三位特派员之一，前往伦敦，与英国商人们进行新一轮的商务谈判。

　　皮博迪是位精明的商人，同时也是一位深谙谋略的政治家。他来到伦敦后，首先摆下一桌丰盛的宴席，邀请十几位英国的银行家一起吃饭。这些大英帝国的绅士们全是美国政府的"债权人"，傲慢而不可一世。皮博迪则紧紧抓住他们的心理弱点，软硬兼施。他一方面放低姿态，极力表明美国人绝不是会赖账的家伙，另一方面则有意无意地暗示："你们只有继续为美国提供新的贷款，才能保证以前的贷款能够得到偿还。"于是这帮高傲的英国银行家们在酒酣耳热之际，又慷慨地掏出了 800 万美元的贷款。

皮博迪圆满地完成了美国政府交给他的任务。为了表示对他的感谢，马里兰州政府支付给他一笔6万美元的酬劳。然而，皮博迪在对政府表示了谢意后，拒绝了这笔钱。事了拂衣去，深藏功与名。

虽然有人说："离开了祖国，你将什么都不是。"然而，皮博迪显然不认可这一点。1937年，他毅然离开美国，迁居伦敦。他在伦敦的穆尔门街31号开了一家商号。商号创办伊始，办公用具只有一张红木柜台、一只保险箱和几张书桌。但是很快，皮博迪就凭借着他精明的头脑和卓越的才干，进入了伦敦的金融圈子。他为各国的政府、大公司和有钱人服务，为世界贸易提供大量的资金，发行债券和股票。

皮博迪在19世纪50年代的这段时间里为各种交易提供融资，从与中国的丝绸贸易到向美国出口铁轨，各行各业均有涉及。尽管皮博迪拥有了2000万美元的巨额财富，然而他在个人生活方面的节俭却令人难以置信，他的年收入为30万美元，而花费却只有3000美元。不过，与他在个人开支方面的"吝啬"相对应的是，他在慈善事业方面的投入却出人意料地大方。早在1857年，皮博迪就开始出资建造位于巴尔的摩的一所"皮博迪学院"。到了1862年，他又把15万英镑转给一家信托基金，用于建造伦敦的贫民住宅工程，并且转让了他在另一家公司的5000股大宗股票，用于维持这个住宅区的运转。为此，他获得了"伦敦荣誉市民"的称号。

到了19世纪50年代初，皮博迪已经年近花甲，他很不幸地患上了严重的痛风和风湿病。饱受疾病折磨的他知道自己在人世间的时日已经不多，但他却没有停止在慈善事业上的贡献。他在生命的最后阶段，接连向耶鲁大学捐赠了一座历史博物馆，以及一座考古学和人类文化学的博物馆，并为南部被解放的黑人设立了一项教育基金……法国的大文豪雨果这样评价皮博迪：

"这个世界上，有充满恨的人和充满爱的人，皮博迪属于后者，正是在这种人的脸上，我们看到了上帝的笑容。"

除了致力于慈善事业之外，摆在年迈的皮博迪面前的还有另一个更为重要的问题：他必须选择一位继承人，在他死后继续管理他的巨额财产。按照大多数商人的通常做法，他们会选择自己的直系亲属来继承产业，可问题是，皮博迪的一生并未婚娶，也没有子嗣，因此他必须考虑其他的选择。

很显然，在继承人这样重大的问题上，皮博迪不会轻易做出选择。对此他有一系列严格的要求：继承人必须是美国人，而且有家室，擅长交际，同时拥有丰富的外贸经验。这几项条件缺一不可。于是，皮博迪在波士顿的合伙人詹姆斯·毕比向他推荐了一个人：朱尼尔斯·摩根。

朱尼尔斯·摩根的个子很高，宽厚的脸庞上透露着一股成熟与坚毅。皮博迪一见到他，便认定他正是自己理想的继承人。皮博迪热情地邀请朱尼尔斯·摩根入伙儿："嘿，小伙子，我的健康状况不容乐观，干不了几年了。如果你现在答应与我合伙的话，大概 10 年后我就会退休，届时我会把我的公司和资产都留给你。"

当普通人费尽心机地想要和皮博迪做朋友而不可得的时候，皮博迪却主动地找上了朱尼尔斯·摩根。这件事不管对谁而言，都是一件大大的好事。如果换了一般的人，他一定会毫不犹豫地一口应承。但朱尼尔斯·摩根不是一般人。当他听到这个突如其来的好消息时，他的反应却出奇地冷静。他简单地思索了一下，答道："皮博迪先生，您的提议听上去确实很好。不过，我需要先查看一下您公司的账目，对公司的业务和运作方式作一个了解。在此之前我不能立即答应你。"

朱尼尔斯·摩根的这番回答令在场所有人都大跌眼镜，除了皮博迪之外。

皮博迪笑了，他更加坚信自己没有看走眼，这位成熟稳重的中年人显然不是一个见钱眼开的人，而是具备了一位优秀商人的特质：头脑冷静、虑事周全。皮博迪取来公司的账簿，递给朱尼尔斯·摩根。朱尼尔斯·摩根看完以后，也笑了。

45万英镑的资本总额，业务档次仅次于巴林和罗斯柴尔德。这样优质的资产，足以令任何一位银行家动心。朱尼尔斯·摩根当即答应了皮博迪的邀请，正式成为皮博迪公司的合伙人。

◆ 英雄出少年 ◆

作为摩根家族的创始人，虽然皮博迪的锋芒被显赫的摩根家族所掩盖，但是其不平凡的人生经历，也是众人所津津乐道的话题。

乔治·皮博迪是标准的英国血统，出生在一个古老的英国家庭。其家族史最早可以追溯到波阿迪西亚女王时期，再经过伟大的圆桌骑士时期一直到弗兰西斯·皮博迪时期。在这之后，这个家族开始了离乡背井的生活。

哥伦布发现新大陆之后，1653年，弗兰西斯·皮博迪从赫特福德郡的圣·奥尔本斯来到新大陆，并在马萨诸塞州的丹佛安家落户。1795年2月18日，乔治·皮博迪出生了，这距离整个家族搬到新大陆已经过去将近一百多年。

乔治·皮博迪的父母当时过着穷困潦倒的生活。这也注定了皮博迪的童年生活并不像那些富裕家庭的孩子一样无忧无虑，他从很小就要帮助父母下地劳作。而正是由于这样的童年经历，才练就了皮博迪的多种技能和敏捷的思维能力。

当生计已经成为一个家庭的主要问题时，就更不用提孩子的教育了。因此，皮博迪很小的时候就辍学回家，到丹佛的一家"乡村商店"做学徒，而这种生活一直持续了5年之久。

虽然说这只是一个乡村小店，但是皮博迪在这里获得了学校里不曾有的社会经验。同时，这种经历也让他的思想比他的身体成熟得多。当自己在这个小商店里已经没有什么可学的时候，皮博迪开始憧憬能够到更大的舞台上施展自己的才能。

在这种心思的驱使下，皮博迪告别了极力挽留自己的店主普罗科特先生，来到了佛蒙特州赛特福特的波斯特米尔村的外祖父家里。曾经一位非常了解皮博迪的作家在书里这样写道："乔治·皮博迪在波斯特米尔村的外祖父家里度过了一段非常愉快的时光。他的外祖父多智先生和妻子都是非常睿智的老人。因此，当皮博迪感到迷茫的时候，他们会给他正确的指引。然而，他们也从来不会强制性地把自己的思想强加在自己的外孙头上。"

一年之后，皮博迪离开了自己的外祖父家。在回家路过新罕布什尔州康克德的时候，甚至通过为这家客栈锯木材，来换取自己第二天的早餐费。难道多智先生和他妻子是一个吝啬鬼吗？当然不是！多智先生当然不忍心让自己的外孙通过打工来挣取回家的路费。这一切都是皮博迪自发的节俭之举。当我们再去了解皮博迪晚年的一些吝啬的行为时，也不难理解这其中的原因了。

从现有的一些文献中，我们并没有找到更多关于这次波斯特米尔村之行的更多资料。但是可以肯定的是，这次旅行给皮博迪提供了一个静心思考的机会，在外祖父的农场中劳作的这一年，让皮博迪的身心变得更加地坚韧。

1811 年，16 岁的皮博迪正是少年英姿勃发的时期。他决定前去投奔在纽伯里波特做干货生意的哥哥戴维·皮博迪。得益于之前在乡村商店的工作经验，皮博迪在这个行业中可以说是如鱼得水，很多优秀的商人都把目光放在了这个"初生牛犊不怕虎"的少年身上。诚实可靠的皮博迪在商贸圈里留下了很好的名声，也替哥哥招揽了不少的生意。除此之外，戴维还利用自己的业余时间，通过给纽伯里波特的联邦党写选票（还没有使用印制的选票），为自己存了第一笔钱。

　　前进的路上都会少不了荆棘和坎坷的陪伴。皮博迪在纽伯里波特还没有待多长时间，一场突如其来的大火就烧毁了大部分的城镇，皮博迪哥哥的商店也没能幸免于难。无奈之下，皮博迪只好再次踏上寻找工作的旅程。

　　正所谓"患难之际见真情"，皮博迪年轻时的一个好朋友斯堡尔丁先生这时候向他伸出了援助之手，他邀请皮博迪来做当时非常热门的服务业生意。

　　因为没有足够多的积蓄，斯堡尔丁先生给了皮博迪一些波士顿的赊购信。通过这些赊购信的渠道，皮博迪可以从一个叫作詹姆斯·里德的人那里赊购价值两千美元的货。

　　虽然当时身无分文的皮博迪只有 19 岁，但是通过这次生意上的交往，诚恳的皮博迪给里德先生留下了非常好的第一印象。在这之后，里德先生又先后给皮博迪赊购了更多的货物。正如他后来所说的那样"这才是我生活真正的开始"。

　　在波士顿的一次公共娱乐活动中，他甚至拉着里德先生的手，对身边的朋友说道："亲爱的朋友们，这位就是上帝派来庇护我的圣人，这位是我的庇护人，如果没有他第一次冒着风险赊给我货物，我也不会取得今天的成绩。"说这番话的时候，皮博迪在商贸圈的信誉已经很高，能够赊购任何数量、任何数目的货物。我们从中也可以看出皮博迪对纽伯里波特是非常有感情的。

1812 年的春天，新英格兰爆发二次革命。乔治·皮博迪又从新英格兰转向南方，来到了同样做干货生意的叔叔约翰·皮博迪那里做雇员。

皮博迪的叔叔并不是一个优秀的管理者，因此，他一直委托乔治·皮博迪来帮助自己进行管理。然而，因为财力不支，公司最终还是走到了破产的边缘，皮博迪只好辞去了职务，来到了以利沙·里格斯先生的服务部门工作。

里格斯先生也是乔治敦一家从事干货批发的商行，同时还兼营为其他商行提供资金支持的业务。了解到皮博迪在干货批发行业的经验，他便信任地把商行交给皮博迪进行管理。随着商行业务发展得越来越好，皮博迪渐渐成为了商行的合伙人之一。

据当时的资料显示，当里格斯先生第一次邀请皮博迪当合伙人的时候，皮博迪担心 19 岁的自己无法负责整个商行而婉言拒绝。在里格斯先生的再三邀请下，里格斯才答应要尝试一下。从这里不难看出：里格斯先生看到了这个"初出茅庐"的小伙子身上的潜质。而之后的事实也证明，里格斯作了一个非常正确的选择！

自从两人合伙之后，皮博迪的公司主要经营进口并销售欧洲的货物，同时还兼营托卖北方货物的业务。随着公司的业务越来越好，公司的经营范围也越来越大，这也让皮博迪有了更大的空间来发挥自己的才能。

1815 年之后，公司的规模已经相当庞大，最后不得不搬到巴尔的摩。这时候，公司的经营业务中又加上了不定期的银行业务。而这个建议，最早也是由皮博迪提出来的。从这项业务后期丰厚的回报也可以看出：皮博迪有着一个擅长经营的头脑！

随着商行的名声越来越大，皮博迪在巴尔的摩的商人中开始变得赫赫有名起来。他身上那些优秀的品质：目标坚定、谨慎而准确的判断、诚实守信的良好信誉……这些都让皮博迪的生意越做越大！

1822 年，里格斯与皮博迪的公司已经先后在费城和纽约建立了分部，并且花费了很大的精力对其进行管理。在接下来的十几年中，皮博迪因为生意的原因经常往返于伦敦和纽约之间。

直到 1829 年，里格斯从两人合作的公司里面退出了股份，皮博迪成了名副其实的公司一把手。随之带来的是公司经营风格的变化——由"里格斯和皮博迪"式变成了"皮博迪和里格斯"式。到了 1836 年，皮博迪决定将自己的业务拓展到英格兰，他希望能够在伦敦开设自己的分行。1837 年，为了更好地管理伦敦的分行，皮博迪甚至把家搬到了伦敦！

时隔多年，年轻的皮博迪终于带着自己的成就，把其变成家族的荣耀，重新回到了祖先远离的英国故土！

◆ 神圣的使命 ◆

19 世纪的 30 年代前期，美国的经济呈现出一片欣欣向荣的景象。殊不知，这只是一片虚假的繁荣，一场史无前例的经济危机终于在 1837 年前爆发，很快就波及了全美，整个国家都陷入了"经济泡沫"的泥潭！

全美的各行各业，都在饱受"经济泡沫"带来的伤害，所有的工厂机器差不多也已经停工，社会的失业率急剧上升。美国的国内银行也纷纷倒闭，停止了所有的业务。作为当时支撑美国经济的一项重要产业——资金赊购业务也受到了非常大的冲击。

在这之前，美国政府一直依靠国际贷款来进行国内基础设施的建设，幻想着能够把美国建成一个美好的国度。其中，最主要的贷款就来自英国伦敦。然而经济危机的突然爆发，导致美国在一夜之间丧失了还款的能力，也让英国方面丧失了对美国的信心。于是，英国的银行家们纷纷勒紧了自己的裤腰带。

对于美国政府而言，当下真的是陷入了四面楚歌的境地。一方面，其形象已经在贷款方那里变成了欠钱不还的无赖；而另一方面还迫切需要资金来走出当下的困境。而当时皮博迪所在的新大陆马里兰州的政府也正遭受破产的威胁。由于不能够支付一定的利息，伦敦的投资者已经不愿意再为其提供一分钱。而此时，焦头烂额的州政府从皮博迪的身上看到了希望。

此时，正值中年的皮博迪已经拥有了一定的资本。更重要的是，他拥有一张能说会道的嘴。虽然难免会让人认为他是一个油嘴滑舌的人，但是在某些场合中，他确实能发挥一定的作用。再加上皮博迪是一个非常爱国的人，他也不忍心看着自己的政府就这么破产。于是，皮博迪带上自己的两个同事，以马里兰州政府特派员的身份回到了英国。他是否能够完成这个艰巨的任务呢？

皮博迪来到伦敦之后，并没有急着去解决问题，而是给了自己两年的时间，找到解决问题的最好途径！

要想解决问题，首先要对问题有足够的了解。于是，在英国的第一年，皮博迪不断地接触各种各样的人，无论是在政治圈，还是经贸圈，皮博迪都结识了不少的好朋友。

第二年，通过一些朋友的介绍，皮博迪先是接触了一些小型的金融公司，接着又和英国当地一些非常有名气的大财团建立一定的关系。最初，皮博迪并没有直接提出自己的要求，而是在建立朋友关系的基础上，拉近彼此之间的距离。这也证明了皮博迪是一个非常谨慎的人，懂得事情的进行要循序渐进，而不会抱着急功近利的心态。

1839 年的某一天，皮博迪在英国举办了一次空前盛大的宴会，而出席的人员都是英国有头有脸的银行家、投资者。能够一下子聚齐这么多人物，可见皮博迪下了多大的功夫。

当宴会进行到高潮的时候，皮博迪向在座的大人物提出了希望能够获得资金支持的请求。别看那些客人都已经喝得酩酊大醉，可是他们依旧保持着金融家独有的清醒。面对美国当下的情境，他们知道自己的钱很有可能有去无还。因此，在皮博迪的面前，有的人借着酒意打着马虎眼，有的人则是干脆地拒绝。不管怎样，所有人都不愿意从口袋里掏一分钱。

皮博迪非常清楚英国人对于美国人不偿还贷款的怨恨，但是他更清楚地知道这些英国人更渴望收回自己的成本。抓着这一点，皮博迪开始耐心地对他们进行引导。首先，他对美国人的"无赖"形象进行了重新塑造，告诉这些英国人并不是美国人想要赖账，而是实在没有资金来支付；其次，他又抓住了英国人想要收回成本的心态，告诉他们如果不继续进行投资，按照美国当下的财力情况，自己原来投进去的钱可就真的是打水漂了。对于这一点，皮博迪还是非常有自信的。投资者的贪欲和冒险精神，让他确信这些投资者会蠢蠢欲动。

事实证明，皮博迪把准了这些投资者的脉！听了皮博迪的分析之后，这些投资者似乎都意识到，只有再次对美国投以信任的支持，才有可能让自己之前投入的资金翻盘。于是，他们只得乖乖地从自己口袋中掏出更多的钱。

说到皮博迪的一番话对这些投资者们的影响，爱德华·埃弗雷特的一句话非常有代表性。他说："皮博迪先生自己没有对美国丧失信心，并且也让其他的投资者拾起了对美国的信心，而且坚定了别人的信心。在当时欧洲的银行里，没有人听到美国的证券时会停留一下。然而皮博迪的判断赢得了大家的尊重，他的诚恳也让英国人对美国的经历又重新充满了希望！"

就这样，皮博迪不仅改变了英国人对于美国人的看法，甚至又从投资者的手中拿到了 800 万美元的贷款。当这个消息传到美国之后，当地人都开始对皮博迪刮目相看！

然而，别人赞许的眼光并没有让皮博迪丧失正确的判断。他知道，在英国人的眼里，他们还是会觉得美国人都是一切朝钱看。为了改变他们的这种偏见，皮博迪甚至放弃了马里兰州发给他的 6 万美元的佣金，这在当时可是一个非常庞大的数目！可见，皮博迪是一个非常有远见的人。也正因为如此，皮博迪在美国人和英国人那里赢得了共同的赞许，而这也为其以后在英国的发展奠定了非常坚实的基础！

不是每个人在他的一生中都会遇到这样影响自己一生的机遇，而皮博迪则是在其出现的时候紧紧地抓住了它！这个意外落到自己身上的神圣使命，也改变了皮博迪的生命轨迹！

类似俱乐部的商号

　　因为皮博迪在经济危机中的出色表现，又加上其两年在伦敦的经营经历，很快就让他跻身到了优秀商人的行列中。也就是这个时候，皮博迪看到了英国的市场。于是，他决定重新回到祖先的故乡——伦敦！

　　1837年，伦敦穆尔门街的31号，一家商号正式开业了！其老板就是皮博迪。谁也不会想到，自此之后，皮博迪就跨入了另一个辉煌的创业时期！

　　在华盛顿的时候，皮博迪一直从事的是干货批发生意，也积累了非常丰富的经验。我们在前面提到，早在1830年的时候，他的干货生意就已经在纽约和费城开设了多家分部。发展到1835年，他的生意额甚至达到了100万美元！倘若继续进行这样的生意，相信皮博迪也可以经营得更好。而一次带着神圣使命的英国之行，让皮博迪看到了另外一个巨大的商机！

　　在英国的两年之中，皮博迪对英国的商贸圈可以说是有了一个深入细致的了解，他发现，英国的那些投资机构主要的业务就是为国际贸易提供资金，他们并不从事那些实体货物的买卖，可是赚的钱一点都不少。

　　皮博迪所说的其实是在伦敦和一些英联邦国家非常有名的商人银行，主要负责办理一些承兑业务。例如，国外一些大型的工程项目需要资金的时候，他们可以提供长期信贷。发展到19世纪60年代以后，这些商人银行的业务已经扩展到外汇交易、保管证券、基金投资，等等。

对于初来乍到的皮博迪来说，他根本没有足够的资金开这样的商人银行。就在这个时候，皮博迪在英国结交的新朋友为他提供了强有力的资金支持。就这样，皮博迪的小商号几乎是在一夜之间就变成了一家商人银行！也就是从这个时候起，皮博迪开始真正融入了由英国顶级银行家组成的圈子里面！包括罗斯柴尔德家族、巴林兄弟这些当时赫赫有名的大亨，皮博迪都与其保持了非常亲密的关系。

与其他的商人银行一样，皮博迪也很快就确定了自己银行的营业模式和方向，主要以高额融资为基础，通过为一些世界性的贸易提供资金、发行一些其他国家的股票和债券等来赚取高额的利润！除此之外，他们也会从事一些大宗的商品交易。

然而，不管是进行哪种业务，皮博迪都继承了伦敦金融界的一个非常显著的特点——只为各国政府、大公司以及有钱人服务。并将这种商人银行的古老传统发扬光大，这也逐渐变成了崛起后的摩根家族在生意上的一项重要特质！就像是高高在上的贵族一样，皮博迪从来不会主动地去寻找客户，而是等着那些需要自己的人主动登门拜访！如果你仅仅是一个普通人，那么很抱歉，恐怕你永远也不会有机会和摩根家族的人合作。

当皮博迪的商人银行在伦敦站稳脚跟之后，他便开始筹划大规模地拓展自己的生意。于是，他购买了许多英国加工的产品，然后运输到美国去卖。同时，他也会从美国购买一些稀缺的产品运回英国。就是这样一些看似投机的生意，也让皮博迪大赚了一笔。除此之外，皮博迪还有一个非常重要的赚钱渠道！

为了节省资源，英国和美国的加工商就把货物委托由皮博迪全权负责，这样一来，他们就可以在货物还没有出售之前从皮博迪那里拿回成本。即使是货物已经全部卖完，他们也会出于对皮博迪的信任而把钱寄存在那里。皮博迪长久以来积累的信誉在这种时候起到了非常重要的作用。这些商人相信，无论他们什么时候需要钱，皮博迪都会在第一时间送到他们的手中！

与此同时，皮博迪还会把手中的这些钱进行合理有效地投资。这样一来，那些商人存放在他那里的款项就生成了高额的利息，而皮博迪则会相应地收取一定的费用。无论是对于皮博迪，还是那些接受融资的商人，这都是一件双赢的事。因为皮博迪和自己的这些合作伙伴都保持着相对友好的关系，又同时都是英国上流金融圈的人士，因此，皮博迪的商号看上去更像是一个俱乐部。在这里，他们彼此分享一些重要的市场信息，互通有无。

就这样，皮博迪的商号在伦敦越做越大。然而，他并没有忘记自己的国家——美国。因此，他的商号更像是一把插在英国土地上的"美国旗帜"！

在美国早期的发展历程中，一直都在依靠着英国经济的支持。因此，美国的经济在很大程度上都受到海外大财团的控制。正如19世纪30年代的一位美国议员所说的那样："美国货币市场的晴雨表就挂在伦敦证券交易所里。"英国那些有规模的商人银行里，几乎都卖有美国各州的债券，银行也常年在美国设有办事处。而皮博迪的做法却正好"背道而驰"，他在英国的上层社会中，不断地推销自己手中的美国债券。就这样，他一直都是一些英国政客和商人的座上宾。而且事实也证明，他的这项业务确实进展得相当不错，自己的"俱乐部"吸引来了大批有雄厚资本的投资者。

从表面看，皮博迪和自己的这些"俱乐部"里的伙伴保持着非常融洽的关系，可是他的内心仍然装着自己的国家。在提到他自己公司的经营方式时，皮博迪曾经这样说过："在公司人员的结构和职务的安排上面，我一直延续着美国一些商号的风格。我希望我的公司到处洋溢着美国的氛围，为此，我的公司里有免费提供的美国杂志，就是想让我的公司成为美国的新闻中心。"

从这里我们不难看出，皮博迪的身上还有一种自发的爱国主义情怀。在当时的英国其实一直流传着这样一种说法："没有一家美国的商号可以在伦敦长久地支撑起信用。"而皮博迪的所作所为就是想要打破这个说法。而接下来的很多事实也表明，他这个俱乐部式的商号真的做到了这一点。

◆ 波折的财富积累 ◆

不管是出于对自己国家的爱国之情，还是出于对市场的判断。皮博迪一直都十分看好美国债券。他相信美国的经济发展会越来越好。也正是因为如此，他才能够在非常艰苦的条件下，卖力地在英国宣传美国的债券。

凭借着皮博迪的游说，在最初的几年，皮博迪让很多的英国人都成了美国债券的购买者。再加上和自己国家政府的良好沟通，很多英国人似乎也觉得美国的债券是一个潜力股，而且还有一定的信用。就这样，皮博迪从中赚取了不少的钱。

到了 19 世纪 40 年代，建设中的美国非但没有摆脱经济危机，反倒迎来了更萧条的"饥饿年代"！于是，美国各州政府的压力倍增，又重新走上了无法支付债权人利息的道路。随后，美国政府拖欠利息的现象也越来越多。更严重的是，美国的一些州甚至联合起来，公开宣布将不再支付利息和偿还债务。这让英国的投资者们陷入了恐慌。

自己苦心经营多年的美国信誉，就这样一下子垮了下来，这给皮博迪带来无尽的烦恼。更加让他难过的是，自己的家乡马里兰州也加入了拖欠债务的行列。要知道，这个州将近半数的债务都是由皮博迪经手的。这对皮博迪来说无疑是一个非常沉重的打击！

　　早上还是英国上流人士家里的座上宾，晚上就变成了一个不受欢迎的人。从此，皮博迪在英国人心里的地位一落千丈。当他走到街上遇到那些持有美国债券的持有者时，皮博迪都恨不得找一个地缝钻下去，他为一些美国人赖账的行为而感到非常羞愧。正如他后来所说的那样："我现在还是一个非常正直、清白的美国绅士。我坚信在不久的将来，将会迎来一条光明的康庄大道。那个时候，我就会找到从前的自己，甚至要在英国人乃至所有欧洲人的面前昂头挺胸地宣布自己是美国人。而不像现在这样为我国某些州长不讲信誉的品行而无地自容。"

　　因为皮博迪经手了太多的美国债券，为了挽回自己的形象，乃至美国的形象，皮博迪不得不走上了艰辛的催债之路。

　　正所谓"解铃还须系铃人"，皮博迪决定还是先从自己的家乡入手！于是，他返回家乡，邀请自己在巴尔的摩的朋友们以及那些和自己境况一样的商人一起努力，希望说服一些欠款的州能够按时支付利息。然而，不管他们怎么软磨硬泡说好话，都没有收到什么显著的效果。如果不提到自己是催债的，那些州长可能还会笑脸相迎；一说到自己是要债的，他们马上就换了另一副嘴脸。皮博迪明白，很多州长现在已经没有把信用当成是一件多么重要的事情，自己做再多的事情也只能是无用功。于是，皮博迪决定另寻出路。

　　为了唤起美国人的信用意识，皮博迪这时候想到了大众媒体。当时的美国已经处于新闻高度自由的阶段，但美国的很多媒体也不排除是商人和政治家的工具。皮博迪认为，或许利用一些大众媒体来"曲线救国"，也许能够起到一些意想不到的效果。

依靠皮博迪当时的财力，维持自己的公司已经是非常困难。于是，他找到一个财力雄厚的外援——巴林银行。巴林银行考虑到皮博迪此举也有可能帮助收回一些利息，于是给他提供了强有力的支持。就这样，皮博迪在自己合作伙伴的帮助下，承包了美国的一些大众媒体的资源。皮博迪要求这些媒体花大部分的版面来宣传诚信在商业领域中的重要意义，希望能够旁敲侧击、潜移默化地影响那些赖账的美国州长。然而，这又是一次"对牛弹琴"的决策。事实证明，那些赖账的美国州长既然能够公开宣布自己要赖账，也就已经做好了"诚信缺失"的心理准备，也不会在乎那些媒体如何看自己了。

皮博迪费尽心思想出来的两个解决问题的办法都没有起到什么明显的效果，而社会的经济情况也没有什么好转的迹象。纵使前路艰辛，皮博迪也知道自己只能够勇往直前。通过总结前两个办法失败的原因，皮博迪觉得自己之前的办法都是一些"治标不治本"的敷衍之策，要想真正地解决问题，就必须要从根本上解决问题。这时候，皮博迪想出来了一个绝妙的万全之策！

皮博迪已经清醒地意识到，只要还是那些州长在任，他们就不可能支付自己拖欠的利息。唯有"改朝换代"，自己才会有说服的机会。皮博迪把目光集中在了那些讲信用的美国政客身上。于是，皮博迪不惜花重金资助那些愿意支付利息的政客竞选。这一次，皮博迪真的找到了问题的关键，通过收买家乡的那些官员，皮博迪最终开始让美国人偿还债务。

事实上，这一次的美国信用危机不仅波及皮博迪的商人银行的生意，也影响到了他自己的投资。到了1857年，美国的经济危机又开始严重起来，而当时皮博迪把自己大部分的资金都投资在了美国的一些铁路债券和政府债券上面。当英国的那些投资机构都在疯狂地抛售自己手中的美国债券时，皮博迪也深深地为自己手中的这些"废纸"发愁起来。这时候，英国的媒体也开始纷纷报道皮博迪的公司即将破产的消息。

为了能够尽快地回笼资金，皮博迪只好降低自己手中的美国债券的价格。然而，这样的做法也只能是杯水车薪，仍然无法弥补公司的资金漏洞。

或许是老天不愿意让皮博迪这样走投无路。在这一关键时刻，英格兰银行和巴林银行联手为皮博迪的公司提供了奖金100万英镑的巨款来帮助其渡过危机。

有了资金的支持，这一下就解决了公司的周转问题。然而，作为一个非常有商业头脑的人，皮博迪更希望能够合理地利用这些资金。这时候，一个大胆的想法出现在皮博迪的头脑中——大批收购廉价的美国债券！

这在很多人看来都是一个非常冒险的决定。然而，皮博迪就是冒着这样的风险收购了大批当时被惊慌的投资者认为是垃圾债券的美国债券！谁也没有想到，1857年的这场经济危机就像潮水一样，来得快，去得也快。一年之后，美国的经济就走出了危机的阴影，走向了更加明媚的春天！

此时此刻，皮博迪手中那些廉价的债券一下子又变成了宝。这让皮博迪又狠狠地赚了一把！伴随着美国的这场经济危机，皮博迪财富积累的过程也是一路波折起伏，但最终拥有了一个美好的结局！

◆ 一次神秘的召见 ◆

我们前面讲到皮博迪在英国围绕着美国债券奔波的时候，不止一次地提到了巴林银行。了解当时欧洲经济的人都知道，巴林银行和罗斯柴尔德家族有着千丝万缕的联系。它们之所以一次又一次地对皮博迪提供援助之手，这背后就要和一次神秘的召见有关。这还要从皮博迪刚来英国不久说起。

当年皮博迪刚在英国开始创业的时候，每天都有很多焦头烂额的工作需要他去处理。因为公司刚刚开始转型做商业银行，有着很大的风险和市场压力，因此，皮博迪每天都要工作到深夜才回家。

这一天的晚上，皮博迪的秘书给他送来了一封信。皮博迪打开一看，信的内容让他大吃一惊！原来这是当时赫赫有名的罗斯柴尔德家族的内森先生的一封邀请信，信里诚恳地邀请皮博迪在适当的时间到他的家里做客。这个消息对于皮博迪来说确实是相当意外，他甚至不敢相信声名显赫的大家族怎么会关注自己这样一个无名小卒。

然而，吃惊的情绪只在皮博迪的心中停留了片刻，商人身上独有的冷静让他开始飞速地思考起来。虽然现在还不知道内森先生邀请自己的具体原因，但是皮博迪认为自己应该做好全方位的准备。毕竟，不是每个人都有见罗斯柴尔德家族掌门人的机会。

就这样，怀着一颗忐忑不安的心情，皮博迪来到了内森先生的家里。

在这里，我们要对罗斯柴尔德家族当时的情况作简单的介绍。作为一个当时已经可以称得上富可敌国的家族，当时已经引起市场强烈轰动的经济危机，也没有对其产生多大的影响。然而，皮博迪帮助自己的国家争取贷款的行为，却让他们从中看到了这个人身上的一些良好品质。同时，看到皮博迪一个人在英国辛苦地打拼自己的事业，而且还取得了一定的成就，这也让内森先生认为皮博迪将是一个绝佳的生意伙伴。而这也成了内森先生主动邀请皮博迪的重要原因。

接着上面的话题来说，当皮博迪小心翼翼地来到内森先生的寓所时，他看到的并不是一个高高在上的商人形象，而是一个亲切的如同朋友一般的主人。虽然他们之前从来没有面对面的接触，但就在他们看到彼此的一瞬间，他们似乎都找到了一种相见恨晚的默契感。

简单的寒暄之后，内森首先询问了皮博迪公司的经营情况，并且对皮博迪初来乍到所取得的成绩进行了一定程度上的肯定。

听了内森先生赞许的话，皮博迪也很有礼数地表达了一下自己的谦虚之情。他知道，内森先生邀请自己来此不仅仅是为了称赞自己。就在他揣测着内森先生的真实目的时，内森先生却道出了实情。

听了内森先生接下来的话，皮博迪这才彻底确定了他的想法。原来，内森先生是想让皮博迪来当他公司在美国业务的代理人。从内森先生的这个想法来看，这的确是一个非常聪明的决定。

皮博迪来自美国，又对伦敦非常熟悉，所从事的工作也是大西洋两岸经贸交流的业务。在他的身上，无疑有着很多商人所没有的得天独厚的条件。罗斯柴尔德家族，开始时并没有怎么重视美国的业务，可是现在他们已经从中洞察到了其中隐藏的巨大商机。如果能让皮博迪来当这个代理人，肯定可以更好地开展业务！

对于皮博迪来说，这也是一个非常好的机会。自己在英国单打独斗，肯定经常会遇到各种各样的市场问题，如果有了罗斯柴尔德家族这个强有力的靠山，无疑也可以让自己逐渐壮大。无论从哪方面考虑，这都是一个双赢的选择！

就这样，内森先生和皮博迪最终非常愉快地达成了这项秘密协议！

在内森先生的秘密帮助下，皮博迪的公司发展得非常迅速，很快就变成了伦敦金融街著名的社交中心。在那里，经常会有一些以美国名义举办的各种高端宴会。对于伦敦街上的金融才俊来说，能去参加这样的宴会将是一件让人引以为傲的事情。而其中很多人不知道的是，如果没有罗斯柴尔德家族埋单，他们也不会有参加这样宴会的机会。

在1851年的7月4日，皮博迪甚至还在奥尔马克大厅里举办了美国独立日的宴会，伦敦那些有头有脸的商政界人物几乎是悉数参加。这又让皮博迪在伦敦的地位上升了一个大台阶！

虽然说皮博迪通过做实业也挣得不少的钱。可是在缺乏雄厚资金的支持下，直到1853年，他也只是一个百万英镑级别的银行家而已。然而，在秘密地做了罗斯柴尔德家族的美国代理人之后，他的资本在很短的时间内迅速发展到了2000万英镑，很快就成了伦敦金融街首屈一指的大人物！

说到这里，我们也就不难理解皮博迪在1857年美国经济危机时的表现了。除了自己敏锐的金融市场的嗅觉之外，还离不开罗斯柴尔德家族的支持！如果没有人为他提供准确的内部消息和大笔的资金做后盾，一向谨慎的皮博迪不可能会冒着破产的风险吃进大笔的美国垃圾债券。这也证明了当时的经济危机正是罗斯柴尔德家族的"杰作"，而皮博迪只是间接地起到了推动的作用！

换句话说，如果没有这次神秘的召见，历史也很有可能会朝着另外的轨迹演变。

"慷慨"的吝啬鬼

　　无论是在政界还是在商界，皮博迪一直都是游刃有余。这也说明他很擅长社交。然而，这样一个商人，也有着非常"另类"的一面——"吝啬"。他的很多朋友都说："在他友好的外表下，其实住着一个孤独的小气鬼。"

　　在最初创业的时候，皮博迪居住在摄政街一家饭店配置了家具的房间。除了偶尔会到附近的湖里钓鱼之外，他几乎没有什么其他的娱乐活动。在12年的时间里，他甚至从来没有连续休息过两天，每天都处于超负荷的工作状态。可以说，皮博迪是一个名副其实的工作狂，不停地积攒着钱财。到19世纪50年代的时候，他已经积累了将近2000万美元的财富。

　　或许是因为从小经历过苦日子的缘故，皮博迪在拼命挣钱的同时，也对自己的钱财非常地珍惜。尽管他在19世纪初曾为丹佛斯市免费建造了一座会堂和图书馆。然而，为了应付随时可能出现的经济危机，他把自己大部分的钱都储存了起来。随着他的钱越来越多，他这种谨慎的思想反而越来越严重！

　　曾经有一段时间，他对中国的丝绸生意非常感兴趣，认为这是一个能够赚钱的商机。然而，因为他对中国的情况缺乏更加细致的了解，于是不得不放弃了这个想法。对于别人来说，当自己已经拥有巨额财富的时候，很容易就会对自己的一些想法进行尝试。而对于"吝啬"的皮博迪来说却是另外一回事。就像他自己所说的那样："虽然我自己现在已经拥有了不少的钱，可是我经历了太多的经济恐慌，即使是我自己没有遭受什么损失，我也要把风险降到最低。即使是我自己赚的钱，我也会非常小心谨慎地使用！"

一直到朱尼尔斯·摩根加入他的公司之后，皮博迪这种作风也没有什么改变。关于他的"吝啬"，朱尼尔斯·摩根曾经经历过这样的事情。

有一天早晨，朱尼尔斯来到公司之后，发现皮博迪虚弱地躺在办公室里。仔细询问之后才知道，因为这几天接连下雨，皮博迪的风湿病发作了。出于对合作伙伴的关心，朱尼尔斯对皮博迪说："皮博迪先生，你现在的病情这么严重，就不要坚持在这里工作了，还是回家休息吧！"

想到自己在这种状态下也难以更好地工作，于是皮博迪拿上自己的帽子和雨伞准备回家去。随后，朱尼尔斯也出去办事了。

半个小时之后，朱尼尔斯办完事准备回公司，路过附近的公交站时，他突然发现了在雨中瑟瑟发抖的皮博迪，这让他感到非常诧异！后来皮博迪告诉他，自己已经错过了两辆两便士的公车，就是为了能够坐上一便士的公车！朱尼尔斯知道皮博迪连一辆马车都没有，总是坐公交车上班，可是连他也没有想到皮博迪竟然已经吝啬到了这种地步。

除了自己的生意伙伴，皮博迪公司的职员对于皮博迪的吝啬也是津津乐道。

据他曾经的助手回忆说，皮博迪每天都要在办公桌旁吃午餐，使用的也是一个非常破旧的铁皮饭盒。有的时候，他会给自己的助手两便士，让其帮他买一个苹果，而苹果的花费一般需要一个半便士。就在他的职员以为自己可以从吝啬的老板手中拿到这半便士的小费时，皮博迪却把这半便士要了回去！

要知道，皮博迪当时至少已经是拥有了几百万英镑的商人！在他的节俭行为之下，他一年的个人花费甚至还不到他年收入的百分之一！甚至对于自己非常喜爱的一名情妇，他也只是通过一些甜言蜜语来哄其开心，一生花在其身上的钱还不足 6000 英镑。

当皮博迪将近 60 岁的时候，他的风湿病已经越来越严重，而他的个人储蓄却非常高。或许是晚年的皮博迪已经看透了世事，好像突然开窍一般，开始做起慈善事业来！就像他自己所说的："当病痛突然朝我袭来，我开始意识到自己并不能够永远存活于世。我告诉自己：是时候帮助那些需要帮助的人了，我应该投入我当时挣钱时的那种热情来做这件事情！"

到美国内战时期，皮博迪已经由原来的铁公鸡摇身一变成了一名大慈善家，其人生的前后两部分形成了一个强烈的对比！他曾经是一名非常残酷冷血的政治家，一位曾经和他同时代的人说过："在我看来，乔治叔叔是世上最乏味的人了，除了赚钱之外，他已没有什么擅长的东西了。"然而，他晚年的行善和年轻时疯狂地赚钱一样没有节制。尽管他坦诚一时之间并不容易和自己含辛茹苦挣的钱分手，可是他还是竭尽全力地去做这件事情。

在 1857 年的时候，皮博迪就开始资助自己家乡巴尔的摩的一家学院，或许是为了让历史铭记自己的这项善举，他甚至把学院的名称改为皮博迪学院。1862 年，他把自己的 15 万英镑委托给了一家信托基金，主要用于改造伦敦的一些贫民住宅工程。经过改造之后，这些已经很有年头的住宅区都装上了当时非常普遍的自来水和煤气灯。和维多利亚时期的伦敦贫民住宅相比，这种居住条件的改善是非常明显的。到了今天，我们仍然可以在伦敦看到一些皮博迪投资改造的住宅。

除此之外，皮博迪做慈善的力度也非常大。他还专门签订了契约转让哈德逊湾公司的 5000 股大宗股票，为的就是能够给自己在伦敦的住宅改造工程提供强有力的资金支持。正是因为这一革命性的慷慨举动，皮博迪成为了第一个荣获伦敦荣誉市民的美国人！

在一次伦敦市长举行的宴会中，皮博迪说道："我今天之所以能够有机会得到这样的荣誉，都是对我 50 年来商业生涯的谨慎和忧虑的回报！"随着皮博迪这种慷慨行为为广大民众所知，他甚至每个月都会收到几千封的求助信！可见在当时的民众心中，他已经是一个名副其实的大善人了！

在皮博迪生命的最后阶段，他做慈善的激情不但没有消退，反而更加澎湃。他先是向耶鲁大学捐赠了一个历史博物馆，接着又向哈佛捐赠了一座考古学和人类文化学博物馆，甚至还向美国南部被解放的黑人设立了一项专门的教育基金。效仿之前资助伦敦住宅的做法，他还把密西西比和佛罗里达拖欠的一笔高达 100 万美元的债券捐给了这项教育基金！

"他教给人们怎样合理地使用钱财以及如何避免沦为金钱的奴隶！"这是格拉斯通对于皮博迪的评价。出于他对伦敦建设的一些贡献，维多利亚女王曾经甚至想要授予他一个男爵爵位或者是骑士地位。可是皮博迪好像对这一切并不在乎，谢绝了女王的这番好意。

于是，女王只好亲笔给皮博迪写了一封信，信里面对皮博迪的慷慨之举进行了高度的称赞，而且还随信寄了自己的一张袖珍画像。能够得到女王的亲笔信，这在当时已经是至高无上的荣誉了！

1869 年，"慷慨"的吝啬鬼皮博迪终于走完了他的一生。为了纪念他的功绩，英国人甚至为他在伦敦交易所的后面竖立了一尊雕像。虽然摩根家族的光环很容易让人遗忘掉这个奠基者。可是当人们走过他的雕像前，还是会想到这个奠定摩根家族基础的"开拓者"！

第二章
一个提议，
十年的承诺

　　乔治·皮博迪在伦敦打下了自己的偌大基业后，随着年岁的增长，没有接班人的他，便将朱尼尔斯·摩根确定为自己的继承人。在经过一番考虑后，朱尼尔斯·摩根最终接受了乔治·皮博迪的提议。当他们达成共识后，朱尼尔斯·摩根开始了和乔治·皮博迪并肩战斗的十年。

多事之秋

　　1857 年，美国社会看起来一切如常，美国经济依然如往日一般繁华，美国街头的人们或行色匆匆，或闲适安逸，一点都看不出来有什么异常。皮尔庞特·摩根走在纽约街头，看着街上的一切，却突然有一种不祥之感，但是又说不上来是什么原因。他虽然在经济萧条之时出生，但其实从未经历过令人寒心彻骨的经济危机，何况他还这么年轻，即便真的已经到了危险的边缘，他也不会意识到。但他的父亲朱尼尔斯就完全不同了。虽然父亲远在英国，但皮尔庞特已经从父亲写给自己的信中嗅出了一些危险的气息。

　　朱尼尔斯·摩根预感到，经济萧条可能马上就要来临，好日子马上要结束了。

　　纽约的一个出版商印证了他的预感："腐败的政府、公共诚信缺失，人们也变得疯狂，他们抢占西部的土地、乡镇和城市，追求奢侈的生活，不管钱是自己的还是借来的，他们也要花费在豪华的住宅和高档的家具上……社会中充满了罪恶，谁来拯救这些罪恶呢？除非是一场社会大崩溃。"

　　是的，人们的疯狂必然导致经济的崩溃，也只有经济的崩溃才能阻止这种疯狂。

　　那么，崩溃对人们来说究竟是幸还是不幸，不得而知。但这个出版商的话却得到了现实的验证。在接下来的两个月，华尔街的崩溃慢慢袭来了。8 月

19日，一颗消息炸弹把华尔街炸开了锅——密歇根中央铁路公司总裁辞职。这则消息一公布，就在市场上激起了千层浪。很快，漫天的小道消息四处蔓延："中央铁路公司遇到了大麻烦，快要倒闭了！"一时间，股价狂跌不止，连带引发铁路股集体大跌，最终被政府接管。

崩溃还在持续。8月24日，华尔街第一家金融机构宣布破产。接着，俄亥俄人寿保险和信托公司纽约分公司停止营业，这两家公司实际上是一家银行，只是打着保险的名号罢了。这家公司破产后，其公司的许多内幕交易被曝光，引得股价一次次疯狂下跌，进而引发挤兑风潮，其总公司也不得不关门大吉，停止营业。

屋漏偏逢连夜雨，美国巾场正混乱不堪，英国的资本家也来搅和。为抑制资金外流，英格兰银行采取紧缩的货币政策，这一政策对美国经济造成了直接的影响，大量的英国资本撤出美国。

这一切变化使得朱尼尔斯再次预言："世界金融市场新一轮的考验就要来了，就在今年秋天，暴风雨就要来了，谁准备好雨具，谁就能抵挡住暴风雨，谁没有雨具，谁就会被狂风暴雨所袭击。"朱尼尔斯的预言如同魔咒，10月份正是金秋时节，美国的景色迷人，但金融界的狂风暴雨却降临了。

这个秋天，注定是个多事之秋，金融风暴来临之前，美国还经历了一次天灾。

9月中旬，一艘满载加利福尼亚黄金的轮船"中美洲号"驶向纽约，这艘轮船像当年美国的经济一样遇到了狂风，轮船行进到美国东部海角时遭遇了飓风，满载黄金的轮船沉没……损失是巨大的，价值160万美元的黄金全部沉没，400条生命丧生海底。消息传到美国国内，举国震惊，这幕惨剧比金融危机更令人痛心，但同时又引起了金融市场的剧烈震动：华尔街黄金供应量锐减。

这个多事之秋，天灾人祸共同发难，华尔街这条往日生机盎然的街道遭遇到沉重的打击。股票价格迅速下跌，无数公司破产，商业几乎停止了运转；金融市场一片萧条，无数的金融从业者一夜之间变成一无所有；许多靠投机赚得满盆金的投机主义者，现在却不得不交出全部家当；一些人在危机来临初期非常自信，因为他们曾在 20 年前的危机中安然无恙，所以这次他们对危机并没有过于重视，仍然专注于他们的证券业务，但此次他们没有那么幸运，危机击垮了他们。

这场危机从美国开始，但不仅仅局限于美国。全球金融市场的联系日益密切，任何一个国家发生危机都有可能波及其他国家，这场危机从美国蔓延到了欧洲大陆。和英国有密切业务往来的邓肯－舍曼公司也被这场危机卷入其中，背上了巨额的债务，乔治·皮博迪的公司也受其影响，一度到了破产的边缘。暗中执掌皮博迪公司的朱尼尔斯万万没想到，这场早就在自己意料之中的美国金融危机，最终竟然危及到了自己。这个秋天，谁的日子都不好过。

这次危机对皮博迪的冲击也是巨大的，他没想到，短短几个月的时间，美国就从一片繁荣变成了一片萧条，而自己的公司也遭到危机的重创。而此时的皮尔庞特·摩根才 20 岁，他也在为父亲遭遇的危机而焦虑万分。朱尼尔斯·摩根该如何度过这个多事之秋呢？

在逆风中前进

　　1854 年，对于发展中的英国金融业来说，摩根还是一个初来乍到的人物。当皮博迪选中他作为接班人的时候，英国金融业的大环境也在悄然发生着变化……

　　追溯三十年前皮博迪的创业之路，当时的他还靠着自己艰难地向英国的上层阶级人士推销马里兰州的债券。随着经济的发展，时至今日，做投资生意的银行家们的工作显然要比以前轻松许多。加盟皮博迪的公司没有多久，朱尼尔斯·摩根就迎来了合作后的第一次机遇。

　　从 1853 年开始，为了争夺对巴尔干半岛的控制权，欧洲大陆爆发了著名的克里米亚战争。随着战火的蔓延，很多未参战国家的经济也受到了一定的影响。以美国为例，其国内粮食的价格就在战争爆发后涨了好几倍，这样一来，交通的大动脉——铁路，也因为运输粮食的需要而获得了迅速的发展。

　　对于当时的金融投资者来说，他们也看到了隐藏在战争背后的机遇。随着铁路股票的飞速上涨，那些在英国销售铁路债券的银行家们很轻松地就把自己手中的铁路债券推销了出去，这也让他们从中大赚了一笔！作为常驻伦敦的最主要的债券经销商，乔治·皮博迪的公司也迎来了前所未有的良好发展态势。这一次，摩根和皮博迪两个人都可以说是赚了个盆钵满金！

　　在朱尼尔斯·摩根和皮博迪合作的十年间，这一次铁路债券的营销可以说是一个比较成功的商业案例。纵使如此，当说起和皮博迪的合作时，朱尼尔斯·摩根有时候还在怀疑自己当时搬来英国是否是一个明智的决定。

作为皮博迪重要的商业伙伴，朱尼尔斯·摩根和皮博迪的关系并没有常人想象中的那么亲近。用朱尼尔斯曾经说过的一句话，他们之间甚至不存在"真正的交情"。从两人的一些通信资料中我们可以了解到，他们在书信中的用词都是非常正式的，甚至连一句玩笑话都没有。两人之间的合作关系，也可以用"微妙"一词来注解，在这种合作氛围下，当公司的发展遭遇危机时，他们又能否安稳渡过呢?

随着克里米亚战争的结束，粮食价格疯狂上涨的态势也逐渐缓和下来，而很多投资铁路的银行家却对此始料未及，这对他们来说无疑是一场大的灾难。到了1857年10月份的时候，纽约的银行被迫"耍起赖"来，开始拒绝支付客户黄金。这样一来，美国的那些代理商也就无法把相应的收益转给英国的银行家们。作为英国从事此项投资的重要公司，皮博迪的公司也一下子被推到了风口浪尖! 在战争进行的时候，他们的债券生意可以说是蒸蒸日上；而此时，他们公司所经营的美国债券已经变成了"烫手的山芋"。

除了无法从美国方面获取相应的收益之外，英国本地的投资者也开始打了退堂鼓，他们相继从皮博迪那里转出了自己的资金，造成皮博迪公司的流转资金大部空缺。在此紧要关头，皮博迪公司将要破产的消息也开始在伦敦传得满城风雨。

正所谓"一家欢喜一家忧"，在进行美国债券生意的时候，摩根曾经大幅度地压低自己公司美国债券的价格，甚至在私下拉走了不少"金融大鳄"——巴林公司的生意，这引起了他们强烈的不满。而此时此刻，那些皮博迪公司曾经的竞争者们都在巴不得报纸上赶紧登出皮博迪公司破产的消息。

当朱尼尔斯·摩根在寻求帮助的时候，伦敦的一些"商号"却主动地找上门来，而他们所提出的最主要条件就是让摩根和皮博迪在一年之内关掉他们的银行! 当摩根把这样疯狂的条件提给皮博迪的时候，已经步入晚年的皮博迪瞬间就变成了一头"受了伤"的狮子，但是这位商业强人的心里非常清楚，越是在此时，就越是不能够降低自己的姿态。所幸的是，他的合作伙伴此时和他站在了同一战线上。摩根和皮博迪共同决定：坚持自己的高姿态，无论如何也不会关闭自己的银行！

在多方的斡旋之下，巴林银行从长远的利益考虑，最后决定为皮博迪的公司做担保，从英格兰银行那里得到了 80 万英镑的紧急贷款，最终把皮博迪的公司从水深火热中解救了出来。对于生性"吝啬"的皮博迪来说，他显然对于之前的事情有点耿耿于怀，在他看来，巴林银行在他危难之时仍然强迫他支付之前尚未兑付的票据，于是，他坚持把巴林的名字从公布的帮助挽救他公司的银行名单中划去。从某种程度上来说，这其中也确实有几分"以怨报德"的意味。

公司这次所面临的重大危机，可以说是皮博迪漫长事业生涯中的重要一次！在公司出现危机之初，皮博迪曾经返回了自己阔别 20 年的美国，之后又不得不因为此事而匆匆离开。从他给他在美国的侄女写的一封信中，我们可以看到皮博迪对此事而产生的一些悲观的看法。他在信中这样写道："细数起来，我离开你的时间还不到三个月。我刚来的时候可以说是国家繁荣，人民安居乐业。而现在，整个国家都弥漫在忧愁和苦恼的氛围之下。"

不仅仅是皮博迪，关于这次危机对摩根家族产生的影响，朱尼尔斯·摩根的继承人皮尔庞特·摩根也是最有发言权的人。

当时年仅 20 岁的皮尔庞特还是在华尔街一家叫作邓肯—舍曼的公司作学徒，而这家公司也是皮博迪在纽约的一个非常重要的代理商。当皮博迪的公司将要破产的消息在纽约传得甚嚣尘上的时候，皮尔庞特也为父亲所遭遇的危机而感到深深地焦虑。之后不久，他又在塞勒斯的办公室里听到了英格兰银行帮助他父亲公司的消息。当皮尔庞特掌控摩根家族的时候，他能够容忍所谓的联邦储备体系，这一举动也被众多的研究者解读为英格兰银行曾经对他父亲提供的这次帮助。

经过这一次事故，朱尼尔斯·摩根开始变得更加谨慎多疑。他甚至要求自己的员工查看在美国的一些代理商的对账单，即使这会引起一些代理商的不满。与此同时，他也开始将自己的这种思想延续到自己的继承人身上。他总是不停地对皮尔庞特强调做生意保守稳健的重要性。而1857年的这次事件，成了他的经典反面事例。

不管怎样，在这一次的经历中，摩根家族也经历了一定程度上的大起大落，这为其家族以后的崛起也积累了一定的经验。不管怎样，这艘大船开始更加勇敢地在逆风中前行……

◆ 独具远见的投资 ◆

对于资本市场发达的华尔街来说，它的顺畅发展一方面依赖于高速发展的信息时代；另一方面，它还为信息技术的发展提供了一些强有力的动力。

从19世纪40年代以来，电报在全球就已经得到了非常广泛的应用。同时，也对新兴发展中的证券行业产生了一定的影响。在之前的发展过程中，虽然美国的各个州都有很多地区性的证券公司，可是因为缺乏强有力的通信手段，它们相互之间一直没有建立起来一个密切沟通的渠道。然而，不管是哪个州的金融市场，它们都有一个共同的需求——及时、准确、便捷地从伦敦的证券市场获取最新的行业资讯。因为缓慢的信息传递速度，很多银行家在得到情报的时候基本上已经是过时的情报了。然而，对于纽约的华尔街来说，因为其在行业中举足轻重的地位，却可以成为在美国第一时间获取英国证券信息的地方。很多证券经纪人就是利用自己得天独厚的信息条件而大发横财！在当时一个很有趣的场景就足以说明这一点。

每当载满华尔街人的公共马车出现在费城的时候，很多当地的银行经纪人都会忙不迭地跟在后面。对于那些坐在马车上喜笑颜开的华尔街人来说，凭借自己手中掌握的独特的证券信息，又可以在费城大赚一笔了！

当电报得到普遍应用之后，信息传递的这种时间差逐步被打破。以前依靠"马车"传递的金融信息，现在已经可以缩短到几秒的时间。虽然很多经纪人因此而断送了一条财路，但对华尔街来说却大大增强了其对世界经济的辐射影响力。这样一来，那些地方性的证券市场迅速地走到金融圈的边缘位置，而华尔街则当之无愧地处于"互通有无"的中心位置。在这之前，从伦敦到华尔街的信息传递最快也需要几个星期的时间，所以华尔街一直都是伦敦金融市场的"跟屁虫"，当连通大西洋的海底电缆被顺利铺设之后，这一局面则被彻底打破！

1866年7月，连接英国和美国的海底电缆顺利完工，从纽约发电报到伦敦，只需短短的几分钟就可以轻松完成。对于华尔街来说，这似乎为其以后成为全球资本市场的风向标吹响了号角。然而，更多的人可能不知道，这项决定华尔街未来地位的举措和摩根家族有着莫大的关系。

当朱尼尔斯·摩根刚刚进入皮博迪的公司的时候，他还只能称之为一个低级的合作伙伴，他最初的身份也就像一个公司文员一般，每天在公司整理20年来的一些商业通信资料。即使工作如此枯燥无味，有着敏锐商业头脑的皮博迪也没有忘记发掘周围可能出现的商机。

一个非常偶然的机会，朱尼尔斯从别人口中得到了这样一个消息：有一个叫作塞勒斯·菲尔德的纽约商人获得了一个政府颁发的特许状，要在英国的西部海岛和北美洲的东部铺设一条连通彼此的海底电缆，主要是用来传输电报信号。基于此种目的，他还成立了专门的公司——大西洋电报公司。虽然公司的名字听上去挺有气势，可是因为缺乏充足的资金支持，这个项目从成立之初就一直处于被搁置的状态。

虽然对通信信息技术知之甚少，但是朱尼尔斯·摩根深知时效性对于金融市场的重要性。凭借着自己超前的预见性的眼光，朱尼尔斯·摩根知道这将是前景非常好的项目。而此时，皮博迪的公司也已经在经营美国债券方面站稳了脚跟，并且正在积极地寻求其他一些投资项目。

事不宜迟，朱尼尔斯·摩根在第一时间把这个消息通报给了皮博迪。经过慎重仔细地考虑，皮博迪也认为大西洋电报公司是一个"潜力股"，不仅爽快地拿出了相应的投资资金，而且还任命朱尼尔斯·摩根为相应的投资负责人，主持整个投资工作。

当这个庞大的项目开始启动之后，大西洋电报公司的名气也一下子随之大了起来。为了促进项目能够快速地运转，皮博迪和朱尼尔斯·摩根甚至想到了利用自己在政界的影响力来拉赞助费。结果，在他们苦口婆心地游说之下，英国和美国政府相继爽快地拿出了政府补贴。对于当时的资本市场来说，这无疑是一个巨大的冲击。1866 年，大西洋电报公司开始首次发行股票，不过谁也没有想到，其股票价格在短时间内就狂跌到 1000 英镑，这也是后话了。

在当时，这种利用政治关系来促进自己商业发展的事例屡见不鲜，皮博迪的公司并不是首例。然而，朱尼尔斯·摩根却将这种经营理念发扬光大。也正是因为如此，他们才能够在强手如云的金融街脱颖而出，在摩根家族的

"家风"中，这也是非常重要的一个印记。

虽然说大西洋公司的项目看上去非常有前途，可是它的实施过程却并不是一帆风顺，反倒是经历了不少大大小小的磨难。

第一次所铺设的电缆出现了绝缘层被腐蚀的情况，工程因为这样严重的质量问题而不得不停下来，公司的股票也为此下跌了 300 英镑；第二次，当工程施工接近一半的时候，电缆在下沉的过程中被折断，前功尽弃；直到 1866 年，公司决定将电缆设计成厚皮易延伸的类型，同时邀请了多家有经验的公司进行技术攻关。在各部门的通力合作之下，历经 10 年，海底电缆的工程最终完工！

在这 10 年间，皮博迪和朱尼尔斯经历了金融危机、国家战争等各种各样的事情。随着时代的变化，人的思想也在发生着变化。曾经有一次，菲尔德就向皮博迪抱怨施工进程实在是步履维艰，甚至抱怨这一切都是因为皮博迪的公司参与进来的缘故。每当这个时候，朱尼尔斯都会平静地反驳道："当初是你恳求我们加入进来的，而且现在我们正在承受着巨大的损失。"

总之，不管过程中出现多少问题，这项工程总算是顺利竣工了。之后经过一系列的资产重组，这一公司更名为盎格鲁－美利坚电报公司。更让朱尼尔斯·摩根欣喜的是，公司进入正常运营之后就进入了盈利期。而在那之后，皮博迪公司也早已不复存在，由朱尼尔斯·摩根组建的 J.S.摩根公司接管了其业务。

如果说到皮博迪遗留给朱尼尔斯·摩根宝贵的财富，大西洋海底电缆算是比较宝贵的一项财富了。在之后的很长一段时期里，为了保证信息来往中的商业机密，在发送电报的时候，银行家们大多采用密码发送。而因为对海底电缆的工程提供了资金支持，摩根家族也才有机会享受贵宾服务：获得一些重要的商业情报！和直接从电报公司获取的收益相比，这项额外的收益可以说是摩根家族更重要的财富了！

第三章

继承美国银行，
更名 J.S.摩根公司

一个提议，10 年的承诺。当朱尼尔斯·摩根完成了自己的承诺后，随着乔治·皮博迪的离世，他得以顺利地继承了乔治·皮博迪的美国银行。然而，乔治·皮博迪曾经说过，不允许朱尼尔斯·摩根继续使用公司原来的名字，于是，朱尼尔斯·摩根不得不将公司名称更名为 J.S.摩根公司。从此以后，摩根时代便开始拉开了序幕。

◆ 摩根时代拉开序幕 ◆

    从朱尼尔斯·摩根加入皮博迪的公司之后，"小气"的皮博迪并没有让他参与太多的事情，朱尼尔斯·摩根表面上一直扮演着"总管"的身份，但实际上，从 1859 年开始，皮博迪公司的控制权就已经在他手中了。

    朱尼尔斯·摩根虽然不像皮博迪那么"小气"，却和皮博迪一样精明。尤其是在商场混迹多年，又和皮博迪合作这么多年，他早已经在暗中盘算及安排着一切。在和皮博迪合作的过程中，他渐渐意识到，老奸巨猾的皮博迪承诺他的财富不过是一纸空文。想到这里，他有些后悔自己当初的决定："我从美国来到英国，背井离乡、拖家带口，难道最终一无所获吗？我要想办法自己赚钱，掌握公司的控制权！"

    很快，他抓住了发财的机会。国家打仗，资金紧缺，为了筹集资金，国家发行了大量的政府债券。皮尔庞特·摩根在美国为父亲收集情报，父子俩联手发了一笔战争财。从这件事开始，朱尼尔斯渐渐掌握了对皮博迪公司的控制权。

    这时的皮博迪对能力渐长、羽翼丰满的朱尼尔斯已经是无暇顾及，也无能为力，因为他已经到了垂暮之年。这时的皮博迪改变了好多，从前的他是个小气鬼，而现在他是个挥洒千金眼都不眨的慈善家。

    1857 年，皮博迪资助了一所"皮博迪学院"；1862 年，皮博迪转让了 15

万英镑和5000万大宗股票，用于建造贫民住宅和维护住宅区的运转；他还向耶鲁大学捐建了一座历史博物馆，向哈佛大学捐建了一座考古学和人类文化学博物馆……他的捐赠由小到大，到最后，他的家产几乎所剩无几，但却换来了众多荣誉和人们的赞美，许许多多建筑上都镶嵌着"皮博迪"的大名。皮博迪这个名字渐渐从金融界隐退，而在慈善界却熠熠生辉。

1864年，皮博迪和朱尼尔斯·摩根结束了10年的合作约定。这10年，皮博迪并没有给过朱尼尔斯·摩根什么直接的赠予，然而按照当初的约定，在两人10年合作期满之后，皮博迪将交出公司，并赠予朱尼尔斯·摩根一部分资金，朱尼尔斯·摩根还可以获得在公司命名上继续使用皮博迪名字的权利。但是现在，这些承诺朱尼尔斯想也不敢想，因为皮博迪的公司几乎已经是个空架子，朱尼尔斯只希望能被允许公司继续使用皮博迪的名字，然而这一个愿望也被皮博迪无情地拒绝了。

拒绝的原因可能是晚年的皮博迪彻底厌倦了尔虞我诈、钩心斗角的金融界，觉得唯有回归慈善才是最好的归宿。这位老金融家极欲把自己的名字从金融界抹去，而早日在慈善界树立起来。

作为一个老字号的金融企业，经过几十年的发展，皮博迪的公司在金融圈的名号已经是家喻户晓，倘若突然失去了这样一个招牌的名字，朱尼尔斯·摩根深知这也并不是一件好事情。摩根家族的子孙曾经这样描述过这件事情："祖父一生中最失望的事情就是皮博迪拒绝让他再继续使用自己的名字。"

除了让朱尼尔斯·摩根失去"名号"这一重要的资源之外，皮博迪还强迫他以非常苛刻的价格买下了公司的老址——22号街的租借权。

对于皮博迪的无情，朱尼尔斯也非常恼火，他觉得自己奋斗了半辈子，现在却必须从头再来。但是抱怨归抱怨，朱尼尔斯·摩根却只得不情愿地把公司更名为 J.S.摩根公司。所幸的是，摩根并非是一无所获。伦敦一家鼎鼎有名的美国银行就划在了他的名下，这让他心中的怒火稍稍减退了一点。

至此，皮博迪和朱尼尔斯的合作宣告结束，皮博迪的时代结束了，而朱尼尔斯·摩根的时代却拉开了帷幕。对于朱尼尔斯·摩根来说，虽然没有获得皮博迪的大部分资金，但却是真正的一次"翻身做主人"！

当皮博迪全身心地投入到慈善事业中，J.S.摩根公司再也没有他的半点踪迹的时候，朱尼尔斯·摩根也不得不暗暗发力！此时，公司已经有了四个交易厅，凭借着自己之前积累的一些经验，朱尼尔斯·摩根也渐渐地在金融圈中闯出了一番天地！以前那些政商界的上层人士都是看在皮博迪的面子上来到公司，而渐渐地，越来越多的人开始知道了朱尼尔斯·摩根的名字，此时的他已经用自己良好的信誉打开了市场！

1869 年，皮博迪的人生终于走到了尽头，因为其在金融界和慈善界的卓越贡献，皮博迪获得了美国和英国政府及人民的高度赞誉。而 J.S.摩根公司则在朱尼尔斯·摩根的重组之下，依靠发行债券和组织股份制公司积累了不菲的财富。自此之后，摩根家族的这艘大船开始凭借着自己积累的经验大踏步地前进起来。真正属于摩根家族的时代也自此拉开了序幕！

家族往事

皮博迪在世时，朱尼尔斯的一切言行均要受其影响，没办法放手真正去干。皮博迪去世以后，才是真正属于朱尼尔斯·摩根的时代，摩根家族的时代才真正开始。

今天，当我们提到摩根家族，总会说这是一个鼎鼎大名的商业世家，由朱尼尔斯·摩根建立起来的，而且这个商业世家总是和皮博迪这个名字连在一起。其实，摩根家族的历史比这要长久得多，早在朱尼尔斯·摩根之前，摩根家族的商业历史就已经开始了。

但最初的摩根家族并不是经商的，也谈不上富有，和金融更是半点关系都没有，祖上甚至没有做过生意，更没有什么投资，除了波士顿乡下的一块土地，家中一点资产都没有。这个时候，摩根家族的长辈们无论如何也想象不到，多年之后，他们的家族竟然如此风光，成了闻名世界的金融世家。

这个后来在英美两国声名显赫的摩根家族来自大不列颠，是威尔士的豪族。在朱尼尔斯出生之前，已经有五代人在美国生活。第一代人叫迈尔斯·摩根，20岁时从大不列颠来到新大陆，定居波士顿并娶妻生子，以务农为生。迈尔斯一共有9个孩子，最小的是个男孩叫纳撒尼尔，朱尼尔斯属于这一支脉的后代。纳撒尼尔的孙子叫约瑟夫，重孙也叫约瑟夫，这个小约瑟夫就是朱尼尔斯的父亲，皮尔庞特的祖父。

作为一个移民家族，摩根家族一直待在波士顿，安分守己地以务农为生，日子倒也过得自得其乐。经过几代人的努力和积累，他们的庄园越来越大，到朱尼尔斯的父亲小约瑟夫出生时，摩根家族在波士顿已经是小有名气的富足家庭。

这时，美国社会经商的气氛越来越浓，摩根家族的成员也受到了影响，特别是小约瑟夫。这时的小约瑟夫33岁，正值壮年，他一边打理庄园，一边关注着商业动态。相比较他的祖辈来说，他更喜欢做生意。1813年，这对摩根家族来说是重要的一年，这年年初，小约瑟夫的儿子出生了，这个孩子就是后来摩根企业的创始人——朱尼尔斯·摩根。但这年年底，这个家庭的老当家老约瑟夫去世了。父亲去世后，小约瑟夫没有了约束，他再也不想整天在庄园里打转了，他开始寻找机会进入商业领域，摩根家族的商业历史从此开始了。

当时的摩根家族已经小有积蓄，父亲去世后留给小约瑟夫一笔不小的遗产，足足有1.5万美元。这笔遗产别说在当时，就算在今天，数目也不小。小约瑟夫决定要好好利用这笔遗产。他已经打定主意要经商，所以他要先把自己解放出来。刚开始做生意，当然要从自己最熟悉的领域开始。他购置了一些农田，这花去了他370美元；雇一些人耕种，每月需支付6美元到12美元。这样，他的身份就变了，由自耕农转变为了农业资本家。这笔生意对他来说非常容易，算是小约瑟夫投身商业领域的初次试水。

但这还只是在农业领域打转，小约瑟夫心里远远没有满足。1815年，小约瑟夫瞄准了一家客栈和一条公共交通线，用1万美元将它们买下。从此，小约瑟夫走上了真正的商业道路。开始时非常顺利，使小约瑟夫对经商越来越自信。两年后，他搬到哈特福德。这个地方又成了他的福地，他在这里又投资了一家客栈。这时美国的城市化运动兴起，贸易业发展得非常红火。他的客栈与运输生意经营得也红红火火，财富也源源不断地滚滚而来。

或许小约瑟夫就是天生的经商奇才，虽说是务农起家，但他的思想一点都不保守，反而非常大胆，敢于冒险，他处处留心生意机会，无时无刻不在盘算着如何把生意做得更大。当时的财政部部长汉密尔顿有一套经商理论，他非常痴迷，没事就研究，渐渐地，他在经商方面的悟性和经验越来越高。

小约瑟夫赚的钱也越来越多，他想把这些钱投资到更多的领域去。于是他开始把生意渗透到市场的方方面面：组建银行、筹备保险公司、购买政府债券、投资铁路和运河——小约瑟夫好像天生就懂得如何投资一样，他的每项投资都回报颇丰。很快，他的资产就以飞快的速度暴涨，小约瑟夫在这短短的几十年时间所积累的财富，远远超出他所有祖辈的总和，他为摩根家族完成了资本积累。

1847 年，小约瑟夫去世，他为他的儿子朱尼尔斯留下了 100 多万美元的财产，这笔资金成为朱尼尔斯加盟波士顿合伙公司的启动资金。小约瑟夫为自己的儿子朱尼尔斯建立更强大的摩根家族和摩根帝国奠定了基础。

更重要的是，小约瑟夫把摩根家族带进了商业领域，树立起了经商典范，也传授给朱尼尔斯很多经商经验。小约瑟夫为美国商业作出了自己的贡献，例如使哈德福德成为美国保险业的发源地。小约瑟夫也为摩根家族在华尔街建立了良好的声誉。1835 年冬天，他创建的埃特纳保险公司失火。一般遇到这样的情况，保险公司都会拒绝赔付，但约瑟夫·摩根却信守承诺，坚持赔付客人的损失，他几乎动用了公司所有的资金为客户赔偿，公司因此几乎被掏之一空。但此举却赢得了客户的信任，摩根家族因此在华尔街赢得了良好的声誉。

事情过后，小约瑟夫因此因祸得福，人们纷纷到埃特纳公司投保，小约瑟夫轻轻松松就赚回了赔偿费，埃特纳公司更是因此声名远播。一直到今天，这家公司还在运行，并成为美国最大的财产意外险承保公司之一。从这件事情就可以看出小约瑟夫作为商人的博大胸怀和敏锐的眼光以及他与众不同的行事作风。这种作风也遗传给了他的子孙，这也成为摩根家族崛起的原因之一。

而小约瑟夫的儿子朱尼尔斯从小就进入商业领域学习，他对投资特别感兴趣。16 岁时，他就跟着一位银行家学习，21 岁时就与一位银行家合伙成立了一家公司。年轻的朱尼尔斯耳闻目睹了华尔街的疯狂、繁华与落败，所以他的个性成熟稳重、冷静理智，或许就是在此时形成的。

1837 年 4 月，摩根家族的另一位重要人物出生了，他就是朱尼尔斯的儿子约翰·皮尔庞特·摩根。这个名字的由来和他的外祖父约翰·皮尔庞特有关。皮尔庞特家族和摩根家族一样也是从欧洲移民到美国来的，这个家族和摩根家族完全不同，摩根家族是商业世家，而皮尔庞特家族却是书香门第。

他的第二代人詹姆斯是耶鲁大学的创建者，有一个女婿是普林斯顿大学的创始人，而皮尔庞特·摩根的外祖父是皮尔庞特家族的第五代人，他也是耶鲁大学的高才生，曾经从事过教师、律师、诗人等令人尊重的职业。他也曾经尝试过做一名商人，可惜他骨子里没有做商人的基因，他失败了。但他最终成为一位受人尊敬的牧师，在美国另一所有名的大学里——哈佛大学神学院研究学问。他是一位理想主义者，是一个不折不扣的卫道士，他最看不惯这世间的不公平，他甚至对摩根家族的商业成功不屑一顾。

这样的两个家族是怎么联姻的呢？我们不得而知。但是，我们却可以看到皮尔庞特·摩根的身上具备两个家族的秉性：疯狂与理性、理想与现实。它们时时对抗，又和谐统一。或许，就是这种双重性格左右着皮尔庞特·摩根的每一个决策，也左右着华尔街的命运，它甚至构成了美国的国家性格，影响着美国的发展。

这是一次冒险

或许商人骨子里都有爱冒险的基因，不冒险，就难以力挽乾坤、绝处逢生；不冒险，就只能循规蹈矩、亦步亦趋。所以，摩根家族也是爱冒险之人。只是他们不随便冒险，要冒险，就要有赢的把握。朱尼尔斯·摩根就冒险过这么一回，而且那一回，他是在拿命冒险，所幸的是，他赢了。

20世纪初，中国的时局正处于混乱，大清朝的皇帝快被拉下马了，而这时的摩根家族却在华尔街优哉地做"皇族"。在华尔街，没有几个家族能被称为"皇族"的。华尔街的贵族多，但皇族却没几个能担当得起，只有摩根家族才配得上这个称呼。摩根家族的祖孙三代朱尼尔斯·摩根、皮尔庞特·摩根、杰克·摩根在华尔街是呼风唤雨，一言九鼎，一呼百应，其地位和影响力堪称"皇帝"。

但是这种地位和影响力却不是与生俱来的，是摩根家族几代人奋斗而来的，尤其是老老摩根——朱尼尔斯·摩根的一场冒险换来的。

当时是19世纪中期，那时的摩根家族还远不是皇族，甚至连贵族都谈不上。当时欧洲的金融皇族是罗斯柴尔德家族、巴林家族，摩根家族和他们比起来还是无名小卒。但朱尼尔斯·摩根可不想一直当一个无名小卒，他也想成为贵族、皇族，他总想找着机会冒险一次，一跃成为华尔街有头有脸的人物。他认为，在商场上，不能过于循规蹈矩，所谓"人无横财不富，马无夜草不肥"，他厉兵秣马这么多年，就是希望能赢得一场大冒险。

朱尼尔斯·摩根终于等到了这个机会。1870年，爆发了普法战争。法国一败涂地，皇帝都被人家活捉了，普鲁士士兵逼到巴黎城下，法国政府惶惶不可终日。仗打输了就要赔钱，可法国这个时候没有钱，没办法只有到处借钱。可普鲁士的"铁血宰相"俾斯麦威胁那些银行家："谁敢借给法国钱，法国如果还不上，你们就自负后果！"

当时有实力借钱给政府的几个金融家族里面，巴林家族本来就是普鲁士财政的支持者，当然不会借钱给法国政府；罗斯柴尔德家族认为法国快要完了，借给它钱它也还不起，索性不借；而英国其他的几个大银行家，正陷在墨西哥和委内瑞拉的债务中，自身难保。所以，法国政府四处借钱，四处碰壁，官员们是唉声叹气，无可奈何。

就在这个时候，当所有人都不愿也不敢借钱给法国政府的时候，有一个人却不知死活地出头了，这个人就是朱尼尔斯·摩根。他决定帮法国政府一把，借钱给法国，金额为1000万英镑，相当于5000万美元。这在当时可不是一笔小数目，那时的5000万美元和今天完全不是一个概念，足以支付一场国际战争。朱尼尔斯为什么敢借钱给法国政府？也许这就是一个与众不同的商人应该具备的胆识和魄力，敢为天下人不敢为之为，生意就是冒险，生意就是一场赌博。

罗斯柴尔德家族虽然不愿意借钱给法国政府，但他愿意帮助朱尼尔斯·摩根完成这场赌博，他派出了他们的"镇家之宝"——信鸽，帮摩根传递消息。也许你觉得不就是一个小小的信鸽嘛，有什么特别之处？可别小看这个信鸽，那年头这就是最靠谱、最管用的传递信息的工具。那时，爱迪生还没有研究出电话，写信又太慢，只有靠信鸽才能及时传递信息。信鸽就是他们赚钱的工具，对此，罗斯柴尔德深有体会。拿破仑战败滑铁卢时，他就是靠信才抢先得到了这一消息，最终在债券市场上大赚了一笔。信息就是生产力，那时这些金融家们就已经知道了。

皮尔庞特·摩根又找了其他几家银行，一起来帮法国承销这批债券。债券面值100元，卖出价只有85元，也就是说，债券到期日，法国政府必须以100元的价格还钱。法国政府对这个折扣很不满意，但是又没办法，因为即使按这个折扣，债券也卖不出去。

但令皮尔庞特更为担忧的事情还在后面。1871年，普鲁士军队攻陷了巴黎，随之发生了巴黎公社起义。这下购买法国债券的人傻眼了，债券价格开始狂跌，从85点一下跌到55点。也就是说，现在花55块钱买法国的债券，过几年就能以100块的价格收回来，这是多么赚钱的投资，可是却有很多人不敢买。因为当时巴黎公社起义正如火如荼，法国政府能不能还上这笔钱还不知道呢，投资者都不想血本无归。

但是，朱尼尔斯·摩根又一次地不顾死活，他开始大量地、疯狂地购买债券，几乎倾尽所有，押上了全部身家。朱尼尔斯·摩根平时做事情一向谨慎，但此时，他却像个赌徒。他不仅押上了他的全部家当，他甚至押上了摩根家族的名誉和希望，无疑，这是一次冒险。他为什么要进行这次冒险，一方面是当时的情况所迫，一方面是他想凭此奠定摩根在华尔街的地位。朱尼尔斯·摩根并不是个赌徒，但他知道要想在华尔街立足，需要一点赌徒精神。

朱尼尔斯·摩根也无法预测这场赌博的结果是赢是输，俾斯麦、罗斯柴尔德家族和其他金融家也无法预测，因为他们自己也是局内人，也是这盘棋里的棋子，所以，自己是赢是输，真的看不清。

然而，最终的结果是——朱尼尔斯赢了，赢得一塌糊涂，赢得让所有人都羡慕、都忌妒、都红眼了。因为巴黎公社起义很快就失败了，仅仅隔了两年的时间，1873 年，法国政府就还清了所有的借款，而且是按照债券的面值——100 元。所有购买债券的人都发了，但发了大财的正是朱尼尔斯·摩根，他最终赚得 150 万英镑。这个金融界的冒险家碰上了"百年一遇"的大机遇，这究竟是上帝的恩赐，还是他自己的努力呢？

不能不说，这次冒险是不够理智的。作为投资来说，它甚至也不符合"投资理论"，但在某些时候，就需要这种非理智的判断，就需要这种疯狂之举。因为，非常人的举动才能换来非一般的结果和回报。或许，让朱尼尔斯·摩根重回当年的赌局，他都未必敢去赌，但在那时，他就是这么做了。

这次冒险为朱尼尔斯·摩根带来的不仅仅是巨额的利润，还为摩根公司在国际银行界赢得了声誉和地位，从此，摩根公司也跻身世界顶级银行的行列。

◆ "他" 是一个冒险家 ◆

每个商人几乎都是一个冒险家，朱尼尔斯·摩根是冒险家中的冒险家，敢于借出巨额资金给法国政府，这让许多人都开始重新审视他。这个举动打破了人们对他的固有印象，一向谨慎的朱尼尔斯·摩根如此疯狂，就连一向激进的儿子皮尔庞特也对父亲的举动感到惊诧。

朱尼尔斯难道不害怕后果难以承担吗？他当然怕。但作为一个出色的金融家和一个优秀的商人，朱尼尔斯能够判断什么样的险可以冒，什么样的险不能冒。当法国政府向他借钱时，朱尼尔斯·摩根是经过了一番调查的，他仔细查看了法国金融史，发现从 1789 年法国大革命以后，法国政府从未拖欠过任何债务，法国政府的信誉和还款能力是靠得住的，因此，他才敢于冒险向其借款。所以，他的冒险不是盲目的。但纵然如此，朱尼尔斯的内心也远远没有外表表现出来的那么淡定，他虽然表面上看起来波澜不惊，内心却并不淡定，只是他掩饰得很好而已。

敢于冒险的朱尼尔斯当然不只是只冒险过那么一回，只冒险一次不足以称之为冒险家，也不足以彰显摩根家族的魄力。1870 年，他同时在进行两个赌局。这一年，法国政府不是唯一向他借钱的人，还有一个人也向他伸出了手，他借的也是一笔巨款，这个人就是安德鲁·卡内基。

这年 3 月，安德鲁·卡内基来到伦敦拜见朱尼尔斯·摩根。这个人在美国铁路界已经小有名气，他的经历朱尼尔斯也有所耳闻。他的父亲是一个纺织工人，他 12 岁从苏格兰来到美国，后来到宾夕法尼亚铁路公司工作，他非常勤奋好学，因此不断地升职，他一直在铁路、矿石、钢铁这几个行业里打拼。在这几个行业里，他也算是个有头有脸的人物。

这个人为什么要向朱尼尔斯·摩根借钱呢？因为他想建一座铁路大桥，而且是在密西西比河上。密西西比河上其实已经有了许多座大桥，但可惜每一座都不能令人满意，不够坚固，不能让人放心地在上面行走。威胁到人民安全的事情，政府当然不能坐视不管。因此，在 1868 年，政府决定在伊利诺伊和圣路易之间建造一座更为坚固的铁路桥。卡内基对这个项目特别感兴趣，他旗下有一个拱顶石桥梁建筑公司。经过他的努力，政府把这个建桥的工程项目给了他。

但是，建桥的设计方案，却让包括卡内基在内的所有投资者望而却步：

这座桥的花费太大了，不是哪个公司都能够承受得了的。为了保证大桥足够坚固，大桥的桥墩必须由砖石砌成，且要深入河底 93 英尺以下，上面搭建三个金属拱架桥，这个工程太大了，远远超出人们的想象。根据设计方案，人们估计建造这座大桥将要花费 700 万美元，要 700 年才能竣工！

也许花费没有人们传言的那么高，但对卡内基来说仍是一笔巨款。只有融资，建造大桥的计划才能顺利进行。1870 年，卡内基开始在美国四处融资，但效果很不好，很多人不愿意借钱给他，也没有这么大的实力。后来，别人向他推荐朱尼尔斯·摩根。在他人的引见下，他来到伦敦拜访朱尼尔斯·摩根。

卡内基先向他描绘蓝图——大桥建成之后将建造一个收费站，这座收费站横跨大陆交通干线，并发放抵押债券，卡内基希望这些能够抵消掉朱尼尔斯·摩根的忧虑。朱尼尔斯·摩根对 36 岁的卡内基又详细研究了一番，这个人虽然年轻，但在铁路行业已经从业多年，对钢铁行业也非常熟悉，在匹兹堡，他还拥有一家铸造厂。所以，对这个人的能力，他是信任的。尤其是他提出用发行债券的方式建造大桥，他对此很感兴趣。

也许又有人会觉得，朱尼尔斯·摩根又疯了吧，只听说有人融资修建铁路，还从来没有听说用发行债券的方式建桥的，这也太荒唐了吧。但朱尼尔斯却认为自己非常清醒，他很认同卡内基所说的，对其中的利弊，他也经过了一番仔细的考量。考量之后，他认为借钱给卡内基是可行的，是值得的。这是一个百年工程，能参与其中是非常幸运和有意义的，当然最重要的是有利可图。

于是，朱尼尔斯·摩根答应了卡内基借给他这笔钱，以 85% 的面值发行了价值 100 万美元的大桥债券。债券发行后，销售效果很好，这让许多人没有想到。但是，大桥的修建却并不顺利，中间发生了多次事故，耽误了竣工日期。不过并不是之前人们传言中的 700 年。1874 年，大桥终于竣工通车，但不久后又遇上了经济危机，大桥上火车的运行数量远远不如预期，因此，卡内基也无法还清借款，没办法，他只好又向银行借款，但只能支付债券的利息。

债券偿还不顺利，按说朱尼尔斯·摩根对卡内基应该非常不满才对，但恰恰相反，他并没有责怪卡内基，而是继续给予卡内基信任和支持，继续为他的其他工程项目提供资金支持。在朱尼尔斯·摩根的公司支持下，卡内基建造了许多桥梁、铁路，还建造了一家钢轨轧钢厂，这家钢厂的生意非常好，卡内基凭此事业又上了一个高峰。可以这么说，没有摩根财团的支持，卡内基的钢铁事业不会这么快就起步。朱尼尔斯·摩根显现出来的是一个职业银行家应有的气度，这种气度令人敬佩。

而卡内基也凭借对铁路、桥梁和钢铁等领域的不断探索，发现规模经济能产生更大的效应，他的钢铁王国也开始就此建立。当然，卡内基应该感谢朱尼尔斯·摩根为他提供了源头活水，才能让他的产业理想得以实现。卡内基从此名震天下，他再也不需要看那些银行家的脸色行事了，但对朱尼尔斯·摩根，他依然是非常感谢和尊敬。

这是朱尼尔斯·摩根的又一次冒险。对于他来说，冒险是生意的一部分，从来就没有十拿九稳的生意，更没有百分之百绝对赚钱的生意。当机会出现在面前时，朱尼尔斯总会通过具体的数据和事实来判断能不能冒险，用投资回报率来决定要不要冒险，他看到的往往不是一时的成败得失和短期的盛衰变迁，而总能将目光投向更远的将来。

J.P.摩根公司的前身

朱尼尔斯·摩根在生意上屡屡冒险，屡屡得手，但对儿子的教育和监护却不敢冒险，不但不敢冒险，还丝毫不敢大意。因为对儿子的教育可不能是一场赌博，他不能拿儿子的前程作赌注，更不能拿摩根家族的未来去冒险。而且皮尔庞特·摩根做事一向冲动、激进，朱尼尔斯对儿子总是不能放心，年轻的皮尔庞特还没有真正成长起来，还需要他帮其安排、处理一些事情，比如为他选择一个好的合伙人。

1871年，刚过新年，皮尔庞特的合伙人查尔斯·达布尼就宣布要退出合伙公司。这位老银行家已经65岁了，到了退休的年龄，但他真正退休的原因是觉得皮尔庞特已经羽翼丰满，他已经失去了对皮尔庞特的影响力，很多事情皮尔庞特都会独自处理，很少再询问他的意思，他无法在皮尔庞特那里得到以前那种足够的尊敬，这让他很是失落。于是，5年合作合同到期后，他就宣布解除与皮尔庞特·摩根之间的合作关系，退出合伙公司。

那么，这个公司怎么办呢？是让皮尔庞特一个人独撑大局吗？皮尔庞特倒是很想这样，但奈何父亲不同意，父亲认为他火候不到，以他目前的能力还不足以独撑局面，必须有一个人对他进行必要的引导和牵制，所以必须给他找一个好的合伙人。找一个有实力、有影响力的合伙人，也可以巩固摩根财团在美国本土的影响力，同时对公司在世界范围内扩展银行业务也更为有利。

在那时，商人银行国际化的典型模式不是在全球设立分支机构，而是在各国首都建立连锁合伙公司。因此，朱尼尔斯为皮尔庞特选择的合伙人不仅要实力强大，业务还要互补，这样摩根财团的业务才能延伸到世界的各个角落，所以，朱尼尔斯要为皮尔庞特选择一个国际一流的商人银行作为他的合作者。

有这么一个名字是朱尼尔斯的理想人选——德雷克塞尔。德雷克塞尔不是一个人，他们是三兄弟，这三兄弟既安于本分，又乐于扩张。他们在纽约和巴黎都有合伙公司，在德国也有庞大的业务网络，但他们的根据地在费城。德雷克塞尔银行长于政府融资，在这方面的声誉极好，许多人都认为杰伊·库克在政府融资方面是能手，但德雷克塞尔银行同杰伊·库克在这方面的能力不相上下。但德雷克塞尔那些年在美国的业绩也不是很好，因为他们的大本营在费城，但现在费城已经不再是美国的金融中心，已经被纽约取而代之，德雷克塞尔美国公司的平均年利润只有 35 万美元，比起它全球其他公司的利润来说算是很低的了。

所以，德雷克塞尔公司为拓展业务，也想在美国寻找一位合伙人。特别是在 1870 年年底，安东尼·德雷克塞尔从竞争对手杰伊·库克手里赢得了宾夕法尼亚铁路公司的客户，迫切需要寻找一位合伙人和他一起开发这些客户。德雷克塞尔兄弟与朱尼尔斯之前有过合作，对朱尼尔斯的印象很好，所以就寻找合伙人一事请朱尼尔斯给他一些意见。1871 年 1 月，安东尼·德雷克塞尔的银行家主动来到伦敦拜访朱尼尔斯，亲自向他咨询此事。

这不是送上门来的好事吗？朱尼尔斯正在为儿子寻找合伙人，而且眼前的这个人正是他的理想人选，于是，他连忙建议德雷克塞尔公司不要寻找别人了，就与摩根公司强强联合，发挥各自的优势，弥补各自的不足，大规模、更有效地开展业务，他也向德雷克塞尔公司推荐了自己的儿子作他们在纽约的合伙人。

德雷克塞尔公司对摩根公司自然是很满意，但对朱尼尔斯的儿子皮尔庞特却不是很了解。于是，3 月初，朱尼尔斯让儿子皮尔庞特·摩根亲自到费城拜访安东尼·德雷克塞尔。皮尔庞特·摩根虽然比安东尼小 12 岁，但其谈吐、见识及表现出来的能力都让安东尼非常满意，于是德雷克塞尔决定由他来作德雷克塞尔公司和德雷克塞尔—哈耶斯公司的合伙人。双方在费城和巴黎进行密切合作，在纽约组建合伙公司，皮尔庞特与德雷克塞尔三兄弟中最小的约瑟夫·德雷克塞尔共同经营这家合伙公司。

合伙公司成立后，德雷克塞尔三兄弟约出资 700 万美元，可皮尔庞特·摩根当时身价只有 35 万美元。为了公平，必须保持出资平衡，于是朱尼尔斯替儿子投入了 500 万美元，弥补了出资差异。按照出资金额的不同，合伙公司被命名为德雷克塞尔—摩根公司，虽然这样的排名顺序说明德雷克塞尔在公司的地位更高，但皮尔庞特并不感到委屈，因为与他之前的达布尼—摩根公司相比，他已获得很大的自主权，他不需要再像以前那样，很多事都要听命于达布尼，相反，约瑟夫·德雷克塞尔常常需要听他的意见。

1871 年 7 月 1 日，对摩根公司来说又是一个重要的日子。德雷克塞尔—摩根公司在纽约 53 号交易厅盛大开业。朱尼尔斯·摩根终于为儿子找到了一个称心如意的合伙人。从此，这个公司在他的指导下和在儿子的经营下，发展得越来越好。后来，在全球享有盛誉的 J. P. 摩根公司，其前身正是这家合伙公司。

第四章
假如上帝要融资，
他也要找摩根士丹利

摩根财团在世界金融舞台上一直叱咤风云，创造了一个又一个奇迹。然而，它也并不总是一帆风顺的，比如，在迫不得已之下，摩根财团曾被拆分，而摩根士丹利便是被拆分出去的一脉。但是，即使摩根财团被拆分了，即使摩根士丹利刚刚诞生时很弱小，可它还是在很短的时间内登上了美国投资银行巅峰的宝座，从而实现了它的宣言：假如上帝要融资，他也要找摩根士丹利！

迫不得已的分家

摩根财团为什么要分家？要回答这个问题，我们先要听一听一位共和党前主席说过的话："在世界历史上，从来没有出现过一个公司可以像摩根银行一样，对金融、工业、铁路、信贷等领域具有强大的控制权。"这句话道出了摩根财团的强大。

摩根公司究竟有多强大？那要先看看摩根公司究竟有多大规模。乔治·皮博迪在 1838 年创办公司，后由摩根家族继承，这是老一代的摩根财团，但它在当时就已经是规模很大的金融联合机构了。在 20 世纪 30 年代经济大萧条之前，华尔街 23 号就被人们称为"金融帝国"和外国前哨办事处的总部。人们口中所说的摩根财团不仅是指纽约的 J. P. 摩根公司，更指的是摩根公司的所有合伙人及由这些合伙人结成的一张无形的大网。这张大网里网罗了美国各个经济领域的领导者，这些人足以控制美国经济的方方面面。

摩根财团的强大首先对美国工业生产产生了巨大影响，这种影响力简直令人惊恐。

19 世纪，美国铁路业和重工业兴起，铁路公司的运转需要大量的资金，且需要源源不断地投入，单靠一个企业根本无法承受这样的资金需求。当时，铁路业刚刚兴起，还处于无序状态，同行之间在价格及其他方面互相倾轧，相互之间产生很多利益分歧和矛盾，但没有一个工商组织为他们解决这些问题，这个时候银行家就出面了。他们常常作为中立方对发生矛盾的两个企业进行干预或协调，特别是在银行家本来就和两家企业都有业务关系时，更是自然而然成为两家公司的协调人。这就是那时银行和企业的独特的关系。

这独特的"银企关系"使摩根财团既拥有这些铁路公司股票和债券的销售权，又是铁路公司的仲裁者，同时也是铁路公司破产后的重组者。摩根财团通过资金渗透、资金遏制以及令人炫目的操控手法，几乎完全控制了铁路业，纽约中央铁路就是这样成为摩根铁路的。很快，摩根财团又用同样的手法控制了其他众多的铁路公司。成为铁路托拉斯以后，摩根又逐渐向工业托拉斯转移，渐渐控制了美国的制糖、制铅、威士忌、厚玻璃板、金属钉、冶金和煤炭等行业，摩根因此被称为"美国的老板"。

摩根财团对工业企业的控制令人惊恐，对金融领域的影响力同样巨大。那时的美国政府没有什么金融力量，在发生金融动荡时，政府不得不依靠摩根这样的私人银行去抑制金融动荡。摩根银行就多次代替政府发挥它"中央政府"的作用。

19世纪末，美国众多银行倒闭、铁路公司破产，美国的黄金储备疯狂下跌，美国政府即将出现支付困难。在关键时刻，摩根银行决定与罗斯柴尔德银行联手筹集350万盎司的黄金，这个消息刚刚透露出去还未真正实施时，美国的金融市场就迅速恢复了平静。接着，摩根财团又建立了一个全球银团计划。这些本来应该由国家中央银行发挥的作用已经完全被摩根银行代替。

1907年，在又一次金融恐慌中，摩根财团再次出手，挽救了纽约市和证券交易所，再次发挥了相当于美国中央银行的作用。但这次的恐慌终于让美国政府认识到，国家金融体制存在致命缺陷，这种缺陷使美国每隔十年就要发生一次金融危机，这几乎成了美国人挥之不去的梦魇。更严重的后果是，像摩根财团这样强大的货币托拉斯在帮助美国政府渡过金融危机的同时大肆敛财。

因此，这次恐慌过后，美国政府和美国人民都认为，必须进行银行业改革，成立美国的中央银行——联邦储备体系。1913 年 12 月，威尔逊总统签署了《联邦储备法案》，成立了美国中央银行。可惜，中央银行不但没有削减摩根银行的权力，反而加大了摩根银行的权力。因为联邦储备体系由私营储备银行和联邦储备委员会共同组成，摩根银行用种种办法与纽约的联邦储备银行结成了同盟，在此后长达 20 年的时间里，摩根银行仍然凭此控制着美国的金融市场。

美国的银行新政并没有打击到摩根银行，那究竟是什么最终让摩根财团分家的呢？其真正的原因还是华尔街的那些银行家们的欺骗和贪婪以及他们之间肮脏的交易。

华尔街上的银行家采用的是混业经营方式，也就是说既从事贷款也接受存款，同时也从事证券买卖，这种经营方式的最大弊端就是方便这些银行作弊，比如他们将坏贷款重新包装成债券，然后再推销给投资者。1929 年，这些骗局被揭穿，人们对华尔街这些银行家的欺骗伎俩异常愤怒，民众纷纷上街游行："拆散这些欺骗投资者的银行！"

摩根财团号称正牌的金融财团，但并非没有见不得人的勾当。摩根财团每次只要销售大宗的债券或股票，根本不需要零售，而是直接将销售业务批发给货币托拉斯。而在批发给货币托拉斯之前，它会以极低的价格卖给某些人。这些人都是谁呢？当然都是摩根财团关系网中的重要人物，包括政界、商界和银行界的显贵、巨头以及其他行业的精英们，甚至还有战争英雄。事实上，表面上说是卖，实际上根本就是"送"，而且这种"送"带有明显的贿略性质。因为这些人持有这些公开发行前的原始股，几乎没有任何风险，但潜在收益却非常大。

1929 年，摩根财团馈赠股票的"优惠客户"名单被揭露并公布，一时间，公众如梦初醒，华尔街的金融家们包括摩根财团的名誉几乎扫地。此外，摩根财团参与的 50 多个非法的股票联营基金也被一一揭露。

摩根财团的过于强大和这一系列的投机行为使美国政府不得不痛下决心，一定要拆分摩根财团。1933 年，摩根财团丑闻调查结果公布。在强大的事实面前，罗斯福政府不得不采取行动。1933 年 6 月 16 日，罗斯福总统在"分离商业银行和投资银行提案"上签字。这一条款明确规定，私人银行只能经营存款和证券两种业务之一。这一提案把摩根财团打得晕头转向，因为摩根银行正是这两种业务同时并存的银行，《格拉斯—斯蒂格尔法案》无疑是针对摩根财团而来，非要将摩根财团置于死地不可。

这一法案有一个宽限期，摩根财团以为这次会像以前一样，法案能在宽限期结束前被推翻，但这次，它的这一希望变成了深深的失望。一直到宽限期结束，《格拉斯—斯蒂格尔法案》都没有被推翻，更没有被修改。同时，摩根财团提出了一个修正案——恢复存款银行从事有限的证券业务，并希望这个修正案能获得政府的通过。但罗斯福总统又给了摩根财团最后致命的一击——否决了这项修正案。

这时，摩根财团彻底知道希望破灭了，摩根财团必将被拆分，这个命运已经无法改变。摩根财团被称为"美国无形的政府"，但它毕竟不是真正的政府，当政府真要和它作对的时候，它也只能是胳膊拧不过大腿。所以，1935 年 9 月 5 日，摩根财团很不情愿地迎来了分家的时刻。摩根财团不想分家，但是，却不得不这么做。

含着金汤匙而生

1935 年 9 月 5 日这一天，或许对一般人来说是很普通的一天，但对华尔街来说，这一天却非同寻常。因为当天下午 4 点，摩根财团宣布正式分家，被一分为三，同时也宣告了摩根士丹利的诞生。摩根士丹利作为从摩根财团分离出来的嫡系，自诞生这刻起，便吸引了华尔街银行家们复杂的目光。一方面，这些银行家们出于同行的情谊及摩根财团的威望，要对新生的摩根士丹利表达祝福；另一方面，这些银行家们非常清楚，一旦让摩根士丹利成长起来，它可能会再次成为华尔街的金融掌舵者。当然，不管他们怎样想，摩根士丹利还是在人们的注目中开业了。

让我们把镜头定格在华尔街和宽街相交的拐角处，这个地方便是摩根财团的核心办公地——华尔街 23 号，同时它也是美国金融界最著名的地方。正因如此，这块土地的价值已经上升到了一个令人咋舌的地步。可是，要知道，当年托尼·德雷克塞尔买下这块地皮时，每平方英尺的价格仅仅只有 349 美元，但到了 2007 年房价泡沫顶峰的时候，这块土地的价格已经被炒成了天价。其实，正因为这块地皮昂贵，才能显出摩根财团的尊贵地位；同样的道理，正因为摩根财团的办公楼在这里，所以这里的地皮才会格外昂贵。不过，这些都是题外话了。

总之，1935 年 9 月 5 日的这一天，摩根财团的三位资深合伙人拉蒙特、惠特尼和斯坦利，站在华尔街 23 号狭长屋子尽头的壁炉边，向 20 多名闻讯而至的记者宣布摩根财团正式分家。看来"天下没有不散的宴席"这句话，真的是真理，强大如摩根财团竟也有分裂的一天。

或许是冥冥中自有安排，也或许是纯属巧合，如果你对华尔街 23 号这座楼有所了解的话，就会发现这座楼里有两个独特的入口，分别面对着拿骚街的财政部分支机构大楼和华尔街的证券交易所。所谓"无巧不成书"，这两个入口所对应的政府机构，似乎从建成之时就隐喻着摩根财团当年融合在一起的存贷款与证券业务，迟早要在政府部门的干预下面临被分拆的命运。当然，就像前面所说，这也可能就是巧合而已。

事实上，摩根财团此次分离只是权宜之计，是不得已而为之。而分离出去的摩根士丹利也不过是摩根财团主干上的一个分支，主管摩根财团的证券业务。同摩根财团这个豪华大船相比，摩根士丹利也只能称为小木筏。因为摩根财团当时分家之时，一共有 400 多名员工，但最终却只有 20 人愿意加盟到新成立的摩根士丹利。新公司中，一共只有 3 位来自摩根财团的合伙人——哈罗德·斯坦利、小摩根的儿子哈里和威廉·尤因。此外，新公司还有两位德雷克塞尔的合伙人——佩里·霍尔和爱德华·约克。

但是，千万不要因为摩根士丹利的人少、规模小就小瞧它。事实上，摩根士丹利开张当日便创造了奇迹，并至今还留存在华尔街的商业档案中。1935 年 9 月 16 日，作为美国商业史上一个最与众不同的开业日，摩根士丹利正式在华尔街 2 号开业。为什么说摩根士丹利的开业与众不同呢？这是因为在它开业当天，公司办公室里摆满了一排又一排的漂亮花束，把整个办公室都装扮成了花房。这些花当然不是摩根士丹利自己买来的，而几乎全部都是华尔街的同僚及摩根士丹利的竞争者送来的。总之，摩根士丹利这位"投资银行绅士"就这样在花团的簇拥下诞生了。

　　然而，相比于同行的热情和重视，摩根士丹利自己则显得相当"淡定"，既没有隆重奢华的开业仪式，也没有紧张喜庆的气氛，根本就看不出有任何开业的样子，而更像是一家老字号公司又一个星期的开始。但是，不管摩根士丹利的开业如何"寒酸"，行事如何低调，这一天仍然是开启美国私人投资银行时代的重要标志。除此以外，摩根士丹利就像一个含着金汤匙而生的贵族，自开业当日，所要面对的就是不断纷至沓来、应接不暇的业务。甚至有传言说，由于摩根士丹利开业第一周前来谈业务的公司实在太多，以至于当一家公用设施公司的董事长来谈融资一事时，哈罗德·斯坦利直接说道："让他下星期再来吧。"由此可见，摩根士丹利的门槛有多高，并不是人人都能有和它合作的机会。

　　其实摩根士丹利这样地红火也不难理解，因为，虽然摩根士丹利从摩根财团分离出来了，但在人们的眼中，它仍然与摩根财团有着千丝万缕的联系，或者干脆就像是摩根分行的办公室。事实也证明，分拆后的两家新公司可谓血脉相连，它们在业务上常常相互配合、彼此照应。例如，摩根士丹利的证券支付与交接就是在华尔街 23 号进行的；而 J. P. 摩根公司则把一些客户介绍给摩根士丹利。此外，在某些商业交易中，摩根士丹利和 J. P. 摩根公司则相互合作。

　　人们都知道，摩根财团的分家是迫不得已，而自它分家那天起，或许就有以后再重新合并的打算。因此，不管是在心理距离上还是在实际距离上，两家新公司的联系都相当紧密，摩根士丹利公司的办公地离华尔街 23 号仅有约 100 码之遥。此外，摩根士丹利自诞生起，就承袭了摩根财团高贵的"蓝血"血统。不仅办公室的装潢让人想起其与生俱来的贵族血统，并且布置风格也一如华尔街 23 号。而在摩根士丹利最初的 700 万美元无投票权优先股的启动股本金中，J. P. 摩根及其合伙人便拥有其中的 660 万美元。同时，摩根士丹利公司的几位领头人，也都是典型的摩根式人物：哈罗德·斯坦利是摩根士丹利的总裁和资深活动家，作为通用电气公司的一位工程师和热水瓶发明者的儿子，他拥有很纯正的摩根血统；哈里·摩根则是摩根血统的实际继承人，他在摩根士丹利的主要工作是维护传统，而不是日常事务性工作。

总之，摩根士丹利作为一家含着金汤匙而生的新公司，从一开始便被牢牢掌控在了摩根财团的手里，它就是名副其实的摩根财团的分支。它不仅拥有摩根的名称和资产，而且还拥有着象征摩根财团的嫡系血脉哈里·摩根，也就是杰克·摩根的儿子。哈里·摩根作为摩根家族的血脉，从小就对祖辈十分尊敬和佩服，因此，当他来到摩根士丹利后，一直坚守着摩根财团的绅士银行家准则和关系银行的传统。当然，除了这一点，摩根士丹利的基因里也传承了摩根财团的另一面，那便是投机、冒险、欺骗和唯利是图，而这些因子也在以后的日子里深深地影响着摩根士丹利。

后来的事实证明，摩根士丹利的诞生，开创了华尔街投资银行的传奇，尤其是从 1935 年到 20 世纪 70 年代，摩根士丹利一统天下的威力没有哪个投资银行能与之相提并论。当然，这些都是后话了。虽然摩根士丹利拥有摩根财团的"贵族血统"，但在开业之初的摩根士丹利，就如其他任何一家新公司一样，也有许多困难等着它去面对。不管是从资产还是人员看，摩根士丹利的实力都十分有限，那么，它能够迎难而上，创造辉煌吗？

高贵血统的完美开局

　　作为摩根财团的分支，摩根士丹利在开业之后，就马上投入了自己经营的业务当中。正因为摩根士丹利是摩根财团的分支，因此，摩根士丹利在开业之初就拥有了一大批忠实的客户群，这些客户群便是摩根财团以往的忠实合作伙伴。所以，和那些白手起家、没有任何背景和优势的小公司相比，摩根士丹利的确拥有它们所没有的无法比拟的优势，也正是缘于此，摩根士丹利才得以顺利地迈出了第一步。同时，和摩根财团一脉相承的优势，也为摩根士丹利在最后能发展成为世界知名大投行奠定了基础。

　　然而，不管是任何人或是任何公司，要想到达成功的彼岸，就必须脚踏实地。摩根士丹利也是这样，虽然它是含着金汤匙而生的，但终究一切还要靠自己去努力、去奋斗。事实上，到1935年末的时候，摩根士丹利成功地完成了一家电力公司的证券发行，初步向华尔街展示了摩根士丹利的业务能力。而在摩根士丹利初露锋芒后没多久，摩根士丹利就迎来了开业后的第一笔大买卖。事情是这样的，美国电话电报公司因为需要进行新的融资活动，在经过一番思量后，最终把目标锁定在了摩根士丹利，希望摩根士丹利能够协助自己的公司融资。这天上掉馅饼的事，摩根士丹利自然不会拒绝。

　　通过此次交易，摩根士丹利赚了个盆满钵满，而像这样的生意也不过是摩根士丹利众多生意中的一笔而已。此后，伊利诺伊州的贝尔公司等也主动来拜访摩根士丹利，同摩根士丹利商谈合作之事。这么一来，摩根士丹利在开业之前的忧虑和担心全都一扫而空，摩根士丹利的员工们如今需要做的就是更加努力工作，以扩大自己的规模，赚得更多的利润。总之，摩根士丹利开业之初的生意便红红火火，蒸蒸日上。在短短的一年时间里，摩根士丹利就完成了10亿美元的销售额。要知道，当年美国全国的证券销售额也仅仅只有40亿美元。这足可见摩根士丹利的生意有多红火。

如此迅猛的发展速度，让华尔街上所有的竞争者都瞠目结舌。摩根士丹利这艘小船才刚刚起航，就如此顺风顺水，真可谓是创造了一个奇迹。《福布斯》曾这样评价道："大多数商行、协会或公司在起步阶段都要历经艰难，但是摩根士丹利的发展却如此迅速，这真让人意外……这是所有公司都不曾有过的经历。"的确，摩根士丹利的发展势头令人咋舌。同时，摩根士丹利在证券承销上的能量和威力，迅速形成了马太效应，以至于摩根士丹利的承销能力越强，其在证券市场上的地位就越巩固，吸引的客户就越多；而客户越多，业务量越大，其在证券市场上的话语权就越强。这样一来，那些在承销市场中苦苦挣扎的小企业，就不得不沦为摩根士丹利前进道路上的垫脚石。

所谓"万事开头难"，只要有了一个好的开始，接下来的事情也就会变得简单。摩根士丹利在有了一个"开门红"后，只用了短短的几年时间，就一跃发展成为美国证券市场上的新任霸主。1947年，美国司法部对横行市场的17家投资银行及其交易组织——投资银行家协会发起诉讼，指控他们违反了《反托拉斯法》，试图垄断证券承销业务。在这场指控中，连司法部都把摩根士丹利看作最大的幕后黑手，而摩根士丹利的总裁哈罗德·斯坦利则被认为是狡猾的策划者。司法部之所以会指控投资银行家协会，就是因为在这一年里，摩根士丹利和其16家"盟友"共同占据了全美证券市场的70%，也难怪美国司法部会对他们如此"重视"。

然而，无论怎么说，作为一家新公司，摩根士丹利成功地迈出了第一步，并且在短时间内发展成为美国证券市场上首屈一指的力量。不得不承认，这种成就，足以令人震惊，更难以被复制。事实上，摩根财团当初在分家时，取舍很艰难，因为不知道应该把重心放在银行存款业务上，还是应该放在投资业务上。然而，尽管不易抉择，但摩根财团最终还是把天平倾斜在了储蓄存款业务上。正因如此，J. P. 摩根公司才得以继承摩根财团几乎全部的资产，并以4.3亿美元的总资产，继续保持着当时世界最大私人银行的地位。

如果把拆分后的J. P. 摩根公司比作航母的话，那么，摩根士丹利则毫无疑问是个小舢板。因此，被拆分出去的摩根士丹利最初是那么弱小，以至于摩根士丹利的早期创业者佩里·霍尔这样形容他们的前途："我们驾着一只小舢板向着波浪翻滚的大海进发，我们不知道别人将怎样对待我们。"在这些早期创业者的眼里，与J. P. 摩根公司相比，摩根士丹利显然有点被放逐的意味，有点独闯天涯开疆拓土的悲壮。但是，就是这样一个小舢板，却真的翻起了大风大浪，并创造了属于自己的辉煌。

正所谓"吉人自有天相"，虽然在摩根士丹利开业之前，有很多人为它的前途担忧，但摩根士丹利却恰好遇上了一个好时代，美国证券市场的突然繁荣无意间为摩根士丹利铺就了一个繁花似锦的大好前程。

此外，在摩根士丹利承销公司债券的同时，还第一次在报纸上前所未有地登出了募资说明书。乍一看，这样的做法似乎根本不符合摩根财团一直以来遵循的"绅士银行"传统，但事实上，这一做法并不是摩根士丹利的荒唐之举，反而是摩根士丹利的执行合伙人哈罗德·斯坦利与证券交易委员会主席约瑟夫·肯尼迪在华盛顿经过一番磋商后，按照新证券法的要求做的。其实这是市场选择的结果，可以让原来一直在暗箱操作的证券发行走到阳光下，让投资者通过募资说明书获取更多的信息。因此，摩根士丹利的这一做法在信息透明度方面开创了一个先例，不仅提升了市场信心，也促进了摩根士丹利的证券销售，因为募资说明书的准确性和透明性，有助于保护那些证券发行者不会遇到法律麻烦。

总之，摩根士丹利自诞生起，就赶上了一个好时候，不仅资本市场繁荣，而且像老摩根财团、国民城市银行和大通银行等证券业大佬，也都被罗斯福新政给驱赶出了证券行业，因此，摩根士丹利刚一开业就赚了个盆满钵满，可谓是有了一个完美开局。

◆ 要做就做到最好 ◆

虽然摩根士丹利只是摩根财团分离出去的微不足道的一个分支，但贵族就是贵族，一旦有了天时、地利、人和，它仍然会发展到令人不可小觑的地步。关于这一点，在开业之初，其红红火火的场面，就已经有了初次印证。而随着时间的流逝，摩根士丹利也在一点点地壮大自己。传承了"绅士银行"传统的摩根士丹利，也有自己的傲骨，那就是不做则已，要做就做到最好。这是摩根财团骨子里的贵族精神使然。

摩根财团在拆分之后，摩根士丹利得到的资金并不多，规模也不算大，但毕竟摩根士丹利也算得上是出身显赫的贵族，因此单单依靠摩根财团的人脉优势，就让其从一开始就担起了独家主承销商的角色。有了这样尊贵的身份，摩根士丹利就可以在证券定价、对参与分销的机构进行销售额度的分配，以及独享丰厚的管理费方面拥有特权。除此以外，在刊登的募资说明书上，摩根士丹利还享受到了别家公司所不能享受的特殊待遇，那就是摩根士丹利的名字将会被单独印在一大堆承销商名单的最上方，并用罗纳德桑斜体字印刷，以达到醒目的效果。这都使得摩根士丹利在证券业的地位不同寻常。

同时，因为摩根士丹利是含着金汤匙而生的，因此它在骨子里就有一种天然的贵族气概。正因如此，除了极个别的时候，一般情况下，如果证券是由其他公司组织发行的，那么摩根士丹利就不会参与其中，更不会出现在分销商队伍中。因为在摩根士丹利看来，那样做的话，无疑是自贬身价。当然，这种心态有利也有弊，要知道，对开业之初的摩根士丹利来说，不管它的出身如何尊贵，但毕竟羽翼未丰，如此自命不凡，除了会让其合伙人感到骄傲外，并不能给自己带来任何的利益。而之后的事实证明，这种傲慢的态度还会让摩根士丹利栽跟头。当然，这都是后话了。

事实上，按照证券交易委员会的规定，公司承销量的多少必须受资本金限制。这意味着，凭摩根士丹利分拆出来时微不足道的资本金，它将无法单独承担和应对大型公司的大宗证券承销。当然，这不仅仅是摩根士丹利的缺点，也是华尔街其他诸如像库恩—洛布、高盛、雷曼兄弟、第一波士顿、史密斯—巴尼、基德—皮庞迪、狄龙—里德以及德雷克塞尔等在内的公司的共同软肋。也正是为了克服它们共同的缺点，包括摩根士丹利在内的 17 家投资银行才共同组成了后来被称为"17 家俱乐部"的投资银行大联盟。但是，即使是这样，这个投资银行俱乐部的资金实力也非常有限。

因此，为了解决资金普遍不足的问题，摩根士丹利根据绅士银行家一直以来遵循的互惠、默契和君子协定原则，建起了一个俱乐部式的承销金字塔，而摩根士丹利当然是要稳稳坐在金字塔塔尖的独立主承销商位置，赋予了自己上帝般的权力。至于那些位于金字塔底层的小公司，则是为了生存而不得不俯首听命于摩根士丹利的分销机构。事实证明，摩根士丹利的这一举措很有先见。所谓"团结就是力量"，正是借助这一承销团的巨大力量，摩根士丹利才得以在证券市场上几乎是无坚不摧，所向披靡。

例如，仅仅在电话行业的证券发行方面，摩根士丹利就能迅速组织起一百多家承销商和五六百家分销商。这再次向人们证明了，无论什么时候，商场如战场，并且永远都是成王败寇。由于摩根士丹利站在金字塔的最顶端，并且拥有选择承销或分销机构的大权，因此，对于那些实力弱小的投资银行来说，摩根士丹利就像一座无法翻越的大山一般重重地压在他们心头，而他们能做的就只是对摩根士丹利俯首称臣，这也让贵族出身的摩根士丹利更加威风凛凛、不可一世。

随着摩根士丹利的影响力和威望愈来愈大，许多 J. P. 摩根公司的常客，也就是从前摩根财团的那些紧密型客户，也纷纷开始转向这家新公司。要知道，在摩根士丹利刚刚成立之初，这些大公司是瞧不上实力弱小的摩根士丹利的。而如今这些大公司纷纷和摩根士丹利合作，就足以可见摩根士丹利的实力早已经今非昔比。到 20 世纪 30 年代后期，美国电话电报公司、纽约中央铁路公司、约翰斯—曼维尔公司、杜邦公司、通用汽车公司、美国钢铁公司以及阿根廷和加拿大政府都成为了摩根士丹利的座上宾，它们的证券承销业务都交给了摩根士丹利来做。

如此发展下去，摩根士丹利俨然已经从最初乳臭未干的小子蜕变成了行业霸主。而且随着摩根士丹利越来越壮大，它所涉及的领域也越来越广，除了证券业务外，在包括公用事业、电话公司、铁路、重工业、采矿等领域，摩根士丹利也拥有了非凡的影响力。而当摩根士丹利的客户花名册中出现了美孚、壳牌和全球许多著名公司的名单时，世界上再也找不到任何一家投资银行能够和摩根士丹利相抗衡。也正是在这个时候，摩根士丹利的第一个广告面世，广告画面上是一道闪电刺破乌云，广告词是："如果上帝要融资，他也会找摩根士丹利。"

如此霸道而自信的广告语，或许也只有摩根士丹利敢这样说。因为这17家绰号叫作"17家俱乐部"的货币托拉斯，所承销的证券份额占据了整个华尔街的70%，而摩根士丹利又是"17家俱乐部"的王中王。由此可见，摩根士丹利要做行业霸主的誓言已经成为现实。

◆ 兄弟连心，其利断金 ◆

在华尔街的金融王国里，摩根士丹利创造了一个又一个奇迹。由于它崛起得实在太快了，因此令不少华尔街的金融人士甚至怀疑这里面有猫腻。而人们脑海中想到的第一个对象就是J. P. 摩根公司。人们有充分的理由相信，摩根士丹利发展得如此迅速，应当是得到了J. P. 摩根公司在客户资源方面给予的帮助。当然，这样的怀疑并不是空穴来风，而是有根据的，因为摩根士丹利的许多客户的确是J. P. 摩根公司的客户，甚至有些客户是J. P. 摩根公司直接介绍过来的。

的确，人们有足够的理由怀疑摩根士丹利和 J. P. 摩根公司是穿的一条裤子。道理很简单，J. P. 摩根公司和摩根士丹利本就是一家人，堪称是亲兄弟。但是，这样一来，那么摩根财团的拆分不就成了遮人耳目吗？人们甚至怀疑这里面有阴谋，认为摩根士丹利不过是摩根财团原来公司的翻版而已，美国证券交易委员会更是抛出了共谋理论，认为摩根士丹利无非是 J. P. 摩根合伙人为绕过《格拉斯—斯蒂格尔法案》而制作的一个"法律拟制"，J. P. 摩根公司与摩根士丹利迟早会合并为一家。正因如此，J. P. 摩根公司帮助现在的摩根士丹利就是帮助未来的摩根财团。

　　不得不承认，人们的怀疑和想象的确很有道理。因为在《格拉斯—斯蒂格尔法案》生效 40 年后的 1973 年，摩根财团的三方成员 J. P. 摩根公司、摩根士丹利和摩根建富就专门在百慕大的岩洞湾饭店举行了一次代号为"三角"的秘密会议。这次会议的目的就是商量在美国法规所能控制的范围之外，重建摩根财团。在这次会议上，摩根财团的三支分支在经过一番商量后，便计划成立一个名为摩根国际的公司，对三家各自在海外的证券业务进行统筹，J. P. 摩根公司、摩根士丹利各出 45% 的股本，摩根建富出剩下的 10%。这次会议后来被称为"百慕大会议"。但这一计划虽好，可最终的结果却是不了了之。因为自从摩根财团被分拆后，其三支分支早已在金融领域各自闯下了一片天地。为了保护自己的利益，它们都不愿向对方妥协，所以，合并的计划才成了泡影。

　　因此，人们觉得摩根士丹利的迅速发展有阴谋，的确有一定的道理。当时联邦政府的内政部部长哈罗德·伊克斯就是一个坚定的怀疑论者。就如他在日记中所写："利用大萧条这个机会，摩根人同时扩大了其金融领域。在接到停止其银行做证券承销业务的命令后，他们就成立了一家独立公司，业务做得比先前的银行自己在这个领域里所做的还要大。"同样，怀俄明州的参议员约瑟夫·奥马奥尼也是一个怀疑论者，他甚至一直不相信 J. P. 摩根公司已经退出了投资银行业务。他认为，摩根财团虽然被《格拉斯—斯蒂格尔法案》拆分了，但摩根士丹利却是在投资领域继承了 J. P. 摩根公司以前曾拥有的类似的统治地位。

总之，不管是银行家们，还是美国的公众，大家都纷纷把怀疑的目光投向了摩根士丹利。甚至摩根士丹利的合伙人哈罗德·斯坦利还受到了人们的反复责问，例如，"在实施了《格拉斯—斯蒂格尔法案》之后，你是否需要接受华尔街 23 号的命令？"诸如此类的问题，人们总是会在不经意间问起。更有人怀疑，摩根士丹利只是摩根财团换汤不换药的权宜之计，表面上看，摩根士丹利现在是一个独立的公司，但事实上，它仍然是由摩根财团所掌控。或者说分拆后依然像以前一样，仍然被摩根财团控制着。

对于这些责难，摩根士丹利的哈罗德·斯坦利感到十分愤怒。他一遍一遍地向人们强调，摩根士丹利和 J. P. 摩根公司是相互分离、互不相干的两家公司，摩根士丹利有自己独立的业务，所有利益和风险也由自己独自承担，而不是和 J. P. 摩根公司共担。至于摩根士丹利所取得的成就，当然是靠自己的双手得来的。然而，证券交易委员会并不相信哈罗德·斯坦利的否认，该委员会指控 J. P. 摩根公司利用它对戴顿电力公司的影响，为摩根士丹利获取生意。

事实上，哈罗德·斯坦利的再三声明之所以缺乏令人信服的说服力，关键是因为从摩根士丹利的股权结构看，摩根士丹利的大多数优先股已经被 J. P. 摩根公司的雇员所拥有。正因如此，证券交易委员会才由此断言，摩根士丹利和 J. P. 摩根公司之间的联系是"金钱利益的统一体"。那么，在摩根士丹利迅速崛起的过程中，J. P. 摩根公司究竟有没有帮助摩根士丹利呢？

客观来说，摩根士丹利和J. P. 摩根公司是同门亲兄弟的关系，如果说双方之间没有任何利益往来，当然是不可能的。然而，如果要一方给予另一方无条件的帮助，同样也是不可能的。因为自从摩根财团被拆分那天起，摩根士丹利和J. P. 摩根公司就已经是各自独立的公司了，那么自然是自负盈亏。而若说两者之间经常互通消息，彼此照应，那也是人之常情。但是，这样的联系究竟能对摩根士丹利的发展有多大的影响，那就实在是不至于过分夸张了。

的确，在摩根财团被刚刚拆分的一段时期内，摩根士丹利和J. P. 摩根公司之间洋溢着浓浓的如兄弟般的情谊。俗话说得好，"兄弟连心，其利断金"。由于摩根士丹利公司的高级合伙人大多都是原摩根财团的合伙人，或者和原摩根财团一起共过事，是生意上的伙伴，因此，一个简单的《格拉斯—斯蒂格尔法案》并未能将他们强行拆开。虽然两家公司都已经单独在外立业了，但他们之间如兄弟般的感情并没有被割断，可谓是"打断骨头还连着筋"。

所以，J. P. 摩根公司鼓励自己的雇员与摩根士丹利的雇员建立友好亲善的关系，并鼓励向对方雇员介绍生意；同时，摩根士丹利也投桃报李，如法炮制。正因如此，两家公司在感情和心理上，就像是一家人，甚至他们还会每年定期在一起举行荣誉晚宴。正是由于两家公司之间的关系如此密切，因此有生意上的相互帮助也容易理解。当然，他们之间的亲密关系，除了考虑到兄弟之间的感情外，商人的利益也是考虑在内的。

或许在摩根士丹利开业之初，J. P. 摩根公司的确对其发展起到了帮助作用，但事实上，这样的局面很快就被扭转了。因为摩根士丹利发展得实在太快了，没用多长时间，就迅速登上了华尔街投资银行业中巅峰的领袖地位。

而 J.P. 摩根公司在很长的一段时间内，由于固有优势的丧失，及死守传统的顽固，反倒成为了一个逐渐没落的贵族。因此，与其说是 J.P. 摩根公司在帮摩根士丹利，还不如说是摩根士丹利在帮 J.P. 摩根公司。然而，对摩根士丹利和 J.P. 摩根公司来说，不管是谁辉煌了，还是谁没落了，它们之间的那份兄弟情谊却永远都在！

◆ 创造神话 ◆

既然事实证明，J.P. 摩根公司对摩根士丹利的迅速崛起帮助并不是很大，那么，摩根士丹利是怎样在短时间内创造奇迹呢？其实真正能够给予摩根士丹利帮助的，除了摩根财团原来的老客户外，是当时债券发行中未被禁止的排他性手法。

摩根士丹利正是由于很好地继承了摩根财团的关系银行传统，并且在此基础上发扬光大，才使得摩根士丹利在与证券发行公司秘密地讨价还价中，确立了必须由摩根士丹利担任独立主承销商，以便其独享最大利润的排他性协议。此外，摩根士丹利也是个相当有魄力的公司，为了一劳永逸地摆脱人们的猜疑，同时也为了彻底摆脱 J.P. 摩根公司的控制，1941 年 12 月 5 日，摩根士丹利兑现并取消了 J.P. 摩根公司的合伙人拥有的优先股。这一雷霆手段用实际行动向人们证明了之前的怀疑都是错误的。

的确，这一举措不仅向人们证明了摩根士丹利独立发展的决心，同时也彰显了摩根士丹利的强大。虽然摩根士丹利和 J. P. 摩根公司之间有着与生俱来的血脉传承上的紧密联系，而这种兄弟情谊在以后的几十年中依旧将两家公司紧紧地绑在了一起，但至少从目前的股权结构上，摩根士丹利已经彻底斩断了和 J. P. 摩根公司之间的任何正式联系，这也就使得摩根士丹利避免了再如之前那样被人所诟病。

前面已经说过，摩根士丹利正是由于巧妙地运用了排他性手法，才使得摩根士丹利前进的步伐更加迅速。然而，这也使得它遭到了非议。1935 年，一个以蒙大拿州民主党人伯顿·惠勒命名的听证会开始了一场针对摩根士丹利在铁路债券销售中是否采取了排他性约束的调查。调查者认为，排他性承销造成的是垄断，而只有削弱了这种垄断，才能让所有承销机构公平竞争。

在这场矛头直指摩根士丹利的听证会上，摩根士丹利和 J. P. 摩根公司遇到了一个敌人，这个人就是——罗伯特·扬，因为在之后的 20 多年中，这个人一直是摩根士丹利和 J. P. 摩根公司的死对头，也可谓是折磨了它们 20 多年。罗伯特·扬在铁路融资方面带头向摩根士丹利的霸权进行挑战，并敦促各家公司断绝与摩根士丹利建立的排他关系，号召其他银行进行竞争性投标。正是由于罗伯特·扬的努力，1941 年，证券交易委员会颁布了一项新规则，规定公用事业控股公司的债券发行都必须实行竞争性招标。而这一项规则的颁布，就像是一个导火线，随后的 1944 年，州际商务委员会也对铁路债券的发行制定了类似规定。

事实上，对于行业垄断这种行为，美国民众一直都很反感。然而，不管这些反对者取得了怎样辉煌的成果，但对摩根士丹利的影响并不大，甚至摩根士丹利还在为这些反对者没有触及更加有利可图的工业债券而沾沾自喜。由于反对者的失误，更加鼓舞了摩根士丹利的哈罗德·斯坦利反击在其他领域进行竞争性招标的信心。他向美国工业界四处游说，认为竞争性招标造成的投资银行与发行者之间的"断断续续的关系"，不利于投资银行为发行者提供良好的咨询服务，也不利于基于相互了解和信任基础上的合适的债券发行价格的确定。

哈罗德·斯坦利的言论明显是唯利是图的逻辑，以自己的利益为出发点，然而却出人意料地得到了美国工业界心甘情愿的认同。这里面的原因人们不得而知，但从此人们却看到了这样一幅场景：排他性协议让摩根士丹利安心地端坐在证券承销商名单的最高位置——主承销商位置。如此至高无上的地位，使得摩根士丹利轻而易举就获取了高额利润。除此以外，在此后长达40年的光阴中，摩根士丹利都一直稳坐霸主宝座，直到1979年，国际商用机器公司才打破了这一陈规。当然，这些都是后话了。

而目前的状况就是，缺乏销售力量的摩根士丹利，可以长期对参与销售的众多公司发号施令，而其他公司虽曾仿效摩根士丹利的独家主承销商战略，却没有一家能像它那样经常取得成功。这的确是一个令人感到奇怪的现象，事实上，摩根士丹利在债券承销中所拥有的排他性霸权，并非来自竞争，而是源自祖传。正因如此，其他公司才不能像摩根士丹利一样经常取得成功。

尽管刚刚诞生后的摩根士丹利，合伙人不到20人，而且大多是头发花白的老人，雇员也只有100多个，资金不到300万美元，甚至办公室都有点"寒酸"，但摩根士丹利的潜力却很大。因为它传承了摩根财团的绅士银行传统及关系银行准则，这对摩根士丹利来说，就是一笔无形的财富。正因如此，摩根士丹利才能由一个小公司一跃而发展成为华尔街投资银行中的翘楚。

由于摩根士丹利一直扮演着大公司密友和"传统的融资银行"的角色，摩根士丹利的合伙人也大多与那些大公司的首席执行官保持紧密的往来，参与这些大公司秘密的长期发展计划，为他们提供咨询。因此，摩根士丹利就像王冠珠宝密藏室的看管者，它不需要去探索新的财源，唯一的目的就是守护这个特许权，即从老摩根财团继承下来的超级客户名单。也正因为如此，摩根士丹利的合伙人才不会与他人竞争，因为他们与客户保持着排他性的关系。如果客户胆敢连通其他的投资银行，他们便会得到警诫："那就上别的地方找银行吧。"

由此可见，有时候无形的资产要比有形的资产更能创造出无与伦比的价值。摩根士丹利就是凭借着这些排他性客户关系，才顺利登上了投资银行霸主的位置。

◆ 成就霸主之位 ◆

可以说，摩根士丹利的确是个含着金汤匙而生的贵族，因为仅仅凭着老摩根财团的排他性客户关系，摩根士丹利就轻易拥有了《幸福》杂志上所列出的 500 家客户，而且还牢牢掌控着老摩根财团的一批铁杆客户，这些优势都是其他任何投资银行所无法比拟的。而在这一批铁杆客户中，就包括通用汽车公司、美国钢铁公司、杜邦公司、通用电气公司和新泽西标准石油公司等大公司。摩根士丹利能拥有如此多的实力超群的大客户，怎能不让人心生羡慕？这所有的一切都源于它的名字叫摩根士丹利，它是摩根财团的"余脉"。

当然，摩根士丹利也并不仅仅只是依靠这些大客户，它并没有止步于现在的成就，而是更加努力开发新客户。经过摩根士丹利的一番努力，再加上摩根财团这个金字招牌，到了20世纪40年代末期，摩根士丹利在原来客户的基础上，又囊括了包括美孚、壳牌、印第安纳标准石油公司、本迪克斯、H．J．海因茨和其他许多公司客户。而在这其中，最能体现摩根士丹利尊贵地位的就是，在当时美国的7家兄弟石油公司中，竟然有6家公司成为了摩根士丹利的客户。千万不要小看这6家公司，要知道，仅仅这6家公司所连续发行的债券数量，甚至就超过了其他任何公司，这为摩根士丹利带来了丰厚的利润。

因此，摩根士丹利之所以能够迅速崛起，它所拥有的这些一流客户群体可谓是功不可没。正是因为他们，摩根士丹利才能顺利坐上主承销商的尊贵宝座。而凭着这一尊贵地位，摩根士丹利得以站在了投资银行金字塔的最顶端，并逐步发展成了华尔街证券市场上的霸主。它的超级垄断地位，使20世纪50年代的华尔街变成了一个只有遵守少数玩家制定的游戏规则才能参加游戏的特权俱乐部。尽管每个投资银行都日思夜想地期望偷走别人的客户，但领土大部分早已被瓜分完毕，没有谁敢觊觎摩根士丹利的地位，也没有人敢抢摩根士丹利的客户。因为他们明白，挑战摩根士丹利的权威，不仅无济于事，而且后果还会很严重。

那么，这是为什么呢？事实上，由于有两百多家公司都参加了摩根士丹利组织的银团，因此在别人手下做事，就不得不小心翼翼、胆战心惊，因为他们都害怕摩根士丹利不满意，要知道，只要摩根士丹利对自己动了怒，那么就很有可能将这一家公司从承销银团中剔除出去。这样的后果是十分严重的，它意味着这家公司将在很长时间里很难被重新接纳，这样一来，公司没了利润，等待自己的命运就是关门歇业。因此，谁敢冒这个几乎可能危及自己生存的风险呢？

事实上，当时参与承销的银团次序的排列，对某一个公司而言都是相对固定的，不管是处于较高的地位，还是处于金字塔的底端，每个公司都有着自己的位置，而这个位置的次序没有人敢有异议。一般来说，位于金字塔较高位置的公司，通常就可以获得较大的份额，而底层的小公司能获得的份额就相当小。当然，如果小公司想要改变目前的不利局面的话，那就需要绞尽脑汁地往上爬，而究竟能不能爬上去就要各凭本事了。

例如，在1976年的字母大战中，哈尔希—斯图尔特公司就是通过采用其母公司的名字贝奇，才使自己的名字在排序中上升了几位。千万不要小看这个排位，一个名次之差，带来的境遇或许就是天壤之别。要知道，1964年5月13日，沃尔斯顿公司由于在通信卫星公司证券发行业务中一下子从排序的顶端跌了下来，仅仅在第二天，其执行董事长就开枪自杀了。由此可见，纽约的投资银行有多胆战心惊了。可以毫不夸张地说，当时那些小公司的生死大权其实直接被牢牢掌控在摩根士丹利的手中。由此就可看出，当时位于金字塔顶端的摩根士丹利，其威望和权势有多大了。

所以，没有人敢疏远摩根士丹利，讨好还来不及呢。当然，更没有人敢挑战摩根士丹利，因为他们有自知之明，明白假如自己和摩根士丹利作对，无疑就是拿鸡蛋碰石头，自寻死路。虽然这样的格局让纽约的银行家们颇有怨言，但他们都敢怒而不敢言。而摩根士丹利毫无疑问是这种格局中的最大赢家，正是基于摩根士丹利至高无上的地位，才使得它得以主持了20世纪50年代大多数创纪录的债券发行，比如1953年通用汽车公司3亿美元的债券和1957年3.28亿美元的股票发行，1957年国际商用机器公司2.31亿美元股票的发行，以及1958年美国钢铁公司3亿美元的股票发行……

不管华尔街的银行家们有没有怨言，摩根士丹利的这种头号承销霸主的位置甚至一直保持到了 1981 年。或许在摩根士丹利刚刚诞生的那天起，很多人都不曾想到摩根士丹利会有一天成为华尔街投资银行的霸主，但事实就摆在眼前，摩根士丹利真的做到了。这时候，人们不禁又会想起摩根士丹利那句霸气的广告语："假如上帝要投资，他也要找摩根士丹利。"

第五章
铁路之战，
皮尔庞特的进击

所谓"虎父无犬子"，朱尼尔斯·摩根是个商业奇才，而他的儿子皮尔庞特·摩根更是青出于蓝而胜于蓝。与朱尼尔斯·摩根的沉稳相比，年轻时候的皮尔庞特·摩根更像是一个冒险家。因此，皮尔庞特·摩根意气风发地进行了一场铁路之战，并最终被晋封为"铁路大王"。

奥萨铁路是我的

　　1869 年，美国发生了一件颇具争议性的事情，这件事情使得年轻的皮尔庞特一时名声大噪，也使得对皮尔庞特一直怀有疑虑的父亲感到非常欣慰。

　　这一年，皮尔庞特 32 岁，但他已经做了 10 多年父亲的华尔街代理了。虽然他年轻有为，但父亲朱尼尔斯对他一直颇有微词。父亲认为他的性格过于激进，这种性格显然不太适合保守传统的银行业。父亲每次看到他，总觉得这个儿子像是要去打架、去闯祸，所以，总是阻止他去做很多事情。而皮尔庞特对父亲也怀有强烈的不满，他觉得父亲从来就没以自己为傲过。但他对父亲的不满从来不敢说出来，父子俩之间的关系就这样一直貌合神离。这种父子关系不仅出现在朱尼尔斯和皮尔庞特这对父子之间，在摩根家族，这样的父子关系似乎已经成了一种传统，这种传统实在耐人寻味。

　　所幸，虽然父子俩心里暗流涌动，但表面还是波澜不惊，剑拔弩张的情况从未出现过。不过皮尔庞特总想自作主张一回，证明真理也会站在自己这边。终于，他等到了一个机会。

　　有一条位于纽约州北部的短途铁路线，只有 142 英里长，位于首府奥尔巴尼至宾厄姆顿之间，宾厄姆顿位于萨斯奎汉纳河畔，因此这条铁路被人们称为奥萨线。这条线上只有 17 辆机车，214 节车厢，所以，在大多人看来，它并不是一条多么重要的铁路线。

但有一个人却不这么认为，这个人就是银行家杰伊·古尔德。此人身材矮小、精力充沛，眼光独到，被人冠之为"华尔街魔鬼"。他这个"雅号"是怎么来的？此人除为人精明以外，手段也颇为毒辣，曾多次操纵股票交易，引发资本市场的轩然大波。在1867年前后，他曾经通过发行虚假股票贿赂政府官员，以此攫取了伊利铁路公司的控制权，从此名声大噪。当然，也得了个令人生厌的绰号——"华尔街魔鬼"。

这个魔鬼早就想把奥萨线纳入囊中。因为在别人眼里微不足道的这条铁路线，在他看来却有非常重要的战略价值。他想把奥萨线和自己掌握的伊利铁路连接，这样，宾夕法尼亚的煤炭便可畅通无阻地运往新英格兰，那么他就有更大的胜算争夺五大湖地区的货物运输权，伊利铁路的竞争力和附加值也将会大大提高。这是他的如意算盘。因此，1868年冬天，奥萨铁路刚刚竣工，他就开始行动了。

他先大肆收购奥萨铁路公司的股票，然后安排自己的人进入董事会，以此提升自己在奥萨铁路公司的话语权，为夺取其控制权做准备。可惜，他这个阴谋被奥萨铁路创建者兼公司总裁约瑟夫·拉姆齐识破，并遭到其强烈的抵抗。

精明的古尔德对此早有准备。拉姆齐的反对者——纽约高等法院法官乔治·巴纳德早就和他是一丘之貉，他们联手做手脚企图吊销拉姆齐的总裁资格。可他们碰到了硬骨头，拉姆齐不甘示弱，他通过法律途径，要中止古尔德党徒的董事职务。于是，两派开始正面攻击，并很快水火不容，最后升级到了武力争斗。

事情发展到这种地步，政府不得不出面干预。在政府的调停下，古尔德与拉姆齐这才又回到谈判桌重新谈判。

就在这时，另外一个人物上场了。

奥萨铁路的重要性，不但古尔德看到了，皮尔庞特也早就对其情有独钟，所以他早早就以达布尼—摩根公司的名义购买了奥萨铁路公司的600股股票。对古尔德这个不入流的贪婪之徒，他早就想治他一回，只是一直没找到合适的借口和机会。此时，看到这个强势的"华尔街魔鬼"又兴风作浪，他终于忍不住出手了，他站到了拉姆齐这一边。

摩根家族和达布尼公司的号召力是强大的，于是，很多人成了拉姆齐的支持者，许多股东在皮尔庞特的斡旋下，答应参加即将召开的股东年会。9月7日，股东年会召开，在大会上，拉姆齐与古尔德又陷入了不可开交的争论中，他们都宣称奥萨铁路公司的控制权是自己的，并且互不相让，甚至互相谩骂，局面又陷入混乱中。皮尔庞特并未直接参与两派的斗争，他一直袖手旁观，等待介入的时机，在局面无法收拾时，许多股东选择了新的支持者，他们倒向了皮尔庞特，最终，皮尔庞特成为了奥萨铁路公司的董事兼副总裁。

这似乎是皮尔庞特的意外收获，但这一收获却让他威信大增。皮尔庞特对古尔德的卑劣手段厌恶至极，他早就想到了对付他的办法。他知道纽约北部有一位法官为人正直且德高望重，对古尔德的行径早就嗤之以鼻，他指点拉姆齐去拜访此人。果然，这位法官特别同情拉姆齐的遭遇，他帮助拉姆齐打赢了与古尔德的官司，拉姆齐重新夺回了奥萨铁路公司的控制权。

与此同时，美国各界一直在关注着奥萨铁路的战争，他们本以为这场争夺不过是古尔德将伊利铁路的事件重演而已，最后一定是古尔德大获全胜，因为拉姆齐与古尔德的实力相去甚远。结果却令人大跌眼镜。于是大家对拉姆齐刮目相看，觉得此人能战胜手段毒辣的古尔德，不容小觑。但到事情的最后，皮尔庞特渐渐浮出了水面，大家才知道幕后主导另有其人。于是，外界将古尔德失利的原因归结为皮尔庞特的介入，并对这位年轻的银行家赞叹不已，称他为"自负的年轻银行家"。一时间，皮尔庞特名声大振，成为华尔街的新宠，其实外界并不知道这件事情发展过程的复杂性。

在整个事件发展的过程中，皮尔庞特并没有擅用其个人和家族的影响力，但他之所以取得最终胜利，和在奥萨铁路争夺战后期古尔德的兴趣转移分不开。事件的后期，古尔德几乎将所有的心思都扑在了黄金交易上，他把琐碎的工作交给助手，自己跑到黄金市场去发大财。在那个夏秋之交，他赚取了大量真金白银，并引发了黄金市场崩盘。这一事件在美国金融史上也赫赫有名，著名的"黑色星期五"大恐慌就是由此而来。但古尔德收之东隅却失之桑榆，最终丢失了奥萨铁路的控制权。

拉姆齐重新获得奥萨铁路的控制权之后，皮尔庞特建议他将奥萨铁路与临近的特拉华·哈德逊线连接起来，防止其他人再次偷窥，或产生无休止的争斗。拉姆齐采取了他的建议。1870 年 2 月，两条铁路线合并，更名为特拉华—哈德逊公司，主要从事煤炭运输。在这个新公司里，摩根也取得了自己的一席之地。皮尔庞特终于实现了自己的初衷，不仅在奥萨铁路这条线上扩充了自己的权益，还将奥萨线的稳定性大大提高。

奥萨铁路争夺战，是以皮尔庞特为代表的新式银行家与古尔德代表的老派银行家的一场正面对决。在这场对决中，古尔德试图霸占公众公司，而皮尔庞特则将其转移至安全地带，重建秩序，维护了债券持有人的利益。在这场争夺战中，人们看到了职业银行家在其中发挥的重要作用，并以此预言新时代已经到来！在这个时代，银行家们不再过于重视个人的利益，而是将公司的利益置于更重要的位置，而对那些为了自己的利益疯狂扩张的异类，则给予重重的打击，并对那些有可能出现的窥视者保持了高度的警惕。

后来，《纽约时报》报道此事件，这样称赞皮尔庞特："皮尔庞特先生是一位有能力的金融家，他受到了人们的尊敬。"显然，这样的评价是不足以涵盖皮尔庞特此时的职业成就和个人声誉的。皮尔庞特的这次"自作主张"，也使他的父亲对他颇为满意，他们父子之间的关系也在悄然改变。

当机遇来敲门

美国经济有一个怪现象，只要经济状况好转，就有投机者开始在铁路领域大肆投资，这个现象从 19 世纪 20 年代到 70 年代已经持续了约半个世纪。投资者都想在最短的时间内大赚一笔，结果，投资过剩造成经济泡沫，泡沫越来越大，最终破灭，经济衰退就开始了。1873 年，美国就遇到了这样的经济危机，这场危机一直持续到 1879 年。这一年，美国经济的大萧条对美国人造成的困扰终于结束了，经济复苏，各个领域的经济都恢复正常，于是，人们又一次好了伤疤忘了疼，又开始疯狂投资铁路。

在之后的 10 年时间里，美国共修建了 7.5 万英里新铁轨，这个速度在世界上都堪称之最。投资铁路需要大量的资金，一般的银行不可能有这么大的能力为其融资，只有少数几家银行有能力为铁路公司融资，德雷克塞尔—摩根公司就是这几家公司之一。

但此时的皮尔庞特·摩根却在世界各地旅游，难道他对国内的经济动向不关注吗？当然不是！皮尔庞特对商业的兴趣一直是有增无减，但他的身体最近却不太好，只要他连续工作一段时间，就会感到头痛、眩晕，使他无法继续工作。所以，他干脆放下工作，到全国各地和欧洲旅行去了。他平时也会去旅行，有时是为了工作，有时是单纯的旅行，他已经完全有能力享受这样的生活了。有一个地方是他每年都要去的，那就是英国的伦敦，因为他的父母在那里。他每年都要去看望父母，同时了解一下 J. S. 摩根公司的事务，因为父亲的公司和自己的公司一直有着密切的业务往来和很好的合作关系。

这时的皮尔庞特·摩根已经今非昔比，从 1873 年美国经济大萧条一直到今天，德雷克塞尔—摩根公司的经济利益又增加了好几倍，在人们心目中的社会形象也更好了，人们只要提起皮尔庞特就啧啧称赞：他已是美国商业界的一个传奇式人物！但皮尔庞特·摩根内心并不满足，这远远不是他事业的顶峰，他的辉煌还没有来到，这一切不过是一个铺垫。他的辉煌什么时候才会来到呢？1879 年 11 月，机遇来敲门了。

皮尔庞特刚刚结束旅游回到家中，就收到了一封来信，这封信署名为威廉·H.范德比尔特，是一封求助信。范德比尔特是他的邻居，比皮尔庞特大16 岁，范德比尔特家族曾是美国最富有的家族。

范德比尔特有什么事情需要皮尔庞特·摩根帮忙呢？是有什么重要的事情，需要写信向他求助吗？

要弄清楚这个问题，我们还必须介绍一下这个范德比尔特家族。这位范德比尔特是老海军准将的儿子，是皮尔庞特在第 40 大街的邻居。这个美国曾经最富有的家族的第一代创业者就是老范德比尔特准将——科尼利尔斯·范德比尔特。

老范德比尔特准将是一位白手起家的典范。1794 年，他出生在纽约湾内的一个小岛上，因为学习成绩很不好，所以只上过 6 年学就退学了。16 岁的时候，他就萌发了自己创业打拼的念头，靠着母亲借给他的 100 美元，开始了他的创业生涯。他买了一艘帆驳船，成为了本地渡口的一名船夫。凭着他的勤奋和天生的机智头脑，他成为了本地最年轻又最会赚钱的船长。他确实非常善于捕捉机会。1812 年，英美战争爆发，他开始为军队运输物资。他胆子非常大，为抢生意不择手段，恶劣的天气里，别的船都躲在家里，他却驾驶着船出海运输物资。很快，他就积累了一大笔财富。1817 年，他才 23 岁，可他已经拥有了一支船队，并且拥有了 10000 美元的财富，大家送给他一个雅号——"海军准将"。

他的事业发展得越来越大，因为任何一个机会他都不会错过。1849 年，他看到大量的人前往加利福尼亚淘金，他马上判断出这是个发财的机会。他筹措大量资金，开辟了通往加利福尼亚的新航线。接着，他又开辟了纽约通往伦敦的黄金航线。他还大发战争财，60 年代南北战争期间，他把他的船改造成军舰，租给北方军队，从中他又捞了一笔。

他天生对机遇有着灵敏的嗅觉。在他垂暮之年，美国铁路业兴起，他毅然放弃了征战大半辈子的船运业，把大量的资金投入了铁路业。这时，他已经 70 多岁了。他投入所有的家当，合并了几家小铁路公司，改组为一个大型的铁路公司——纽约中央铁路公司。这条中央铁路是一条黄金航线，从纽约一直延伸到芝加哥，中间经过石油、钢铁和煤炭的主要产地，所以，拥有这条铁路线，利润相当可观。不过，老范德比尔特的胃口远远不是这条铁路线所能满足的，他又看中了伊利铁路，这也是一条黄金铁路线。他和洛克菲勒家族联合起来，想拥有这条铁路线的控制权，可惜他们失败了，这条铁路线最终落到了"华尔街魔鬼"古尔德的手里。但这并没有影响他成为美国最富有的人，1877 年，老范德比尔特去世了，这一年他 82 岁。

老范德比尔特去世了，谁来继承他的家业呢？他有四个儿子，按说选个接班人并不难，可惜这几个孩子远远不如摩根家族的那些孩子们成器。大儿子威廉·H.范德比尔特从小就体弱多病，软弱无能，他那强势的父亲看他很不顺眼，早早就把他赶出了家门。他就到华尔街的一家营业所当学徒，可人太老实做事又笨手笨脚，常常被老板骂，被他人欺负，后来竟然流落街头。二儿子就更别提了，年纪轻轻就开始赌博，活生生一个败家子。三儿子也资质平庸，没什么出息，继承父亲的产业根本不可能。小儿子乔治倒是资质不错，符合父亲的期待，本想选他做接班人，可惜父亲把他送到战场上去锻炼，却送掉了他的性命。

没办法，老范德比尔特去世时，只有把大部分的家业留给了大儿子威廉·H.范德比尔特，这位小范德比尔特拥有了中央铁路公司 75% 的股票，这意味着，他成了中央铁路公司的新掌权人。这不管对谁来说都是一件天大的好事！可是小范德比尔特却一点都高兴不起来。守着父亲留给他的近 1 亿美元的资产，他天天忧心忡忡，唉声叹气，甚至晚上都睡不着觉。父亲留给他的家业他当然想好好守下去，但奈何自己能力有限，这个担子对他来说实在是太重了，自己真的是担不起来。

公众对小范德比尔特也没有什么好印象，他的竞争对手就利用公众对他的反感开始攻击他，立法机构千方百计想从他这里榨取税额，股票和融资问题每天都在困扰着他，工人也在闹罢工，更可怕的是，"华尔街魔鬼"古尔德还在暗中虎视眈眈，试图寻找时机吞并他的中央铁路公司。这一切都让原本就对铁路运输极其厌恶的小范德比尔特苦不堪言！

1879 年，美国经济复苏了，他却一点都撑不下去了。他决定，他要放弃这份权力，卸下老板的重担。可是，这庞大的家业交给谁合适呢？即便他不做老板，也不能毁了父亲交给他的这份家业。于是，他考察了当时美国的金融才俊，思考来对比去，终于锁定了一个人——皮尔庞特·摩根。论能力、财力和公众形象，皮尔庞特·摩根都是最合适的人选。尤其是皮尔庞特在伊利铁路、萨斯奎汉那铁路、奥萨铁路之争中的表现，非常令他钦佩。最重要的是，皮尔庞特·摩根和他的父亲与英国的金融界有着很好的合作关系。

于是，他就给皮尔庞特·摩根写了那份求助信。

皮尔庞特对中央铁路公司的事情早就有所耳闻，对小范德比尔特这个人也有所了解。作为一个精明的商人，他很清楚这份求助信带给他的是什么，不仅是帮助小范德比尔特解决他的众多棘手问题，更是给他提供了一次扩大自己权益的机会，也许这个机会能使他拥有众多人都垂涎不已的中央铁路。皮尔庞特在思索：他该如何抓住这次机会。

中央铁路与摩根铁路

皮尔庞特与小范德比尔特早就是老朋友了，早在 1863 年他们就有了来往。虽然很多人都认为小范德比尔特难成大事，但皮尔庞特却并不完全这样认为，因为他们小时候曾经是邻居，所以他对小范德比尔特更了解一些。当别人都在否认小范德比尔特时，皮尔庞特却认为他是有一定能力的，比如向他写的这封求助信，就证明范德比尔特是个很有自知之明并能审时度势的人。

这时的皮尔庞特已经年逾四十，比奥萨铁路之争时的他更加成熟了，商人的嗅觉和本能告诉他，必须抓住这次送上门来的机遇。

关于中央铁路的种种传言他已经听说了很多，很多人都在散播关于它的不利消息，新闻媒体也在大肆报道它的负面消息，说它进行非法交易祸国殃民，这消息不知从哪儿来，从什么时候开始的，也不知道最开始是被谁传播的，总之华尔街的人都知道了，大街小巷传得沸沸扬扬。于是，政府开始介入调查，但最终却一无所获。皮尔庞特知道，这背后有人在暗中使坏、兴风作浪，少不了又是古尔德之流。可小范德比尔特对此是毫无办法，所以，他找到了皮尔庞特。

在小范德比尔特豪华的公寓里，两个人见了面。虽然两人是老相识，但这还是皮尔庞特·摩根第一次到小范德比尔特的家中拜访他。小范德比尔特看起来一脸沉重，他没有拐弯抹角，一看到皮尔庞特·摩根就对他说道："兄弟，我现在是四面楚歌，你要救救我啊。"

"我能为你做些什么呢？"虽然皮尔庞特·摩根早就猜出小范德比尔特要他做什么，但他还是不动声色地问道。

"我要把中央铁路的股份放开，我想销售一部分股票，但必须是秘密销售。"小范德比尔特一脸期待地望着他。

皮尔庞特·摩根知道，这件事情在金融界是个大动静，想要秘密进行，只有摩根父子才能做到。因为只有摩根集团有美英联合的互动式经营，这种大宗的股票销售只有在外国进行，才能很好地掩人耳目，避免引起不必要的恐慌。而且，美国的铁路业像古尔德之类的投机倒把者太多，众多的投资者都缺乏信心，也没有信心和能力承担此项操作的银行，选择一家信誉和能力都过硬的主承销银行对此次销售特别重要。

"您计划出让多少股？"皮尔庞特·摩根问道。

"35 万股。"

这的确是个不小的数目！皮尔庞特略微思忖了一下，说道："我需要和我的父亲商量一下具体的操作过程，然后才能告诉你如何帮你。"

"好，谢谢！谢谢！不胜感激。只要您答应帮忙，我就可以放下心里的重担了。"小范德比尔特终于展开皱了许久的眉头，脸上露出了笑容。

"别客气，咱们是邻居，又是老相识，理应帮你的忙。"

"谢谢！谢谢！但别忘了，一定要秘密进行。一旦这件事情被公众知道，纽约中央铁路公司的股价将会降低，公司和我个人都会蒙受损失。"

"放心吧，事情办成之前，不会走漏风声的。"

皮尔庞特知道，这件事情必须找父亲帮忙，以他目前的实力，还没有收购中央铁路公司股票的能力。于是他请伦敦的父亲来到纽约。1879 年 11 月 2 日，父子两个人与范德比尔特会面，商议这件事情的详细操作细节。这次会见，也是摩根父子想要确认一下小范德比尔特是否真的要出售公司的股份。当他们看到了对方的诚意后，便答应将中央铁路公司几十万股的股票直接卖给外国投资商。

为了使这次交易能够顺利进行，摩根银行秘密成立了一个组织——国际辛迪加，一切交易活动由这个组织的所有成员去完成，他们有义务为此次交易保守秘密。组织成员是以摩根父子为首，包括罗斯柴尔德家族的代表，摩根父子甚至邀请了古尔德参与这次交易。与其让他得知消息从中破坏，不如让他参与进来，给他一点利益。

这次交易是如何进行的？辛迪加先以每股 120 美元的价格买进 15 万股中央铁路的股票，然后由伦敦的摩根公司在英国销售。这部分股票在纽约交易所里的市价是 135 元，银行家们获利 200 多万美元。随后，辛迪加又以同样的价格销售了 10 万股。在这次交易中，古尔德得到了两万股，这是皮尔庞特的决定。此举可以看出皮尔庞特不计前嫌的宽广胸怀,这样做也算是皮尔庞特·摩根出面结束了古尔德与范德比尔特家族之间的矛盾。古尔德之所以接受这样的安排,并不是他惧怕范德比尔特家族,而是想通过此举改变自己的恶名,给自己重新披上体面的外衣,将来好获得更大的利益。

凭着父亲朱尼尔斯在英国的良好声誉,股票销售活动进行得非常顺利。小范德比尔特的股份大部分被出售了,他不再是纽约中央铁路公司的最大股东了,当然也不再是公司的老板了!

1879 年 11 月 26 日,所有的股票交易活动全部完成,外界对此果然一无所知。当这个消息正式对外公布时,外界一片哗然,整个华尔街都为之震动,金融界也震惊了!整整一周,华尔街的人都在讨论这个话题,所有新闻媒体的头条几乎都是:"范德比尔特先生出售了自己在纽约中央铁路的大部分股票,中央铁路公司的老板易人。"

小范德比尔特再也不用为中央铁路公司的事情焦头烂额了,公司的控制权从他手里转到了董事会手里,皮尔庞特当然在其中拥有一席之地。这以后,政府也不再总是盯着中央铁路公司了,古尔德之流也安生了,一切都如皮尔庞特和小范德比尔特当初设想的那样,他们达到了自己的目的。

后来,皮尔庞特又想办法把中央铁路公司的股票集中起来,加上当初自己已经拥有的 10 万股,他总共拥有 30 万股之多。这时,中央铁路公司真的要改名了,应该改名为摩根铁路。或许,这才是皮尔庞特·摩根当初的真正目的。中央铁路也是摩根家族拥有的第二条铁路。成功发售纽约中央铁路公司的股票是摩根公司至今为止所做的最重要的一笔生意,从此以后,摩根家族在美英两国金融界的地位和影响力更大了。

皮尔庞特·摩根的思考

　　美国人喜欢疯狂投资铁路，这一疯狂持续了约半个世纪，英国的许多投资者也卷入了这场疯狂之中，他们通过朱尼尔斯在伦敦的摩根银行购买了美国的铁路股票，可是这样的疯狂投资造成了美国一次又一次的股票泡沫和经济危机。经济危机使得众多投资者尤其是英国的投资者颇为不满，他们无数次向朱尼尔斯抱怨：为什么美国总是闹经济危机？为什么美国的货币这么不稳定？为什么美国铁路公司的经营状况都那么糟糕？为什么美国要建设那么多铁路？为什么美国政府对这一切不进行干预？如果这一切还持续下去，谁还会投资美国的铁路？

　　这么多的为什么，朱尼尔斯一时也难以回答。这不是他一个人所能解决的事情。但这些问题却困扰着年近70岁的他，不但困扰着他，也困扰着他远在美国的儿子皮尔庞特·摩根。

　　父亲年纪大了，这些问题应该让他来思考、来烦恼。众多投资者抱怨的所有问题他都有深刻的感受。这些年来，他目睹了伊利铁路之争，参与了奥萨铁路之争和中央铁路的股票销售，也无意中卷入了奥尔巴尼—萨斯奎汉那公司争夺战，这些纷争说明美国铁路业缺乏规则与秩序，陷入了无序的发展，无序发展破坏了美国铁路公司的名声，也影响了整个华尔街的声誉。皮尔庞特在想：这些无序的竞争什么时候才能结束？自己能为这些没完没了的、既耗时又浪费的无序竞争做点什么？

这时的他不仅拥有奥萨铁路的话语权，也拥有着中央铁路的控制权，他已经成为了一个名副其实的跨国银行家。虽然他并不能完全控制美国铁路公司的所有状况，但他却非常希望用一种方式来改变目前铁路业这种无序的状态。

经过短时间的思考，他开始行动了。1880 年 2 月，皮尔庞特召集美国各大铁路公司的负责人，开始商讨制止无休止的铁路争斗的办法，计划制定一个长期的铁路规则，甚至他提出是否需要对铁路进行瓜分。他希望能有一个大家都认同并且愿意去遵守的铁路规则和秩序。说实话，这件事情不是皮尔庞特该做的，他只是一个商人，但他却承担起了政府的责任，谁让他是个有责任的银行家呢？

但是，这件事情进行得并不顺利，有些铁路公司的负责人根本不配合，那些目光短浅的商人只顾自己眼前的那点利益，对他人的利益及这个行业和国家的长期发展根本不放在心上，这让皮尔庞特感到非常失望。而且，混乱的市场秩序不是一天形成的，当然也不是一两天所能解决的。况且当时美国的经济还在动荡，一切显得那么混乱。尤其是到了第二年，美国又一次遭遇了金融恐慌，刚刚复苏的美国经济又遭重创。皮尔庞特想挽救金融危机，重建金融秩序，却觉得有些无能为力。

在这种情况下，皮尔庞特生病了，虽然只是一次小小的感冒，但病好了，心情却没有好，他又想去旅行了。每隔一段时期，他都会有想逃离华尔街的冲动，想到一个陌生的地方独处，或许这就是他平衡自己的方式。是的，他的压力太大了，他要为投资者负责，要为他的公司负责，甚至想为整个投资市场负责，但他自己想做的很多事情却没有时间去做，比如慈善、艺术品收集、教会工作，还有他最爱的旅行。

所以，这一次，他给自己放了一个长假，整整 6 个月的假期。他购买了一艘大型的豪华游艇——"海盗号"，独自一个人踏上了旅途。这艘游艇在当时的美国可以说是最大、技术最先进的，有双桅纵帆船的装备，大型的螺旋桨，双缸发动机，船内的设施也非常讲究，待在船内和在家中一样舒适。

此时，远在英国伦敦的皮尔庞特·摩根的父亲朱尼尔斯·摩根，也在关注着儿子的一举一动。他已经到了花甲之年，虽然伦敦的摩根银行还是由他全权掌握着，但他已经在培养儿子承担更多的责任和风险，也开始渐渐把业务转移到儿子身上。他不像老范德比尔特那样只顾自己经营公司，却忽视了对儿子们的教育，最终落得后继无人的下场。他一直都很注意对儿子的培养，在儿子年轻时，他就寻找机会带儿子进入商界，教他怎样做生意，怎样挑选老板，怎样选择合伙人，等等。即便他在遥远的伦敦，他也没有忽视儿子的一切，一旦发现儿子哪里做错了，哪怕是小小的失误，他也会批评他，督促他改正。

除了教儿子做生意，他也教育儿子如何做人，他教育儿子要善良、诚实、正直、本分，不用不良手段，不发不义之财。皮尔庞特在年轻的时候有点反抗父亲的教育，但随着年龄的增长，他体会到了父亲的良苦用心，也就慢慢接受了父亲的教诲。但他也不是个唯命是从的人，他也有自己的主见，他对自己的能力充满信心。父子俩良好的情感互动和彼此公司的合作使摩根家族的事业越做越大。同时，他们这种良好的父子关系，也为摩根家族的后辈们做了一个很好的榜样。

父亲对自己的教育使皮尔庞特铭记在心，他也要把摩根家族的这种好传统传承下去，对自己的孩子们他更是悉心教育，精心呵护。他最重视的是孩子们的教育，他把孩子们送到最好的学校读书，不论工作多忙，他有多累，他都会关心孩子们的学习情况。每逢节假日，他从不会遗漏掉孩子们的礼物。

对太太也是这样，他们的结婚纪念日和太太的生日，太太都会收到他精心准备的礼物。皮尔庞特也没有忘记他的亲戚们，不管是在平时还是在圣诞节、万圣节等各种节日，皮尔庞特·摩根都要组织各种家庭聚会。摩根家族从存在的第一天起，就一直有团结、融洽，其乐融融的大家庭氛围。这是摩根家族一直保持长盛不衰的秘诀，所以，皮尔庞特·摩根也要把这个好的传统传承下去。

◆ 双赢才是上策 ◆

这个世界不是一个人的，尤其是对商场中的人来说，谁也离不开谁，既是竞争对手，又要互相合作，因此，每一项计划的实施都要秉着双赢的原则，这样才能建立良好有序的竞争秩序。皮尔庞特正是这么想的。

在对华尔街的金融秩序和美国铁路经济进行思考的同时，皮尔庞特也在做着各种各样的事情，他希望各个铁路公司之间更多的是合作而不是竞争，能更好地实现双赢而不是互相倾轧和争斗，他觉得，这才是上策。作为纽约中央铁路公司的董事，皮尔庞特开始为北太平洋铁路公司操作债券发行业务。北大平洋铁路公司是一条尚未完工的铁路，在1873年的经济大萧条中，它曾拖垮了为它投资的杰伊·库克公司，这之后就进入了重组阶段。这个阶段可谓漫长，整整用了7年。现在，皮尔庞特想解决这件事情。

由他出面，牵头几家大银行组成了一个银行辛迪加，为北太平洋铁路公司成功发行了4000万美元的铁路债券。第二年，他又组织了一个辛迪加，出售了北太平洋公司2000万美元的债券。这些债券的发行和出售，为建设这条铁路提供了资金保证，1883年，这条铁路终于建成了。皮尔庞特·摩根也进入了北太平洋董事会，这个公司里他也有了话语权。

　　但之后，中央铁路公司却遭受到了同行的残酷竞争和致命打压。1883年，另一条铁路线通车了，这条线是从威豪肯通往布法罗的，西岸铁路公司开始运营。此后，这个公司开始处处和中央铁路公司展开竞争。两家公司打了一场价格大战，为了在竞争中获取胜利，双方车票价格、运费价格降到了最低，结果导致两大公司股票贬值，双双亏损。西岸铁路公司把股票的价格降到低得不能再低，这时，另一家铁路公司——宾夕法尼亚铁路公司购买了大量的西岸铁路公司的债券。1885年，西岸铁路公司宣告破产，直接归宾夕法尼亚铁路公司接管。但它与中央铁路公司的竞争并没有结束，它的管理者比西岸公司的管理者更甚，他们把商业规则和商业道德置诸脑后，对那些业务量大、利润丰厚的大公司收取的运输价格非常低，对业务量小的公司以及没有关系的客户却收取高额的价格。这显然是一种不公平竞争，其结果不仅仅是小客户的利益受到了极大的伤害，两家铁路公司本身也受到了伤害，股票下跌，公司亏损严重。

　　皮尔庞特·摩根当然不能任由这种情况再持续下去，他必须维护中央铁路公司的利益。他建议小范德比尔特买入中央铁路公司的股票，这一做法增加了众多投资者的信心。但是，这却不足以解决两大铁路之间的问题，恶性竞争还在继续。于是，两家公司开始谈判。1885年7月的一个早晨，天气酷热，皮尔庞特和宾夕法尼亚铁路公司的总裁乔治·B.罗伯茨以及副总裁的侄子弗兰克·汤姆森，在"海盗号"上进行了一场激烈的谈判。参与谈判的还有纽约中央铁路公司的外事总裁昌西·迪普。

但这场谈判却并不为大众所知，许多人以为这几个人只是离开酷暑的费城出海去度假，却不知他们并非在潇洒，而是在进行一场对每一个美国人民都非常重要的谈判。他们要制定一项协议，这项协议必须能够终止铁路公司之间的恶性竞争，这种无序的竞争太危险、太可怕了。没有谁会获益，只会令竞争双方及消费者都蒙受损失。所以，必须有一个人站出来，充当和事佬的角色，这个人必须具有足够的社会地位和商业经验很高的信誉，摩根无疑就是这样一个人。这一年，皮尔庞特·摩根48岁，他愿意并且有能力担任这一角色。为了解决美国各个铁路公司之间的利益纷争和无序竞争，他已经思考了很久，他已经迫不及待想要解决这件事情。

　　实际上，各个铁路公司之间的恶性竞争，摩根公司也是受害者。皮尔庞特·摩根不仅是纽约中央铁路公司的董事，他的德雷克塞尔—摩根公司也一直在为宾夕法尼亚铁路公司提供资金，所以，两大铁路公司的恶性竞争最终也会伤及德雷克塞尔—摩根公司的利益。所以，这场争斗必须尽早结束。为了他自己和所有人的利益，铁路运输业必须有一个良好的秩序，这是所有有正义感的人的强烈愿望。

　　现在，双方就坐在皮尔庞特豪华的"海盗号"上为了实现这个愿望而努力。皮尔庞特·摩根首先提出了自己的建议：宾夕法尼亚铁路公司要放弃西岸铁路公司的所有股权，由纽约中央铁路公司接管。刚说到这里，对方的脸色突变，这个条件是不是太霸道了？还没等对方发火，皮尔庞特就继续说道，作为对等条件，纽约中央铁路公司也要将南宾夕法尼亚铁路的控制权交给宾夕法尼亚铁路公司。对方听到这句话，脸色马上缓和了下来。这确实是一项公平的协议，这条协议可以很好地解决两家公司之间的冲突。

　　但是，对方并没有马上答应，他们还要就协议的细节问题继续商讨。罗伯茨、汤姆森、迪普和皮尔庞特·摩根4个人在"海盗号"游艇里交谈着，讨论、争辩、推理、反驳。皮尔庞特的情绪很平静，甚至很沉默，大部分的时间他都抽着雪茄默默地听对方说。谈判时要更好地听对方说，充分了解谈判对手的想法，才能更好地和他们沟通，找到说服对方的最佳方式。但是，这次谈判一如他料想的那样，对方迟迟不接受他们的提议，谈判陷入了僵局。但摩根没想过要放弃，还没到最后，谁输谁赢还不知道。况且，这是个双赢的协议，他相信对方会被他们说服的，最终他们会想明白的。

谈判从早上持续到晚上7点，考验人们的不仅是酷热的天气，还有双方的心理较量。终于，当"海盗号"在新泽西的码头靠岸时，最固执的罗伯茨开口了："我同意你的计划，宾夕法尼亚铁路公司放弃西岸铁路公司的所有股权。但是，你承诺的也必须要做到。"

"当然！"皮尔庞特轻松地说道。

这一切都在皮尔庞特的意料之中。两大铁路公司之间这场长期的恶性竞争终于结束了。

没有耽误片刻，皮尔庞特马上责令德雷克塞尔—摩根公司的银行家们立刻拟定西岸铁路公司的重组计划。按照这项计划，纽约中央铁路公司全面收购了西岸铁路公司的所有股权。当然，皮尔庞特也立即兑现了自己的承诺，1885年9月中旬，中央铁路公司停止了所有在南宾夕法尼亚铁路的修建工作。

这项协议的作用是显而易见的，协议生效以后，两大铁路公司之间的纷争立刻停止了，美国铁路领域终于实现了渴望已久的公平和有序竞争。皮尔庞特·摩根在这个过程中所做的一切再一次获得了大家的肯定和赞扬，他被人们称为"美国铁路领域的总设计师"，在人们的心目中，他甚至像一个神，指引着大家去走一条和平的竞争之路。

听摩根的

摩根解决了铁路领域长期以来存在的恶性竞争，大家对摩根的信任上升到了空前的程度。"海盗号"协议签订以后，不过几个星期的时间，宾夕法尼亚铁路公司和纽约中央铁路公司便开始了它们的合作之路，它们从死对头变成今天的"一笑泯恩仇"，使得其他一些主干线铁路公司纷纷效仿。大家都开始遵守规则，按照协议来做生意，运输费也不再像以前那样低得没有一点利润，而是渐渐升高，慢慢地从亏损的局面走了出来。

这一切都要感谢皮尔庞特·摩根从中起的作用。皮尔庞特·摩根的名字已经是家喻户晓，地位和声誉也无人能比。但摩根并没有因此志得意满，他还在做着自己该做的事情。这么多年来，因为无序的恶性竞争导致了大量的铁路资源浪费，这种浪费使大多数美国的大型铁路公司都面临破产。而他是最痛恨浪费的，这种情况让他痛心不已，也让他觉得责无旁贷，必须去改变这种现状。现在，他凭借自己的力量做了一些事情，但还远远不够，美国铁路公司的有效秩序还需维持下去，他还有更多的事情要做。

所幸，现在人们对他足够信任，他做任何事情都能很快得到大家的支持。大家对他的话甚至深信不疑，他知道华尔街的人们现在有一句口头禅："听摩根的!"这句话大家说得是那么斩钉截铁，摩根非常感动，也非常欣慰，这是对他所做的一切的肯定。接下来，他还要做很多事情，使自己真正对得起大家对他的信任。

　　将宾夕法尼亚铁路公司和纽约中央铁路公司重组是重建铁路秩序的第一步，接下来，皮尔庞特·摩根还要将众多的铁路公司进行重组。首先是里丁铁路公司。"海盗号"和平协议签订以后，给里丁公司带来了一些损失，重组里丁铁路公司就是为了弥补它在其中所受的损失。重组的目的一是为了避免铁路的浪费，二是为了制止不同的公司擅自侵入另一个公司的领地，避免公司之间的虎视眈眈和利益侵占。

　　接下来是对另外一家非常重要的公司进行重组，就是里士满枢纽公司。这是南方的一个铁路枢纽，但好多金融家都不愿意为这个公司投资，因为这家公司的经营状况长期以来都非常不好，股票很不稳定，几次差点破产，谁也不愿意染指这家公司，起死回生的可能性太小，投资这家公司无疑要承担巨大的风险，因此重组遇到了难题。于是这个难题又落到了德雷克塞尔—摩根公司头上。摩根公司对其进行了重组，虽然过程几多艰难，但最终还是实现了重组。

　　1887 年，皮尔庞特·摩根公司又对巴尔的摩—俄亥俄铁路公司进行了重组。通过对众多铁路公司的重组，为其制订合理的计划和注入强大资金，把这些铁路公司从破产的边缘拉了回来。摩根并不是铁路方面的专家，甚至没有铁路运营方面的知识，但他利用他的社会影响力和摩根公司的强大财力解决了这些问题，有时候，他随便一句话就使某个铁路公司的命运发生了重大的改变。

　　皮尔庞特·摩根做了这么多事情，并没有耗费他太多精力，因为多年的工作经验使他总结出了一套适合自己的工作方法。这套工作方法大大提高了他的工作效率，他只要抽出一小部分时间就可以完成这些工作。比如他只要抓住问题的关键和本质，把握住事情的大方向即可，具体的工作和细节问题都有手下人去做，这些人在某些方面比他更专业。抓大放小，这是他的工作方法；用对人，这是他的用人战略。在他的公司里，每个员工都有自己的角色定位，每个人也有自己的明确分工。每个人只要把自己的工作做好，就可以使公司里的一切工作按正常的轨道快速运转。所以，摩根公司虽然庞大，但摩根管理得却非常轻松。

不过，作为金融公司，每年都要发行大量的债券、股票，这其中是有很大风险和挑战的。首先需要投资者对你充满信心，不然他们不会出钱买你的股票，股票卖不出去也就无法融资，自然无法实现公司的重组。所以，在重组铁路公司的过程中，也充满着诸多变数，不过，皮尔庞特总是对这一切充满着信心，因为他是个乐观主义者，同时，他也相信自己的能力。

皮尔庞特·摩根从不做投机生意，买空卖空的伎俩他向来是不屑一顾。所以他每次的投资也是在冒险，在下赌注，但风险越大，回报就越大，商场人都懂得这个道理。但摩根会把失败的风险降到最低，即使失败了，造成的损失也是可以弥补的；若一旦成功，收益也是惊人的。所以，摩根总是以小失败的概率去博大成功，很幸运，他每次都达到了目的。

在这个过程中，他得到了非常大的成就感。当他看到铁路公司能重建秩序，不再像以前那样恶性竞争，而且实现了互相合作，互利共赢，他内心会非常满足。即便有人对他稍有质疑，他也不会在乎。对他的一系列做法，并不是所有的人都赞同，不是每个人都会说："听摩根的！"还是有个别人在任何时候都和他唱对台戏，指责他利用公司重组进行巧取豪夺和垄断，这简直是无稽之谈！大家的眼睛都看得到，他一直在收拾烂摊子，即便最终摩根公司获得了一些权益，那也是符合市场竞争和规则的，他没有使用任何不正当的手段，他做的一切对整个铁路行业、对国家、对自己都是有益的。

但皮尔庞特·摩根强烈的自信使他有时说话确实有些狂妄，例如他说过"有些事情如果政府和法律不去做，我来做！推动世界运转的不是什么法律，而是金钱！金钱！"这句话确实狂妄，让人听起来瞠目结舌，但这却是皮尔庞特·摩根的信条，他的这个信条也影响了其他人。100多年来，美国一直流传着摩根这句话。因为强大的经济实力，摩根甚至干预了美国的政治。

1884年，共和党人格罗弗·克利夫兰得益于美国金融界的支持入主白宫，皮尔庞特·摩根因为曾出资支持了这届政府，因此得以经常出入白宫。凭借自己强大的经济实力，他有时也会为美国的政治出谋划策。美国政界和美国金融界的关系颇为微妙，有时他们抗拒金融界的干预，而有时却又不得不对其言听计从。

1885年以后，皮尔庞特·摩根收购、重组、兼并铁路公司达到了一个高潮。但在1890年11月初，美国金融界又遇到了一次大恐慌，联合太平洋公司、巴林兄弟银行都没能抵挡住金融危机的冲击，前后破产。但德雷克塞尔—摩根公司再一次平安渡过危机，因为他们没有卷入疯狂的证券投机中，也因为皮尔庞特本人的卓越领导能力。在这次危机中，皮尔庞特·摩根再次力挽狂澜，他把西部铁路公司的股东们召集到华尔街开会，会议成立了顾问委员会，委员会的工作是维持运费合理及仲裁争端，顾问由铁路公司的总裁和董事组成。不过，外界对此的反应却比较激烈，他们认为这是由铁路大王们组成的一个庞大的托拉斯，目的是要垄断铁路行业。不管外界怎么评价，总之，在铁路行业和华尔街金融界，大家已经有了一个共识——"听摩根的！"

荣升"铁路大王"

美国的经济危机爆发得可谓频繁。1893 年 3 月，经济危机再次袭击了美国，就在克利夫兰当选美国总统的几周后，大批的中小企业纷纷破产，就连一些大银行、大工业公司也被卷入其中。1893 年 1 月，道琼斯 12 支铁路股票平均指数还保持在 90 点，但到了 7 月，这个指数就下降了 30%，只有 61.9 点。股市是经济的晴雨表，由此可见美国的这场经济危机有多严重。

于是，许多企业涌到了华尔街寻求援助，摩根集团成为他们寻求援助的最大对象。但是，摩根公司的现金实力和投资活动也受到了很大的影响。不过，皮尔庞特·摩根并不想置身事外，也无法置身事外。不躲避，迎着困难而上，一直是皮尔庞特·摩根和摩根财团的作风。

皮尔庞特·摩根很清楚地知道，这个时候，虽然是危机，但也是机遇。利用好了，不但拯救他人，也可以使自己从中再赚一笔。铁路系统不能再陷入无秩序的竞争和重复建设的巨大浪费，所以，仍然需要一双有力的手去掌控。无疑，摩根就是这双手。只有他有这个能力，只有他才能阻止这波势不可当的破产潮。大部分濒于破产的公司都眼巴巴地看着摩根，希望由德雷克塞尔—摩根公司来重组自己的公司。

事实上，皮尔庞特·摩根是有这个实力的。这时，他的父亲已经去世了，英国伦敦的 J. S. 摩根公司和他在纽约的德雷克塞尔—摩根公司虽然没有合并，但都控制在他手里。他比任何一家银行都拥有对铁路公司进行重组和兼并的实力。所以这次，摩根又出手了。

这次重组首先从南方铁路公司开始，这个铁路公司连接着华盛顿和南方的一些主要城市，包括里士满、亚特兰大、伯明翰和新奥尔良。对这个公司，摩根公司的银行家们对其动了大手术，先理清债务关系，然后再进行人事调整，摩根的助手萨缪·斯宾塞成了这家公司的新总裁。最后，又为其追加了一大笔资金用于建设，顺利完成了重组，当然，摩根公司从中也收到了巨大的回报。

就在经济危机的前一年，"华尔街魔鬼"古尔德因为肺结核去世了，而由他经营的北太平洋公司在经济危机中也宣告破产，这已经是它第四次宣告破产。这个公司此时已经是空架子，精明的古尔德早在这个公司破产之前就对其掠夺一空。摩根公司对它也进行了重组，更名为伊利铁路公司，摩根公司从中也获得了 50 万美元的纯利润。接着，联合太平洋铁路公司也被摩根公司重组。费城—里丁公司曾经被摩根公司重组过，这一次，它又陷入了困境，摩根公司再次出手，投入了巨额资金，对这个公司改头换面，进行了彻头彻尾的改造。

还有一些规模较小的铁路公司，也被摩根公司重组。在那段时间里，摩根公司的银行家们忙得不可开交，他们四处出击，大肆吞并，重组了众多即将倒闭的铁路公司。以至于到了 1910 年，美国的六大铁路系统里，有四大系统已经控制在摩根公司手里。摩根公司已经成为了名副其实的"铁路大王"，其在铁路运输系统中的霸主地位不可动摇。

这一年，不管是对摩根公司还是对皮尔庞特·摩根来说，都是具有重大意义的一年。之前，因为父亲还在世，所以摩根的一切活动都在父亲的指导和监管之下，而这一年，是他完全独自处理一切事务的开始，事实证明，他完全有能力独自面对这一切，当然，这跟父亲多年的引导是分不开的。把摩根公司交给他，父亲完全可以放心。这一年，摩根公司通过一系列重组，取得了在铁路行业的霸主地位。皮尔庞特·摩根善于思考，抓住了机会，从而把危机变成了壮大自身的契机。

　　但是，摩根大规模重组也引起了许多人的不满，他们认为这是赤裸裸的兼并，是垄断，他们指责摩根用专横的制度把美国的铁路命脉抓到自己手中。在重组的过程中，工人的利益难免受到损失，工人的工资一降再降，仅够维持基本的生活，有人指责摩根听不到工人们的哭喊声，只管追逐自己的利益，他不是人民口中的救世主，而是冷酷无情的资本家。

　　皮尔庞特·摩根当然也听到了这些声音，对于外界对他的质疑他早就有所耳闻，但他并没有为此过于谴责自己，因为他知道，在资本社会里，他不可能照顾到每一个人，他靠自己的能力使美国混乱的商界秩序得到改变，已经是他对国家、对人民最大责任心的体现。

第六章
华尔街的拿破仑，
三代美国总统为其打工

　　作为华尔街的金融大亨，摩根财团在经历
了"虎口夺食"之战、"金本位之战"等金融
战争后，摩根财团的实力和威望有了空前提高。
尤其是在债券发行方面，摩根财团俨然已经发
展成为了华尔街之王。正因如此，它才被人们
称为"华尔街的拿破仑"，并让三代美国总统为
其打工。

虎口夺食

　　在美国，并非只有摩根家族的名号在金融界家喻户晓，还有一个人的名字也是响当当，这个人号称"白须帝王"，名叫杰伊·库克，是费城的银行家。

　　"白须帝王"的名号为何这么响？因为这个人在销售债券方面非常有经验。美国内战时，他就曾经在销售内战债券方面获得巨大成功，因此得到了政府的信任。于是在1865年，政府就把联邦贷款专营合同给了他，他凭借这项生意赚得满盆金。从此以后，只要是政府发行债券，基本都会交给他做，他几乎垄断了政府所有的债券发行业务。所以在联邦金融界，大家送了他一个"白须帝王"的美誉。

　　承销债券可是一项名利双收的生意，谁都盯着呢！他人岂肯杰伊·库克一人独享美食，特别是摩根家族这样的金融寡头，更是不可能让他一人独占鳌头。摩根家族作为金融世家，一直很看不惯杰伊·库克，他当年只是个银行职员，因机遇巧合让他钻了空子，在销售债券方面获得了成功，得到了政府的赏识，但他这个一夜暴富的过程让摩根非常不屑甚至不齿。杰伊·库克在发家之后，唯恐别人不知，在费城城外为自己建了一座城堡，足足有52个房间，都可以开一间酒店了。于是，外界纷纷说，"富比杰伊·库克"，这更让皮尔庞特摩根以及其他的银行家看不顺眼。

　　皮尔庞特·摩根和莫顿这些大银行家一直在暗中留意杰伊·库克的动向，

他们一直想找机会打破杰伊·库克对债券发行的垄断。所以，当他们看到杰伊·库克又开始频频在总统府出没时，立刻提高了警觉："难道，政府又要发行新债券？"经过打听之后，果然证实了他们的猜想。

因为内战，政府欠了将近3亿美元的债务，政府必须发行新债券才能偿还这些债务。因此在1872年，政府开始酝酿发行新债券。作为老合作伙伴，杰伊·库克自然成为承销债券的不二人选。

"这一次，绝不能让他把便宜全占了。"皮尔庞特想，"必须从他手里夺得一些机会。"

但是，第一笔债券的发行机会还是给了杰伊·库克，可惜发行效果并不好，杰伊·库克立刻组织了一个跨大西洋辛迪加，成员包括欧洲罗斯柴尔德财团和美国塞里格曼财团，共同承销债券，风险被大大降低，销售业绩也比之前好了很多。于是，一些官员又开始称赞杰伊·库克："杰伊·库克比起其他人就是胜人一筹。"

这让皮尔庞特·摩根更不服气了。于是，他也开始奔走斡旋。杰伊·库克和政府部门的关系是不错，但摩根家族和政界的关系也很好，朱尼尔斯·摩根与财政部部长鲍特韦尔是旧相识，德雷克塞尔家族则与格兰特总统相交已久，甚至被其委托管理其私人财务，莫顿先生与总统和总统夫人的关系也很好。1873年1月，皮尔庞特·摩根与纽约银行家里维一起来到华盛顿，拜见财政部长，希望他能将政府的债券业务分配给更多的银行家承销。在经过一番斡旋之后，事情终于有了较好的结果。凭着父亲朱尼尔斯在英国金融界的影响力，还有他提出的五强联合的方案，总统终于答应由他和杰伊·库克共同承担债券的发行任务。

皮尔庞特提出了什么方案让总统动心了呢？由摩根公司牵头，德雷克塞尔财团、巴林财团、莫顿财团等五财团组成一个辛迪加，德雷克塞尔提出了年利率为 6%、票面 100 点、承购 3 亿美元的优厚条件，这个条件在当时可是非常优惠的，因为在当时的经济条件下，债券承销一般都是在票面 85 点以下，这让总统心动不已。于是总统提出了一个折中的方案，由杰伊·库克和皮尔庞特·摩根牵头的两个辛迪加共同承担债券的承销任务，年利率 5%，发行量均分。

皮尔庞特此举堪称虎口夺食，他当然是扬眉吐气，杰伊·库克却是十分丧气。一头大肥羊本来可以自己独享，现在却要和他人平分，心里当然窝火。但窝火归窝火，总统的命令也不能不听。

于是，两人之间展开了一场承销债券的较量。这是一场高手之间的较量。杰伊·库克本就是投机者出身，他当然不可能让皮尔庞特这么轻易就抢了他的口粮。于是他又使出了他一贯的卑劣手段，大造舆论制造摩根等人的负面新闻，给摩根等人扣上了种种罪名：社会败类、伪君子、没有社会公德，等等。摩根等人颇为愤愤不平："怎么你销售债券就是为国家排忧解难，我们做同样的事情就是中饱私囊？"

皮尔庞特·摩根当然不可能任由杰伊·库克肆意诽谤、任意妄为，因此也开始反击，以其人之道还治其人之身，从杰伊·库克的发家史开始，揭露他的丑恶嘴脸。1869 年，他在为北太平洋铁路融资时为推销 1 亿美元债券要尽了花招，捏造了许多谎言，现在，摩根集团揭穿了他的诸多谎言，撕开了他的真面目，杰伊·库克的名声本来就不怎么好，这下更是臭名远扬。

就这样，双方斗得是如火如荼。

在关键的时候，杰伊·库克却掉链子了。他所投资的北太平洋铁路公司由于经营不善，再加上金融危机，在 1873 年 9 月破产了！杰伊·库克的破产为摩根财团的成功制造了机会。凭借父亲朱尼尔斯·摩根以及他的公司在英国的良好形象和口碑，债券在英国的销售获得了巨大成功。

这时，恰逢美国经济萧条时期，能够为政府发售债券，摩根财团不仅赢得了财富和声誉，还赢得了美国货币政策的发言权。这次从杰伊·库克手中夺得债券的承销权，使德雷克塞尔—摩根公司在华尔街崭露头角，也使得年轻的皮尔庞特·摩根有机会与总统直接对话，学到了如何与总统、财政部部长以及这个国家最重要的银行家们打交道。这次事件之后，华尔街的金融格局又有了新的变化，像皮尔庞特·摩根这样的新生金融家成长起来了。

◆ 战后绿钞大贬值 ◆

美国内战时，曾采取了一系列应急的货币政策，政策相对都比较宽松，但内战结束后，这些货币政策却带来了一些不良后果。例如货币发行量过大，远远超过了实际需要，因此引发了通货膨胀，纸币严重贬值，钱不值钱了。

这对所有人来说都不是什么好消息。对普通老百姓来说，购买力下降了，生活成本增加了，生活质量降低了；对于华尔街那些金融大亨来说，借出去的钱在收回时已经严重贬值。所以，几乎所有的人都在痛恨这场通货膨胀。

但是，有一些人却在幸灾乐祸，庆幸他们因为通货膨胀而变得轻松了，这些人就是负债者、向银行借钱的人。原因很简单，因为通货膨胀，他们的债务压力减轻了。例如一个人年初贷款 10000 美元，那么在债务到期时，他所偿还的货币价值要比当初借款时低很多。

但债权人可不愿意看到这样。美国政府也是欠债者，他们发行了大量的债券，此时他们因为通货膨胀而遭遇到了信用危机。于是，美国政府债券的持有人唯恐纸币贬值得更厉害，开始大肆抛售债券，也不再想购买新的债券，美国债券市场因为通货膨胀而受到了严重的影响。华尔街金融界的繁荣景象已经是昨天的事了。

　　华尔街的银行家们当然要想办法解决这个问题。战争刚刚结束，他们便立刻行动起来。当时美国使用的是绿背美钞，已经严重贬值，四处泛滥。针对这一情况，华尔街的金融家与政府进行谈判，最终达成了共识。金融界和政府之间能够在某件事上完全达成共识，这在以往都是少有的，可见这件事对所有的人都特别重要。这个共识就是：实行货币紧缩政策，政府有计划地收回绿钞，使其退出流通领域，然后进行货币制度改革，使其更健全。这个计划从 1866 年 4 月开始实施，10 月，美国财政部已经收回了 1000 万美元绿钞。

　　但美国民众的想法和政府的想法却不一样，他们不希望政府完全废除绿钞。人们觉得绿钞在美国战争时曾发生过重要作用，而现在也没有更适合的纸币可以取代它。曾经和绿钞一起流通的有七八种货币，但最终都因为种种原因消失了，只剩下绿钞一种。绿钞在美国人民心中有一定的地位和权威，除了黄金，绿背美钞已经成为美国最重要的货币媒介，美国人民对绿钞并不那么容易割舍。美国人民更希望政府能通过政策调控使绿背美钞重新发挥它的重要作用，因此，普通民众纷纷呼吁，希望政府使用法律手段使绿背美钞增值，最终可以与黄金自由兑换。

　　但一些政府官员却认为，这个建议是一种短视，如果绿钞真的能够与黄金自由兑换，就有可能出现黄金挤兑潮，这样会造成更严重的后果，就是绿钞将彻底失去存在的意义，那么为之所做的一切事情都将白费。

而华尔街的金融家们则给出了一个更好的建议：恢复金本位。银行家们认为，交易媒介的地位远远赶不上黄金的地位，黄金不仅是货币兑换的介质，更是价值的守护者。尤其是在现在这个时候，经济动荡，黄金作为一种调节货币市场的工具，可以很好地遏制通货膨胀，保持货币相对稳定的购买力。

　　除此之外，恢复金本位，不管是对于美国债权人还是贸易伙伴来说都是一个好的举措，这预示着美国市场与国际市场挂钩，把黄金作为交换介质，保持经济持续平稳发展，各项投资和贸易也将得到有力的保障，对美国经济会有非常好的促进作用。

　　金本位的确有可取之处，银行家们提这个建议当然是为美国的经济着想，不过心里并不是没有自己的打算。国家的黄金大多掌握在华尔街的银行大佬手中，如果能恢复金本位，那么不管纸币市场多么混乱，绿钞多么不值钱，这些银行大佬们仍然可以控制美国的经济。

　　银行家们的提议对于美国经济无疑是有益的，所以政府采取了这个建议。可这样做对普通民众来说却是一种损失，对上层社会的损失几乎是微乎其微的。但为了国家的经济稳定和社会的平稳，政府也只能这么做了。所以，每一项措施都不可能对所有的人公平，也从来就没有绝对的公平。

　　但是，这件对于普通老百姓不公平的政策在推行的过程中进展得很不顺利，老百姓很不配合，使出各种方法百般阻挠。一些胆小的官员放任不管，民主党趁机使用怀柔政策拉拢普通老百姓，共和党提倡金本位，却显得形单影只、力不从心。

　　轰轰烈烈的绿背美钞事件持续了好一段时间，皮尔庞统·摩根对此是怎么看的呢？他对绿背美钞并没有什么好感，作为一个银行家、金融家，他更习惯从宏观方面去看待问题，所以，他更倾向于共和党一边，对政府的货币紧缩政策他也表示支持，但对民主党的种种表现却非常厌烦。

　　然而事情的发展却令他大失所望，在货币紧缩政策实施几个月之后，国会却废除了这项政策，这让皮尔庞特非常失望也非常郁闷。共和党和民主党素有恩怨，当经济利益与政治利益发生矛盾时，政府也在权衡利弊，一些看似简单的事情却不能简单地处理。皮尔庞特·摩根对政治并不感兴趣，但他渴望在金融界有一番作为，他发现自己的声音并不被重视，因此，心中有些失落，但在失落的同时也激发了他要靠自己的能力改变金融界及美国经济现状的决心。

　　就在这一年，1867 年，皮尔庞特·摩根的人生却有了一个重要的收获，他的妻子范妮为他生下了一个男孩，这个男孩长大后也像他的祖父和他的父亲一样，成为了美国金融界响当当的人物，他就是小约翰·皮尔庞特·摩根，即小 J．P.摩根。虽然这时美国因为绿背美钞事件闹得乱哄哄的，但皮尔庞特·摩根的家里却是一片祥和。

◆ "金本位"之战 ◆

　　"金本位"之战持续了很长时间，引发了不同利益集团之间的矛盾，也造成了一些恐慌。人们对未来很没有安全感，渴望政府能够有新的政策，建立新的制度以保证未来的经济和社会稳定。美国社会需要转型，政治、经济等各个领域都在酝酿新的变化。燃眉之急是解决货币问题，"金银本位之争"就是为了解决这个问题而采取的新政策。

1877 年，美国总统换届，格兰特走下总统的宝座，拉瑟福德·B. 海斯走马上任，成为美国第 19 任总统。海斯曾经是一名军人，在南北战争时期表现突出，屡获奇功，进入政界以后口碑也极好，众人称赞他为人正直、办事有效率。海斯在几位竞选总统的名单中，可谓是一匹黑马，他上任后，也是一副准备大干一场的样子。

他先是对官员进行了一系列的整顿，对一批德才兼备的人才大力提拔和重用，比如约翰·舍曼，他正直能干、经验丰富，在财政部门任职多年，曾担任参议院财政委员会主席和众议院税务委员会主席，海斯总统提拔他为财政部部长。

这位新上任的财政部部长对金本位政策非常支持。早在参议院任职期间，他就为支持金本位政策起草过一份议案，这份议案即《金元恢复法案》，在 1875 年获得通过。

但这个议案推行得却很不顺利，因为该法案牵扯到各方的利益，而一时之间又难以平衡，所以该法案一直迟迟得不到执行，直到约翰·舍曼就任财政部部长。舍曼就任时，这个问题已经是刻不容缓，该议案授权财政部从这年元旦开始恢复使用黄金支付所有债务。

舍曼需要立刻解决这个问题，就是如何避免"劣币驱逐良币"。如果绿钞与黄金的地位相同，那么必然会引起人民大量抛售绿钞，囤积黄金。为避免出现这个问题，就要逐步减少绿钞供应，增加黄金供应。政府为此收回了 8200 万美元绿钞，将其流通量限制在 3 亿美元以下，并依靠政府债券销售建立黄金储备。

但随之而来出现了另外一个问题：一部分债务人强烈反对，这些债务人主要集中在美国西南部，他们美其名曰支持国家经济独立，支持绿币美钞，结成绿背党，主张增加绿钞供应量，反对金本位，结束外国投资者在美国的投资。金本位政策执行起来是困难重重，遇到了没有料想到的诸多阻碍。

但是，有人对这个法案却拍手称赞，他们就是华尔街的金融家，特别是债券经销商，他们对《金元恢复法案》非常支持。因为这个法案明确规定将以黄金支付国债，于是许多外国投资者疯狂购入美国债券，债券经销商们能够从中获得不少利益。1876年，摩根、罗斯柴尔德、德雷克塞尔等家族联合发售以旧换新的债券，销售异常火爆，大多数债券都以超出票面价值的价格售出，这几个家族企业从中一共赚了300多万美元，其中包括100万美元承销佣金和200万美元的进出差价。

在这几个金融财团的支持下，1877年，约翰·舍曼开始通过发售债券建立黄金储备。为了偿还前期债务，财政部将2.35亿美元债券交由摩根、罗斯柴尔德等企业组成的联合辛迪加发行。当事情刚开始有所进展时，又有人站出来反对，要求银行辛迪加退出这件事情，直接由政府向公众发售债券，而且要求政府不要用黄金偿还贷款，而改为使用白银。

其实，这种反对也是他们的无奈之举，某些人看着反对金本位无效，绿钞眼看就要退出历史舞台，只好采取折中措施，将白银作为抗衡的武器，企图用白银本位代替金本位。白银本位比之金本位有什么好处呢？一是与绿钞相比，白银显得更加"货真价实"，人们更愿意接受。二是现在西部发现了大量银矿，导致白银价格下跌，人们获得白银要比获得黄金容易得多。所以，当有人提出恢复银本位时，很多人站出来支持，呼声日益高涨。民意高涨，政府不得不听从，1877年秋，众议院通过"宣布可以自由和无限制铸造银币"的提案，从法律上确定了银币也可以作为流通工具。

但这项法案又造成了另一部分人的恐慌，那就是已经认购美国公债的外国投资者。因为白银价值仅为黄金的90％，所以白银偿债必然导致债权人的利益损失。在这种情况下，外国投资者纷纷抛售债券，公债价格立刻狂跌。银行辛迪加不得不又赶快采取措施，停止了债券的发售，为了平衡市场，又购买回75亿美元公债。但是，这并没有解决根本问题。

支持金本位的东部银行家与支持绿背美钞的西部绿背党还在互相对峙，他们掀起了一场论战，皮尔庞特·摩根也参与了这场论战，但是他知道论战解决不了问题，于是他来到华盛顿找到财政部长约翰·舍曼商议对策。所有的矛盾和分歧都出于一个原因：利益分配不均，每一方提出的法案看似从大局出发，其实都是出于对自己集团利益的考虑。银行家用专业术语吓唬老百姓，反对派用国家安危震慑各方，银行家代表的资本力量与绿背党代表的农业保守势力，都在为维护自己的利益坚持自己的意见。

皮尔庞特·摩根在与财政部部长约翰·舍曼会谈之后，向他的父亲老摩根汇报情况时说："我的举动可能会受到所有人的指责和批评，但我不后悔这样做，我宁愿亏损，也不愿任何人说我们在履行所承担的责任时没有达到规定标准。"在经济不稳定和局面混乱的情况下，摩根财团更加注意维护自身的公众形象，这也是一个美国瞩目的家族企业应有的风度。

但皮尔庞特·摩根的举动并没有终止双方的争论，双方仍喋喋不休，一直持续到1878年。1878年1月，美国国会终于通过决议，授权使用银元支付美国债券的利息与本金，投资者又一次陷入疯狂，开始大量抛售债券换购黄金，债券市场动荡不安，德雷克塞尔—摩根银行因此受到了不小的损失。

为平息动荡，同年2月底，参议院又制定了另一项法案——《布兰德—阿利森法案》，这项法案对银圆的制造数量进行了限制，规定每月只可铸造200万～400万美元的银圆。约翰·舍曼用自己最大的努力维护金本位制度，他严格按照法律规定，每月只发行 200 万美元的银圆，但这样做给他自己带来了很大压力，别人甚至因此诋毁他的名誉，但也因此让金本位制度得以缓慢推行。

同年 4 月，摩根财团、罗斯柴尔德与舍曼签订公债承销合同，价值高达 5000 万美元，承诺将以黄金偿还这笔债权，债券销售十分成功。摩根拿出承销债券佣金的 0.5%，大约有 1 万美元，分发给财政部里的各个官员，以表达对财政部官员的感谢。

金本位政策尽管推行得十分缓慢，但一切还是按照计划在进行。1878 年年底，流通的绿钞存量与增量的黄金储备终于基本持平，12 月中旬，绿钞报价与黄金价格首次达到同一水平！金本位政策获得了成功！1879 年元旦这天，整个华尔街一片欢腾，德雷克塞尔大厦升起美国国旗，所有人都兴高采烈，庆祝这得来不易的胜利。

经过多次的政策调整、各种纷争和反反复复，绿钞持有者终于可以将手中的纸币兑换为黄金，困扰美国多年的货币问题终于得到了解决。

◆ 相信爱迪生 ◆

恢复金本位以后，皮尔庞特·摩根终于可以喘一口气了，他的主要精力要转向另外一项重要的生意。实际上，在为金本位奔波的日子里，他一直在筹划另一笔生意，这笔生意规模很小，所以很多人都不看好，但摩根却认为它潜力巨大。

他曾经和他的朋友提起过这笔生意，他说："这是一笔非常重要的也非常有潜力的生意，它不仅对我的公司有重要的意义，对整个世界都会产生重要的意义，但是现在，我还不能告诉你这是一笔什么生意。"

这究竟是一笔什么样的生意，如此神秘，让皮尔庞特·摩根如此重视？这笔生意和一个伟大的名字有关——爱迪生。

19世纪70年代，爱迪生这个名字在美国可谓是家喻户晓，他发明的电报、电话、留声机等改变了人们的生活和工业生产的基本方式，他平均两个月就能获得一项专利，他的成就赢得了全世界人民的认同、赞赏和惊讶。

皮尔庞特·摩根本来就是一个对新鲜事物充满好奇的人，当然也为爱迪生的发明所倾倒。但最让他为之痴狂的是爱迪生最近的一项发明——电灯。

这时候的美国，大部分家庭的照明工具是蜡烛和煤气灯，虽然城市道路已经开始使用弧光灯照明，但弧光灯的光线过于强烈，日常照明使用并不合适。于是爱迪生又苦苦钻研，终于制造出了更为先进实用的照明工具——白炽灯的雏形。这种白炽灯灯光柔和，对人的眼睛不会造成伤害，非常适合日常照明使用。

爱迪生对自己的这项发明显得无比兴奋和自信，声称要用这种电灯照亮整个美国。但要实现这个想法需要一整套电灯系统，技术上的问题难不倒爱迪生，让他作难的是开发这项系统需要大量资金。所以，爱迪生需要有人为他投资，他授权罗夫纳·劳里律师为他融资。这个人是个律师，他的律师事务所就设在德雷克塞尔大楼里面，而且他与埃及斯托·法布里的私交非常好，而埃及斯托·法布里又是摩根的合伙人，因此，自然罗夫纳·劳里就找到德雷克塞尔·摩根公司为这套系统投资。

劳里和法布里成为爱迪生电灯公司的合伙人，爱迪生拥有这个公司50%

的股份，法布里和约瑟夫·德雷克塞尔等其他合伙人拥有其他50%的股份。摩根看到自己的两个合伙人竟然对爱迪生的电灯项目如此感兴趣，连忙仔细研究，发现这个项目刚刚公开，煤气公司的股价就立刻下跌了25%～50%，这项技术对经济造成的影响是显而易见的，在未来确实有非常大的市场价值。

于是，皮尔庞特也开始支持爱迪生的电灯项目，他和德雷克塞尔担任了大西洋两岸的爱迪生的银行家，他还让自己的父亲也来支持爱迪生的项目。但父亲对此却很不以为然，父亲认为他们是异想天开，他不但不相信爱迪生，连自己的儿子也不相信。不仅父亲对此心存疑虑，一些英国的银行家也不相信爱迪生能折腾出什么大动静。

遭到了父亲和他人的质疑，要是在以往，皮尔庞特肯定会对自己的所作所为有所怀疑，但他对这件事他没有丝毫的怀疑，他相信自己的眼光，更相信爱迪生。他相信爱迪生能够给这个世界带来光明，这绝对是一个小投资、大回报的项目。

虽然很多人不看好，但皮尔庞特·摩根还是决定亲自参与、支持这个项目，在它的潜力尚不为人知时，才是他投资的机会。如果能把这项技术普及，或许能开创新的商业格局。

在华尔街，精明的投资者很多，但像皮尔庞特·摩根这样正直公道、令人放心的投资家却不多。有些投资家态度傲慢，对新事物不屑一顾，但皮尔庞特·摩根却对新技术有着惊人的商业敏感度。当大多数银行家只选择与政府结盟，与财力雄厚的企业合作时，皮尔庞特·摩根却在扶植新技术的小公司，这样的眼光和勇气在华尔街是不多见的，这也是爱迪生选择与皮尔庞特·摩根合作的真正原因。

虽然这个项目在运作的过程中并不顺利，爱迪生并没有完全遵守他的承诺，他曾在 1878 年时承诺将在几周之内建立起一个可以正常运转的系统，但这个计划一直迟迟未能进行。即便如此，皮尔庞特·摩根还是给予他不断的资金支持，一直到爱迪生完成这个系统。当很多人都对爱迪生失去耐心和信心的时候，皮尔庞特·摩根依旧对爱迪生充满着信心。

他知道，要将一个辉煌的计划转化为一个市场化的系统，这个过程的艰难会远远超出人们的想象，所要花费的时间和精力不是谁都能承受的。爱迪生在经过与皮尔庞特的长期合作之后，确认皮尔庞特·摩根是个非常可靠的合作伙伴，虽然有时会有些强硬，但做事情却非常稳重。一旦开始工作，就会非常努力，而且愿意和他同甘苦共患难。

1880 年，德雷克塞尔—摩根公司对爱迪生电力照明公司进行了重组，又为其提供了 100 万的股本。公司在曼哈顿的珍珠大街建立一座中央发电站，摩根公司还经营了爱迪生的个人投资。谁知，中央发电站的投入成本比计划要高出 3 倍，许多资本家都不愿意为其投资，认为回报率太低，但皮尔庞特·摩根仍然支持爱迪生，为此他还举行了一次聚会，向自己的很多朋友推荐爱迪生电力照明公司。

在皮尔庞特·摩根和爱迪生的努力下，白炽灯在全国的推销业绩很好，皮尔庞特·摩根的家里第一个使用了爱迪生发明的电灯照明。1889 年 5 月，在皮尔庞特和德意志银行的支持下，爱迪生电力照明公司和几家制造企业合并为爱迪生通用电气公司，摩根公司负责这个公司第一批的股票销售，摩根银行购得了 30%的股票。之后又对这家公司进行重组，最后，爱迪生因为在这个公司的股权太低，干脆放弃了自己的股权，全部转让给了摩根银行。

通用电气公司之后得到了迅速的发展，特别是在两次世界大战中。第一次世界大战后，该公司在新兴的电工技术方面居于统治地位。第二次世界大战时，通用电气公司的产量和利润急剧增长。通用电气公司不断革新电气电工新技术，导致了铁路和钢铁业的竞争，也使皮尔庞特·摩根把自己公司的方向转向了铁路和钢铁领域。

站在历史的角度看，这桩合作具有空前的意义。当基础设施建设陷入滞缓，债券发行也不再风光时，投资方向需要转变，谁先抛弃旧模式，开始新模式，谁就可能在未来跑在前面。

现在看来，皮尔庞特·摩根跑在了前面，他投资爱迪生的电灯项目，为华尔街开创了一种新的业务范式——资本力量主导技术商业推广。这个模式不仅令合作双方都收获颇丰，也给社会、国家和全人类带来了难以估量的进步和好处。所以说，皮尔庞特·摩根所做的一切都是非常有意义的。

皮尔庞特·摩根在这个过程中，始终对爱迪生的项目起到了推波助澜的作用。在摩根的带动下，华尔街找到了一个新方向——从汽车时代慢慢过渡到电子时代、航天时代，再到互联网时代，新兴技术成为华尔街资本家们投资的热点，大量的资金渐渐进入这个领域。皮尔庞特·摩根为华尔街又注入了新的生机。

◆ 称霸华尔街 ◆

皮尔庞特·摩根在华尔街挥斥方遒，但是他心里并不痛快，因为这么多年来，他一直屈居另外一个人之下，这个人就是罗斯柴尔德。杰伊·库克破产之后，罗斯柴尔德家族成了他的主要竞争对手，这个家族一直占据银行辛迪加之首，对华尔街的事务指手画脚，甚至对摩根和德雷克塞尔家族吆五喝六。这让心高气傲的皮尔庞特非常不满，他心里经常对自己说道："总有一天我要把你拉下马来。"没错，称霸华尔街，这就是皮尔庞特·摩根的野心。

1879 年，他终于有机会实现自己的野心了。这一年，不但实现了皮尔庞特·摩根的个人夙愿，也是摩根财团，乃至华尔街历史上非常重要的一年。

这一年，美国财政部再一次发行以旧换新的债券，这是最后一次以旧换新的债券。这次，皮尔庞特·摩根没让罗斯柴尔德家族抢到机会，而是把这三笔债券全部装到了自己的口袋里。此时的皮尔庞特·摩根颇为扬扬得意，他终于实现了自己的愿望，摩根财团终于不用再跟在罗斯柴尔德家族后面捡生意。

这桩生意是怎么抢到手的，说起来颇有戏剧性。1879 年 1 月，皮尔庞特·摩根的同盟者利瓦伊·帕森斯·莫顿前去拜访财政部部长约翰·舍曼，双方正在其办公室里谈话，无意间得知财政部要将一笔债券发售权交给罗斯柴尔德阵营，他们的代理人就合同事宜正在征求财政部的意见，莫顿见状毫不犹豫，立刻抢先签下了债券发售合同，仅仅比对方赢得了几秒钟的时间。罗斯柴尔德方面得知这个情况，气得七窍生烟，但也毫无办法。

也就是从这件事开始，世界金融格局发生了悄然的改变——金融重心从欧洲移到了美国，从伦敦移到了纽约，而旧的金融势力——罗斯柴尔德财团悄然隐去，新的金融势力摩根财团已然崛起。而在这新旧变化的过程中，皮尔庞特·摩根发挥着重要的作用。

1878 年，摩根的同盟者利瓦伊·帕森斯·莫顿曾经就说过："我预测，纽约很快就要成为世界商业票据汇兑中心。"现在，正值壮年的皮尔庞特·摩根野心勃勃，他要把这句话在他这里变成现实！

一件事顺，件件事顺。3 个月后，财政部为了摆脱债务包袱，又发行了

4000 万美元的债券，利率为 4％，发行这笔债券是为了清偿最后一笔旧债券，皮尔庞特·摩根再次把这次机会抢到手中。

但是，胃口大却吃不下，这么大量的债券单靠皮尔庞特·摩根一家银行无力消受，谁能帮他一起承销这笔债券呢？打仗亲兄弟，上阵父子兵，皮尔庞特·摩根最先想到的当然是自己的父亲，他建议父亲，这笔债券让 J. S. 摩根公司参与承销。皮尔庞特的两位合伙人安东尼·德雷克塞尔与埃及斯托·法布里对皮尔庞特的做法非常满意，他们认为老摩根先生亲自出马一定会让我们旗开得胜。

这笔公债有 1.5 亿美元，几乎是皮尔庞特·摩根承销过的数目最大的债券，这笔债券同样没有罗斯柴尔德家族的份儿。5 月，由第一国家银行牵头，J. S. 摩根公司和德雷克塞尔—摩根公司参与了最后一笔以新偿旧债券发行，债券销售获得了巨大成功。

罗斯柴尔德财团看着摩根财团忙得团团转，自己只有郁闷的份儿。因为摩根财团采取的是结盟方式管理美国业务，所以没有哪个财团能像摩根财团那样反应迅速，出手快捷，于是机会总是落入他们的囊中。所以，渐渐地，摩根财团的影响力越来越大，而罗斯柴尔德财团在新大陆的地位日渐衰落。对于这种现象，皮尔庞特·摩根的解释是："我们可以自己承担以及管理好自己的业务，不用再像此前那样总要和别人分一杯羹。"

这一年，在华尔街和华盛顿的相互合作下，用新债券偿还旧债券的方式清偿了美国大约 14 亿美元的内战债务，这一下子就为美国政府每年节省了 2000 万美元的债券利息。摩根财团为此作出了巨大贡献，皮尔庞特·摩根也因此被美国政府邀请担任政府的金融顾问。

美国历史上的南北战争，是用发行债券的方式募集资金的，现在又用新债券偿还旧债券的方式还清内战债券，之后又用金本位化解货币危机，这个复杂的过程不过只用了15年的时间。但就在这短短的15年，美国的金融体系发生了非常大的变化，不再是一个内乱四起的分散体系，而是发展为稳定高效的集合联邦。

在这个快速发展的过程中，有一条街道立下了汗马功劳，这就是华尔街。这条在十几年前还非常不起眼的街道在今日美国人的心中地位显赫，因为它为美国创造经济奇迹提供了绝好的环境和先决条件。华尔街提供的举债发展的新型发展模式非常具有创造性，用发行新债券代替旧债券的方式非常具有创新性。虽然这种方式的本质还是以债还债，但却在很大程度上减轻了美国的经济负担，为其在世界舞台上崛起起到了不小的推动作用。这种模式虽然不是摩根财团发明的，但摩根财团却是功不可没的推行者。

在这个推行的过程中，华尔街和华尔街的银行家们形成了一种精神，这种精神就是不畏惧困难，不回避难题，总是用开拓创新的精神解决旧问题，这种精神也是皮尔庞特·摩根的精神，这种精神不仅仅让华尔街发展起来，也让他能够真正地称霸华尔街。

金融作家约翰·穆迪也高度赞扬这种精神及皮尔庞特·摩根的表现，他说："这项成就具有里程碑的意义，摩根财团在其中发挥的作用是巨大的，美国因此重新打开了通向资本投资的大门并逐渐崛起。摩根财团的所作所为和皮尔庞特的表现，是所有华尔街的银行家们学习的榜样。"

无形的力量

在皮尔庞特·摩根的合伙人安东尼·J. 德雷克塞尔去世后，1894 年 10 月，摩根在美国成立了一家新公司，新公司被命名为 J. P. 摩根公司。从此，这个公司凭着强大的经济实力和皮尔庞特·摩根超乎寻常的管理能力，对美国的政治、经济进行干预，对其他银行和大工业企业发号施令，在许多人的心里，摩根财团俨然已经成了无形的政府。

1895 年，克利夫兰刚刚执政就碰上了头疼的问题，政府的黄金储备量严重不足。1895 年 1 月 24 日，黄金储备跌到 6800 万美元，一周后又跌到 4500 万美元，股票价格也跌至最低点。政府连忙采取各种措施补救，但都于事无补，黄金依然在大量流失，2 月初，财政部每天都要流失掉 200 多万美元的黄金。这个速度太可怕了，如果不马上制止，3 个星期后，财政部将没有黄金可以支出。怎么办？事情迫在眉睫，政府却想不出任何应对之策。

无奈之下，财政部只好自己想办法，财政部部长约翰·G. 卡莱尔派出铁嘴助理国务卿柯蒂斯，让他前往纽约拜见银行家奥古斯特·贝尔蒙特，与之商讨解决的办法。

为何要找贝尔蒙特公司解决问题呢？因为他的公司与罗斯柴尔德家族的关系一向良好。柯蒂斯巧舌如簧、能言善辩，他能否请得动贝尔蒙特出马帮忙呢？谁知，贝尔蒙特却给他们推荐了另外一个人——皮尔庞特·摩根，说解决政府眼下的困境，只有皮尔庞特出面才行。政府对摩根财团的强大早有隐忧和微词，并不想让皮尔庞特·摩根来牵头处理这件事情。但贝尔蒙特却始终坚持，除了摩根银行，没有人能在最短的时间内解决这个问题。

孰轻孰重？克利夫兰政府衡量了很久，没有其他更好的办法，只好同意摩根提出的意见：发售公债，筹措黄金。2月8日，政府召摩根来到白宫，进行发售公债具体操作事宜的洽谈。然后，由摩根牵头的银行辛迪加开始在纽约和伦敦同时出售美国公债。靠着摩根财团的巨大影响力和操作能力，不出所料，发行任务很快完成。美国国库的黄金储备量开始慢慢增长，美国财政部的一场危机在摩根的处理下很快过去了。

这件事情对美国政府及美国社会产生的益处是显而易见的，它虽然不能彻底地解决所有问题，但它有效地避免了一场危机。从这以后，这种方式也被其他国家所效仿，同样取得了很好的效果。

但是这次交易却遭到了美国人的质疑，人们质疑以摩根公司为首的银行在这场交易中获取了暴利。事实上，摩根公司和其他一些银行确实在这场交易中获取了巨额利润，他们先是全部买下政府发行的债券，然后再以高价卖出去，从中获取的暴利高达1600万美元。他们本来是为了帮国家解决经济危机，却又趁机为自己聚敛财富，他们的动机和目的让人们不得不怀疑。对这些银行家们的贪婪无耻，人们感到非常愤恨。

这种愤恨在1896年爆发了。这一年，发生了大规模的工人罢工运动，这场罢工运动开始于普尔曼车辆工厂，这家工厂隶属于摩根财团，芝加哥世博会期间，工人为了抗议工资被削减25%而发生了大罢工。这场罢工得到了美国27个州几十万工人的同情和支持，于是，全国各地掀起了罢工的热潮。为了镇压工人罢工，克利夫兰总统竟然派出了军队，结果，许多工人在镇压中受伤，发生了流血事件。政府竟然用军队对付本国公民，这在美国自内战以来还是第一次。政府出面帮摩根公司解决了工人罢工事件，有人说这是克利夫兰总统在报答摩根。如果真的是这样，那么国家权力也被金融资本所绑架了，所以很多人又说，摩根就是无形的政府。

因为人们不断质疑 1895 年的那场交易，所以国家不得不对此展开调查。1896 年 6 月 19 日，调查委员会召开听证会，就此事件质询皮尔庞特·摩根。但皮尔庞特·摩根并不承认自己从中获取暴利，他认为他所做的一切都是为了帮国家渡过危机。调查委员会无从取证，因此这件事最终不了了之。

摩根公司丝毫没有受到这件事情的影响，反而发展得更快，它在美国和英国的地位和影响力也越来越高。凭借着在英国的特殊地位，摩根公司将欧洲的巨额资本输入到美国，使美国的工业得到了强劲的发展。摩根公司不仅帮美国政府渡过危机，也帮英国政府解决经济问题。英布战争期间，摩根公司为英国政府筹措经费，数目之多占英国全部战争费用的 20%。摩根公司通过此举帮助英国得到了南非联邦，当然，摩根公司也没少从中获利。摩根公司这个无形的政府，不仅干预了美国的政治和经济，也能干预到英国的政治和经济。

摩根公司几乎垄断了美国的经济，由摩根公司牵头的各种财团互相帮衬，几乎控制了美国的所有经济领域。到 19 世纪 90 年代末，垄断组织几乎成为国家经济生活的一种基础。工业资本与银行资本互相融合，形成财政资本，出现了财政寡头，而摩根财团就是这样的财政寡头。

美国的垄断组织又叫托拉斯，美国第一个托拉斯是由洛克菲勒建立的。1870 年，他创办了美孚石油公司，控制了纺织、酿酒、制糖、制革、烟草等经济领域，在这几个领域先后成立托拉斯。托拉斯的形成对垄断资本家当然是有益的，能给他们带来巨额利润，但对自由资本主义的经济结构却有着极强的破坏作用，中小企业、农场主和广大劳动群众的生活也受到了严重的影响。

托拉斯造成的最直接的后果就是社会贫富不均，所以，普通民众对此极为不满，社会底层人民酝酿着不安定的情绪。为了安抚人民的情绪，缓和社会矛盾，美国政府不得不采取法律手段对垄断组织进行干预。为此，美国政府制定了一系列法案，例如1890年7月的《保护贸易及商业以免非法限制及垄断法案》，这个法案又简称《谢尔曼反垄断法》。这个法案实施后受到了各个垄断组织和大财团的阻挠，实施效果非常不好，几乎没有对各个垄断组织造成影响。美国政府对像摩根财团这样的垄断组织是无可奈何。

美国各种各样的托拉斯组织不但没有减少，反而越来越多，到1900年，美国托拉斯组织已达800多家，工矿、铁路和城市公共事业等各个领域都有各自的托拉斯组织。这中间实力最强大的当然属摩根财团，其次是洛克菲勒财团，这两大财团利用强大的经济实力和影响力以及种种合法和不合法的手段，与其他竞争对手展开激烈竞争，削弱和击败竞争对手，最终独霸一方。摩根财团几乎完全控制了金融、铁路和钢铁领域，美国国家的经济命脉最终被摩根及其他几个少数垄断组织所控制。

第七章
煤铁联合，
称霸美国钢铁业

当皮尔庞特·摩根的铁路之战取得胜利后，摩根财团已经荣升为"铁路大王"，然而，皮尔庞特·摩根却并没有满足，而是又把目光投向了钢铁业。俗话说，"心动不如行动"，摩根财团很快就开始了向钢铁业进军的征程，并一举吃掉了"卡内基"，所以，最终的结果就是，摩根财团又坐上了钢铁业"巨无霸"的宝座！

向钢铁业进军

　　摩根家族牢牢控制着美国的金融市场，除此之外，美国的铁路业也在摩根家族的掌握之中。1900年，美国铁路的2/3都已在摩根家族的控制之中，被摩根家族直接或间接控制的铁路长达10.8万公里，摩根财团已经成为名副其实的铁路大亨。

　　这曾经也是洛克菲勒的梦想。每一位有野心的企业家都是这样，不会满足于目前染指的领域和取得的成绩。摩根家族虽然在财力上尚不如洛克菲勒家族雄厚，但它却完成了洛克菲勒未曾完成的梦想。因为摩根财团最善于调度资金，在这方面的能力比他人高达几十倍甚至百倍，这一点连洛克菲勒也自叹不如。

　　但是，皮尔庞特·摩根并没有停止扩张的脚步，他随时随地都在窥视着其他领域，特别是钢铁领域，皮尔庞特·摩根一直渴望能在其中拥有一席之地。

　　这时的摩根财团实力有多雄厚，从一些数字就可见一斑：53家大公司，资产总额达127亿美元。其中金融机构13家，30.4亿美元；工矿业公司14家，24.6亿美元；铁路公司19家，57.6亿美元；公用事业公司7家，14.4亿美元。这些数字告诉人们，这是摩根时代；这些数字也告诉人们，摩根的版图还将继续扩张。

　　摩根的前辈们为摩根家族打下了江山，首创"联合承购国债"的华尔街案例，使摩根真正成为了美国经济界的霸主，一个超大资本家，一个疯狂聚集财富的企业宙斯。摩根的后人们雄风丝毫未减，他们要将前辈的基业发展得更大。摩根家族要开辟一个新时代——金融寡头支配企业大亨的时代。

19世纪末，摩根家族的实力已经足以影响国家政治，在以摩根等金融巨头和企业家的支持下，保守的共和党候选人威廉·麦金莱入主白宫，成为美国第25任总统。这时的美国，垄断资本迅速发展，美国开始由自由资本主义向垄断资本主义过渡。

新官上任三把火，麦金莱一上台就实行了一系列措施，大力扶植工业联合企业。美国国会在1897年通过了提高关税税率的《丁利关税法案》，1900年又通过了《金本位法案》，这两个法案都有同一个目的，那就是集中大部分国家财力保证美国的工业发展，促进托拉斯组织迅猛扩张，摆脱国内的经济萧条，拓展国际影响力，争取在国际舞台上获得更大的发展空间。这个发展方向和摩根家族的发展方向一致，摩根感觉到，美国经济增长和摩根发展的新时期都即将来临。

摩根在美国金融市场的一系列行为并没有从根本上解决问题，美国的金融恐慌依然时隐时现。一个金融家实力再强大，也不可能解决偌大一个国家经济发展中的所有问题。所以，1894年，美国又处于经济衰退中，国家的主要工业步履维艰，尤其是大量的中小企业，完全无力抵挡这股冲击，纷纷倒下了，即便是一些实力强大的大公司也是苦苦挣扎。

美国政府为了挽救这些企业，摆脱经济危机，不得不向欧洲贷款，摩根公司又再次成功地为政府融资，挽救了政府的信用和国家的经济。当然，摩根公司也再次从中获得利益。

在摩根的相助和美国政府的努力下，1897年初秋，美国工业开始复苏，政府的黄金储备增加了。与此同时，美国小麦丰收，而欧洲的小麦此时却供不应求，美国开始大肆出口小麦，这让美国大赚了一笔。这时，美国的铁路、制造业也渐渐走出低谷，经济开始实现全面复苏，这一切重新燃起了美国人民的信心。

在这一系列的运作中，皮尔庞特·摩根的权力和威望再次升级，他不仅是美国金融界的重要人物，也成为对美国政府有着巨大影响力的人物，银行业的同行更是以他为行业龙头人物。摩根家族的事业在美国已经达到了顶峰，但摩根家族仍然在寻求新的发展机会。

虽然皮尔庞特·摩根此时已经60岁了，完全可以退休享受晚年生活，但如果这样，他就不是摩根家族的领头人了。他认为，摩根家族的事业还可以更大，摩根财团还可以开拓新的领域。但新的领域是什么呢？金融业已经是摩根家族的天下，美国的铁路建设也已经趋向饱和，还有什么领域可以让摩根家族大施拳脚呢？皮尔庞特·摩根的眼光敏锐而又准确，他锁定了一个新领域——钢铁业。

◆ 心动不如行动 ◆

美国经济复苏后，皮尔庞特的野心再次萌发了，他想再次扩张摩根的版图，这次他看准的是钢铁业。石油、铁路、钢铁是美国的支柱产业，石油行业已经是洛克菲勒的天下，铁路行业已经被摩根家族牢牢控制，唯有钢铁行业尚有机会拥有一席之地。

麦金莱总统上任后，工业企业一直不景气，大量中小企业举步维艰，股票又开始飞涨，唯有企业合并才能解决问题，于是华尔街的银行家们开始大肆推动企业合并。从 19 世纪末到 20 世纪初，合并达到了高潮，4000 多家公司合并为 200 多家。皮尔庞特也参与了这场合并，合并不仅维持了经济秩序，也使他从中获取了更多的利润。

从企业合并中尝到甜头的皮尔庞特，又把心思转向了钢铁业。他很早就想把钢铁工业也合并起来，组成一个巨大的统一体，但一直觉得时机未到。如今，摩根家族已经具备了这样的能力和实力，心动不如行动，他觉得，是该着手这件事的时候了。

皮尔庞特还保持着他的生活习惯，在为公司出谋划策的同时，依然不忘享受生活：旅游度假，购买艺术品，出席各种慈善活动，这些对他来说和工作一样有意义。

这年 8 月，皮尔庞特·摩根约了一个重要的人物和他见面，这个人是一位法官，名叫加里。加里法官是代表另外一个人——约翰·沃恩·盖茨来和他商谈合作事宜的。约翰·沃恩·盖茨是一位钢铁制造商，他研究的有刺钢丝网是种新兴产品。

皮尔庞特见过盖茨，这个男人外形粗壮，是个十足的赌徒，生活中的任何一件小事都可以让他用来打赌。皮尔庞特听说过他最无厘头的一次赌博是，有一次盖茨坐火车，旅途漫长，实在闲得无聊，他就和别人打赌。赌什么呢？赌玻璃窗上的两滴雨珠哪一滴先掉下来，赌注是 1000 美元！这么无聊的事情都可以用来打赌，可见盖茨是个多么爱赌的人。

但爱赌的性格使盖茨在事业上取得了很大的成就。19 世纪 80 年代，他在加里法官的帮助下，合并了许多钢铁和金属丝工厂，获得了他人生的第一桶金。但他并不满足现状，当初自己只是一个小小的打工仔，现在他是一个老板，最终他要成为这个行业的龙头人物。所以，他提出了线材合并的计划，并提出和摩根合作。

皮尔庞特·摩根对这个计划当然很感兴趣。在几个月的时间里，摩根都在研究这个计划，但摩根又有点犹豫，因为他不喜欢盖茨的品行和行事风格，这样的人怎么可以担任钢铁工业兼并领头人的职务？就在摩根犹豫之时，发生了一件更重要的事情——美西战争。

这场战争最终以美国取得胜利而结束，美国从西班牙手中夺得了更多的地盘，波多黎各、西印度群岛、关岛、菲律宾都被美国据为己有。古巴成为美国的势力范围，加勒比海也成为美国的内湖。美国是大获全胜。但美国为这场战争也付出了沉重的代价，花费巨大，几乎花光了国库所有的积蓄。所以政府不得不发行国债，发行的数额巨大，足足有2亿美元，号召全体美国公民购买。而这给摩根又带来了一次发财的机会。

麦金莱能够入主白宫正是摩根在背后鼎力相助的结果，现在政府发行债券自然不会忘了摩根这位老盟友。于是，摩根和麦金莱联合组织承购了这笔国债。随后，摩根又为墨西哥政府发行了1.1亿美元的国债，为英国政府发行了1.8亿美元的国债。摩根在金融业可谓是呼风唤雨，但摩根还想在其他领域呼风唤雨，也想到其他国家呼风唤雨，所以，虽然有许多反对摩根的声音出现，但皮尔庞特·摩根根本不予理睬，他所有的心思都用在如何扩张自己的势力范围，如何打入钢铁领域，成为钢铁领域的新霸主上。

皮尔庞特·摩根判断，钢铁时代就要到来！

他绝不会错过这个机会！在商业竞争中，他向来果断，从不手软，这么好的市场他绝不会拱手让给别人。美西战争结束后，摩根终于不再犹豫，开始着手钢铁企业合并等事宜。他派自己的助手罗伯特·培根和加里一起商议合并的具体细节，他们有一个庞大的计划，将伊利诺伊钢铁公司、明尼苏达的铁矿公司以及两条铁路的支配性股权合并成一个大公司——联邦钢铁公司，同时再吸收200多家薄板企业，组成一个大企业复合体。这是一次大手笔的合并，让所有的业内业外人士叹为观止！这年9月份，合并事宜全部完成。加里法官成为联邦钢铁公司的董事长。这个公司规模巨大，在美国钢铁行业位居第二。

摩根公司的合并行为拉开了钢铁行业的合并潮，随后的两年时间里，大量分散的钢铁公司都被合并到了一起，摩根继续把大量的资金投入到钢铁领域，摩根终于在钢铁行业也有了自己的一席之地。虽然人们反对垄断的情绪非常强烈，一些钢铁企业并不愿意被合并，但在当时的情况下，不被合并，就面临着破产，因为他们的实力在强大的垄断企业面前根本不堪一击，所以，他们只有把自己的命运交给实力强大的垄断企业。

这就是资本市场，这就是垄断，非常无情，中小企业在这种竞争中只能处于被动地位，如果国家不保护它们，它们最终的命运也只能是破产倒闭。虽然这时美国已经有《谢尔曼反托拉斯法》保护中小企业的利益，但这一法律不过是一纸空文，政府并没有严格地执行这一法律，垄断行为并不能被约束、被制止。正是在这种情况下，摩根这样的大企业才可能完成一次又一次的合并。

跻身钢铁行业，这是摩根必须要走的一步，也是摩根高明的一步。因为不管是美国市场还是其他各国市场，都需要大量的钢材和钢铁制品。许多国家刚刚走上发展之路，基础建设需要钢材。有些地区的安全问题也存在隐患，随时有可能发生战争，战争需要武器，因此就需要大量的钢铁来制造武器。所以，全世界对钢铁的需求量是巨大的，钢铁工业的前景是非常好的。

这么美好的前景当然少不了摩根的参与。当摩根筹划好这一切，悠闲地坐在办公室里的时候，他的心情好得不得了。这时候的他不仅是个银行家、金融家、企业家，更是个战略家，他总是比别人看得深、看得远，总是比别人走得快。他总是把所有的事情提前谋划好，然后抓住时机立即行动。当别人还在心动的时候，他已经行动了。对他来说，心动不如行动，提前谋划，该出手时就出手，才能体现一个世界经济霸主的霸气！

◆ 一山难容二虎 ◆

经过合并后，摩根在钢铁行业的地位已经排行第二，稳坐第一把交椅的仍然是卡内基，卡内基被人称作"钢铁大王"，已经盘踞钢铁行业龙头地位多年了，而排行第三的是石油大王洛克菲勒，洛克菲勒通过对五大湖周围一直到南方地区大肆购买铁矿山并插手制铁业后，跃居钢铁行业第三的位置。摩根和洛克菲勒家族的关系尚可，但与卡内基之间的关系一直非常恶劣，原因无他，正是"一山不容二虎"。摩根想在最快的时间内称霸钢铁业，但卡内基岂肯让出其龙头老大的位置？所以两家虎视眈眈，互不相让。摩根知道不可操之过急，他在等待干掉卡内基的机会。

由摩根控制的联邦钢铁公司和卡内基钢铁公司的区别就是：联邦钢铁公

司生产的是钢铁的最终成品，而卡内基钢铁公司则牢牢控制着原始粗钢的制造。这就使摩根的联邦钢铁公司陷入了不利和被动的位置。为什么呢？因为原材料是基础，是利润的来源，原材料的价格稍有波动，其他钢材领域就会马上受到影响。所以，谁掌握了对原材料的控制权，谁就掌握了主动权，谁就有可能获得最大的利润。但现在，联邦钢铁公司的业务只能是被卡内基钢铁公司牵着鼻子走。要想真正成为钢铁行业的霸主，在钢铁行业赚取巨额利润，必须控制原材料，控制成本，而要做到这一点，就只有一个办法——吃掉卡内基！

这谈何容易？卡内基怎么可能把自己辛辛苦苦得来的钢铁行业的第一把交椅交出去？其实，并不是只有摩根公司动过超越卡内基钢铁公司的念头，早在1899年，华尔街的一个投资家就想把卡内基钢铁公司据为己有。但卡内基一张口就把对方吓跑了，为何？价格高得吓人，3.2亿美元！这笔巨款可不是谁都能拿出来的，于是这位投资商只好叹叹气，放弃了。

但摩根公司可不是一般的公司，这位金融霸主、铁路霸主不仅胃口大，实力也大，尤其是在合并多家钢铁企业后，它已经可以和卡内基钢铁公司分庭对抗了，把卡内基公司收到摩根公司旗下只是时间问题。但该如何收购卡内基公司呢？肯定不能采取太直接的方法，因为卡内基是个非常倔强的人，不能和他硬碰硬，必须讲究策略，采取迂回战术。摩根采取的办法就是收买卡内基的总助理查尔斯·M. 施瓦布。

不过，还没等摩根公司采取行动，施瓦布就主动约加里法官见面，并提议联邦钢铁公司尽快购买卡内基钢铁公司。加里法官心中暗喜，但同时又很冷静，这究竟是施瓦布个人的主意，还是老卡内基的意思呢？卡内基老谋深算，他真的愿意拱手送上自己的公司吗？加里想不明白，也不敢做主，这么重大的事情，他必须和摩根商量。

卡内基是真的想把自己的公司卖了吗？看看这个时候的卡内基，已经老态龙钟，身边的亲人也走得七七八八了，卡内基一向对工作、对生活充满信心，但此时他却有点无心无力。他已经没有足够的精力经营公司了，这个时候，他更愿意做慈善事业，这件事更符合他现在的心境。因此，他是真的想把钢铁公司卖了。当然，这是他经营了一辈子的事业，要卖掉也是比割肉还疼，所以他必须要卖个好价钱，以换取更多的财富，从事他现在钟爱的慈善事业，只有这样他才觉得值得。而只有摩根这样实力雄厚的大公司，才能付得起他出的价格。

皮尔庞特在得知卡内基有意把自己的公司卖给他后，他没有丝毫犹豫，立即接受了这项提议。这件事他等待太久了，一旦收购成功，将实现他另一个宏大的愿望——在钢铁行业的宏图霸业。由于双方当事人都有这种强烈的愿望，所以这件事进展得很顺利。1901 年 1 月的某一天，由施瓦布陪同，皮尔庞特·摩根和卡内基终于坐在了一起并共进晚餐，双方捐弃前嫌进行了愉快的交流。紧接着，皮尔庞特、施瓦布、培根三人在皮尔庞特的办公室里，详谈这次的收购计划，他们从深夜一直谈到第二天凌晨。虽然卡内基的要价高达 4.8 亿美元，高出他公司利润的 12 倍，但皮尔庞特没有丝毫犹豫，他果断接受了这个价格。

卡内基的年纪和皮尔庞特的父亲差不多，几天后，皮尔庞特来拜访他，在卡内基的家中，两个人进行了亲密的交流，皮尔庞特对卡内基说："卡内基先生，您现在是世界上最有钱的人了。"的确，卡内基一举进账 2.4 亿美元，加上他这辈子积累的财富，他已经是这个世界上最富有的人了。而卡内基也对皮尔庞特说："摩根先生，你现在是世界上最年轻有为的企业家。"

皮尔庞特在完成对卡内基公司的收购之后，邀请卡内基出去游玩。在一艘开往欧洲的轮船上，卡内基对皮尔庞特摩根说："皮尔庞特，我现在有点后悔。"

"后悔什么?"摩根好奇地问道。

"我要价太低了，我应该再向你多要一个亿。"

"哈哈!"皮尔庞特大笑道，"如果当初你真的向我多要一个亿的话，我也不会犹豫的。"

是的，皮尔庞特·摩根清楚地知道，什么代价是他必须要付出的。在支付卡内基公司的 4.8 亿美元中，皮尔庞特本人支付了一半的费用。为了建立强大的钢铁托拉斯，为了使摩根家族的事业发展得越来越壮大，摩根愿意付出更大的代价。

而这时安德鲁·卡内基不仅已是美国首富，而且成为了世界首富。但是，这位世界首富并没有把这笔巨额财富用于个人消费，也没有留给他的子孙后代，而是全部用在了他的慈善事业上，他几乎全部捐献给了社会，特别是对一个国家尤为重要的教育事业，他的捐款就高达 9000 万美元。卡内基无疑是个伟大的企业家，他不仅能够创造财富，更懂得回馈社会。在皮尔庞特的心中，卡内基是真正值得自己敬仰的。以前，他是自己的对手，现在，他是自己学习的榜样。

而此时的摩根已经成为钢铁行业的老大，在钢铁行业这座山头里，摩根家族已经成为唯一的老虎。

钢铁"巨无霸"

短短几年时间，摩根公司就收购了大大小小几百家企业，这些企业包括金融、铁路和钢铁行业，收购卡内基的钢铁公司以后，摩根公司拥有了钢铁行业从原材料开采到产品加工的全部产业链，掌握着17万钢铁工人的命运和全国60％的钢铁生产，摩根公司已经成为名副其实的"钢铁王国"。这个"钢铁王国"的决策者只有一个人，那就是皮尔庞特·摩根。

1901年4月1日，这是西方的愚人节，在摩根集团的发展史上也是一个重要的日子，这一天，摩根集团举行了盛大的新闻发布会，宣布美国钢铁公司成立！新公司的资产是8.5亿美元。8.5亿美元，这是一个什么概念？在1901年，人们头脑里还没有"亿"的概念。当时，联邦政府一年的开支才3.5亿美元，可见皮尔庞特·摩根的钢铁公司实力是多么雄厚。

皮尔庞特·摩根掌握着这个公司的最终决策权，他的一个决策就会影响整个美国的经济，从某种程度上说，他的权力甚至超过了美国总统，他甚至比美国总统对美国更有影响力。

于是，人们再次神化皮尔庞特·摩根，神化得近乎搞笑。在美国的某些学校里，老师这样教导学生：是谁创造了这个世界？是上帝，上帝在公元前4004年创造了这个世界，但皮尔庞特·摩根却在1901年重组了这个世界。

是的，皮尔庞特·摩根重组了美国的经济，但皮尔庞特在钢铁领域的重组并没有完成，他并不会就此停下自己的脚步，他又有了新的目标，就是铁矿和煤炭产业。这两个产业对钢铁业非常重要，因为它们是钢铁行业赖以生存的两个产业，它们解决了钢铁业的原材料问题。所以，要想捍卫摩根公司在钢铁业的霸主地位，他还必须控制这两个产业。于是，当皮尔庞特收购了卡内基的钢铁公司后，他又打起石油大王洛克菲勒的主意来。

鼎鼎大名的洛克菲勒也已经是皮尔庞特的长辈了，比他大20多岁，在美国的镀金时代，洛克菲勒抓住了机遇发达起来，成为一代石油大亨。洛克菲勒先是创立了颇具影响力的标准石油公司，然后又在钢铁、煤炭、铁路等方面大肆投资。1893年，美国经济再次跌入低谷，但洛克菲勒却拥有了一次发财的机会，这个机会和几个落难的兄弟有关。

这对兄弟名叫梅里特，原是德国人，后从德国移民美国。兄弟俩非常勤快又能吃苦，以捕鱼和伐木为生。因为常年在梅萨比山脉一带伐木，他们发现这一带有铁矿脉。于是兄弟五人带了三个侄儿，把自己这些年积攒的血汗钱全部投资到铁矿上，开始共同创业。

要在这里开矿，必须拥有这里土地的使用权，于是他们买下了梅萨比的土地使用权，成立了一个铁矿公司，这就花光了他们的所有积蓄。之后他们又想修建一条连接梅萨比和苏必利尔湖的铁路，还要添置很多设备，于是他们不得不去贷款，最终弄得自己负债累累。当他们做这一切的时候，他们忘了考察市场，市场其实并不景气。尤其是1873年，美国发生了经济危机，梅里特兄弟的公司受到经济危机的巨大冲击，难以维持。这时，石油大亨洛克菲勒拯救了他们，收购了他们的公司和铁路。但是，梅里特兄弟还可以留在当地继续开矿，并且成立了另一家公司——苏必利尔湖铁矿公司。

但是，这几个兄弟的命运真是多舛。1893年，美国经济再次陷入大萧条中，钢铁业受到重创，梅里特兄弟经营的苏必利尔湖铁矿公司仍然在劫难逃。这时，财大气粗的洛克菲勒再次出手，以 40 万美元的价格买下梅里特兄弟公司的全部股份。经过两次收购，洛克菲勒拥有了两个令人艳羡的铁矿公司——苏必利尔湖铁矿公司和梅萨比铁矿公司，其中，梅萨比公司是全美最大的铁矿公司。

不仅是洛克菲勒早就想拥有梅萨比矿山，就连老卡内基对这座矿山也是谋划已久。洛克菲勒收购这座矿山后，卡内基出资 50 万美元想买下这座矿山，比洛克菲勒收购梅里特兄弟时还多出 10 万美元，可洛克菲勒并不松口，除非卡内基出资 500 万美元，他才肯出手。无奈，卡内基只好租下了他的一部分矿产。为何这两位大亨对这座矿山如此垂青呢？因为这座矿山实在是座宝藏，不仅储量丰富，品质更是优良，堪称是世界上最好的矿山。这么好的矿山就以这样的方式被洛克菲勒和卡内基共同经营着，一直到皮尔庞特·摩根进军钢铁业的时候，这种平衡被打破了。

皮尔庞特·摩根就是这样，要么不做，要做就做第一。既然跻身到钢铁领域，他就要做这个领域的第一，做钢铁领域的"巨无霸"，所以，他要收购洛克菲勒的矿山！卡内基的公司都已经被他收购了，洛克菲勒当然不在话下。不过，洛克菲勒可不是这么想，皮尔庞特年轻气盛，洛克菲勒虽然佩服他的能力，可同时也想挫挫他的锐气。所以，在皮尔庞特·摩根到他的公司拜见他，和他商议收购事宜时，他故意说自己已经退休，有事情到他家里去谈。于是，皮尔庞特·摩根又来到他的家里，洛克菲勒仍然一副懒洋洋的样子，简单几句话就把他打发走了，告诉他，回去等消息，自己要考虑考虑。

皮尔庞特·摩根果然老老实实回去等结果，但是，却一直等不到洛克菲勒的答复。皮尔庞特·摩根于是请一个好朋友亨利·H. 罗杰斯前去询问，27 岁的小洛克菲勒这才出面和他商议这件事。

皮尔庞特诚恳地问小洛克菲勒："需要我出价多少您才肯出售您的矿山？"

小洛克菲勒故意装作一副不解的样子："摩根先生，我没有想过要出售我们的矿山啊，虽然我知道您很想收购我们的矿山。"

听到此话，皮尔庞特心中不免有些动气："哼！揣着明白装糊涂。不出售矿山，你来这里干吗？"

但他很快冷静下来，他知道洛克菲勒这样做只是为了吊他的胃口，目的是为了卖个好价钱。看来，不出高价对方是很难松口的。于是，几番商议之后，终于以 7500 万美元成交。也就是皮尔庞特·摩根，除他之外，还有谁能接受这样的天价？虽然这个价格也让皮尔庞特·摩根有点心疼的感觉，但为了获得以后能够给他带来巨额利润的矿山，他只有在所不惜了。

至此，皮尔庞特·摩根收购了卡内基的钢铁公司和洛克菲勒的矿山，两位美国叱咤风云的实业家都被年轻的后起之秀所征服，皮尔庞特·摩根成为了真正的钢铁"巨无霸"。

第八章
金融危机中的皮尔庞特，
忙碌的岁月

摩根财团一度被人们称为"华尔街的拿破仑"，由此可见，它在美国的影响力和实力都是无与伦比的。俗话说："能力越大，责任越大。"正因如此，在 1873 年和 1907 年的金融危机中，都是皮尔庞特·摩根最为忙碌的岁月。尤其是 1907 年的金融危机，彼时的皮尔庞特·摩根已是一个花甲老人，但还是以一己之力力挽狂澜，再次创造了一个华尔街神话。

1873 年的恐慌

　　皮尔庞特·摩根喜欢旅行，喜欢度假。1873 年这一年，他为自己放了一个长长的假期，假期长达一年。经历一年的休息后，皮尔庞特·摩根精神抖擞地回到了工作中。在这一年里，他的公司发生了一些变化，公司地址变动了，从华尔街 53 号交易所的营业处搬到了布罗德街和华尔街交会处的街角，这是一个黄金地段，对公司的发展更为有利。写字楼焕然一新，刚刚装修好，高 6 层，白色大理石建筑，非常漂亮。皮尔庞特坐在崭新而又舒服的办公室里，内心却有些忧虑，在自己休假的这一年里，美国的经济环境又发生了很多变故，这些变故将会影响到很多公司的发展，他的公司会不会受到冲击呢？

　　在他休假的这一年里，究竟发生了一些什么事情令皮尔庞特如此担忧？原来，政府在内战时期发行的债券很快就要到期，政府需要筹措 2 亿美元的资金收回债券，然后将其换成长期债券。美国政府的债券事务一直是由一个金融机构来处理的，这就是杰伊·库克公司。因为杰伊·库克和政府的关系非常好，所以杰伊公司在战争期间买进了大量的政府债券，从中获得了巨额报酬。而其他金融机构却得不到这样的机会，这不能不让皮尔庞特和其他的一些银行家有些心理不平衡。

　　商人的目的就是要赚钱，看着别人赚钱，自己赚不了，谁也坐不住。所以，皮尔庞特·摩根在休假回来后的第一个工作就是解决这个问题——争取获得政府的债券承销权。

1873 年 1 月，皮尔庞特·摩根与纽约银行家里维一起来到华盛顿，拜见财政部长，希望他能照顾到更多的银行家，将政府的债券业务分配给更多的银行家承销，不能只让杰伊·库克这一家银行家占尽便宜。在经过一番斡旋之后，事情终于有了较好的结果。杰伊·库克牵头组成一个辛迪加，承销一部分债券，皮尔庞特·摩根和其他几个银行家承销另一部分债券。皮尔庞特·摩根的这部分债券将在英国销售。在英国销售对皮尔庞特·摩根来说有一个优势，就是他的父亲朱尼尔斯·摩根以及他的公司包括皮尔庞特本人在英国都有良好的形象和口碑；其次，英国人有购买美国债券的习惯。果然，债券在英国的销售获得了巨大的成功。

皮尔庞特取得了成功，但他的竞争对手杰伊·库克的日子却不好过了。他所投资的北太平洋铁路公司由于经营管理不善，出现了混乱的局面，资源浪费情况严重，难以实现盈利。而他在美国西北部进行的其他投资，出现了同样的情况。这一切让他始料未及，利润得不到实现，他的银行也受到牵连，杰伊·库克的情况已经濒临险境。

在混乱的时候，有人倒霉，也有人发财。欧洲的著名银行家罗斯柴尔德、朱尼尔斯·摩根以及其他人都决定延长债券的销售时间，每个人都想趁机在货币市场上大捞一笔，但结果不但不尽如人意，反而令许多人更为紧张不安。因为货币市场是最脆弱，最容易动荡的，一点变化就会引起连锁反应。1873年的上半年，美国的经济形势非常不稳定，杰伊·库克在生死线上苦苦挣扎。

美国人的所有游资差不多都投到铁路上了，所以钢铁工业在某种程度上也受到了刺激，甚至出现了短暂的繁荣景象，于是大量的投资者又被吸引到了钢铁领域。这简直就是一个怪圈，人们被逗得团团转，同时又欲罢不能，因为人人都不想错过发财的机会。而政府对此也没有有效的引导和规划，政府官员只顾个人利益，大肆收受贿赂，原本就无序的市场竞争变得更加混乱，经济泡沫越吹越大，甚至殃及到了农业领域，随着生产技术的革新，人力成本的下降，美国的农产品价格开始下跌，黄金也大量流失。美国经济出现了全面危机。

美国人民的情绪开始陷入一片恐慌之中。政府这时才出来安抚，但民众显然对政府已经不再信任。皮尔庞特也是头一次遇到这种全面的经济危机，他也有些无能为力，他很少有悲观的时候，但此时他对美国的经济却非常悲观，对美国政府也非常反感，他开始用一种玩世不恭的态度来对待这一切。

危机来得要比想象中更快，和1857年的危机几乎一模一样。但政府并没有汲取1857年危机的教训，也没有想办法去阻止下一次危机的到来，而对这次危机他们更是束手无策，无可奈何。于是，一系列坏消息开始传来：1873年9月中旬，纽约仓储与证券公司宣布破产。这家华尔街著名的金融公司曾经为好几家铁路公司融资，它的破产告诉人们，铁路公司已经无法偿还它们的贷款。接着，凯尼恩—考克森德公司、伊利铁路公司也宣告破产。9月18日，苦苦挣扎的杰伊·库克再也撑不下去，先是在纽约的分公司倒闭，接着，费城的母公司也倒闭了。

杰伊·库克的公司倒闭使美国人民甚至是美国政府都陷入了恐慌中，华盛顿第一国民银行曾经为杰伊·库克的公司提供了大量的贷款，杰伊·库克的公司倒闭使得这家国民银行也陷入了困境。更恐怖的消息随之传来——9月20日，华尔街股票交易所闭市！这是有史以来，股票交易所第一次闭市。

失去理智地追逐财富和不择手段的交易导致了这样的结果。所幸的是，摩根公司没有被卷入其中，摩根公司一次次地经受住了经济危机的冲击。因为摩根公司坚守商业道德，坚持公平竞争，这是朱尼尔·摩根一直坚守的职业道德，也是皮尔庞特·摩根一直坚守的职业道德，所以摩根家族才能在变幻莫测的市场竞争中立于不败之地。每次当皮尔庞特在竞争中手段稍有不当时，老摩根都会严厉斥责他的行为。但他只能管住他的儿子，却管不了其他人。看到那些贪婪的投机者在市场竞争中使用非法手段为所欲为，他也只能一叹了之。他知道，他们最终会为自己的行为付出代价，现在不就是他们付出代价的时候吗？他们不但害了自己，也害了整个美国经济和美国人民，这是美国有史以来最严重的经济大萧条。

美国经济的危机还在持续：多个银行倒闭、证券交易所关门，各地的铁路工程支付款突然被中断，现场施工戛然而止，铁矿山及煤山相继歇业，匹兹堡的炉火也熄灭了。仅 1873 年一年，就有 5183 家企业倒闭，57 家投资公司破产。这一切让美国政府、美国企业家和美国人民无所适从，陷入了巨大的恐慌中。皮尔庞特·摩根又能在这次危机中做些什么呢？

◆ 危机与机遇并存 ◆

在这场横扫美国的经济危机中，人人自身难保，但摩根公司却没有受到丝毫损失。虽然眼下的市场几乎没有赚钱的机会，但摩根公司在国际金融方面的业务非常多，摩根不愁没有赚钱的地方，美国的经济危机不足以撼动摩根公司的强大实力。摩根不但没有感觉到太大的压力，反而比平时更加轻松。

因为德雷克塞尔—摩根公司所做的投资与贷款大多与政府债券有关，因为经济危机，政府债券卖不出去，减轻了摩根的很多工作内容。

所以，他难得清闲，他的生活质量也没有受到丝毫的影响。当美国人民都饱受经济危机折磨的时候，他却和全家人过着极其悠闲和富裕的生活。他们全家人远离了市区，搬进了高地瀑布村的房子，他还买了一艘游艇，并把这艘游艇以女儿的名字命名——路易莎。这是一段少有的陪伴家人的时光。

这场经济危机持续了6年时间，对美国经济和美国社会造成了极大的破坏力，美国人民的消费需求几乎停止了，商业萎缩，员工工资骤减，失业的人数众多，一度繁忙的铁路建设完全陷入瘫痪，大量的铁路公司相继破产，生铁产量急剧下降，所有国内国外的投资者损失惨重，相关行业也迅速衰败，所有人的日子都不好过。

不过，危机就是危险中有机遇，危机与机遇并存。谁敢在危机中勇于出击，谁能在危机中抓住机遇，谁就能够比其他人先看到希望或赢得成功。这一点，安德鲁·卡内基也曾经说过："经济危机时，所有的东西都便宜，钢材的价格便宜，人工成本降低，许多钢铁公司难以为继，纷纷失去竞争的勇气和能力，这正是某些企业家千载难逢的好机会，有胆识的企业家绝不会错过这个机会。"

他是这么说的也是这么做的。在这次经济危机时，别的企业家都纷纷撤资，他却开始投资，建造了一座钢铁制造厂，工厂建立时是经济危机最严重的1875年。这年的1月，工厂开始投入生产，很快实现了生产目标。正是在危机时敢于出手，所以当危机过去以后，卡内基联合其他几家焦炭公司成立了卡内基公司，从此开始垄断美国的钢铁业。而那些在危机中一味退缩和消沉的企业家，在危机过去时常常才从头开始，甚至连从头开始的勇气都没有。

而洛克菲勒也是善于在危机中抓住机会的人。1874年，洛克菲勒收购和吞并了几家炼油厂，在经济危机的这几年，洛克菲勒反倒控制了美国的石油业。

这些伟大的企业家都是善于规划和敢于在危机中找机会的人，他们凭着敏锐的眼光和过人的胆识，在危机时建立了支配世界贸易的公司，在别人自身难保时，他们却在积累财富，他们人生的辉煌就是从危机时开始的。

那么，在这么严重的经济危机中，皮尔庞特·摩根又是怎么做的呢？他能不能抓住机遇呢？

皮尔庞特·摩根当然也不会错失机会。摩根有一个很好的习惯，他总是随身携带一个小本子，随时记下重要的事情，每次发生经济危机时，他都记录在案，这次经济危机他更是记录得非常详细，每一年摩根公司的业务状况和每个合伙人的投资回报，他都记得非常清楚。在他的小本子上可以清晰地看到，在1873年、1874年、1875年这3年经济危机中，摩根公司的收益是十分可观的，这说明在美国这场史无前例的经济危机中，摩根以及他的公司也始终在危机中寻找着机遇，利用危机中的机遇积聚实力。

这时候的摩根不但拥有了强大的经济实力，也拥有了很多其他的权力，比如他是美国自然历史博物馆的财务主管，不但美国人民尊重他，就连美国政府对年轻有为的他也非常尊重。

在经济危机中，皮尔庞特还有另一个大的收获，那就是看清楚谁是他真正的助手和合作伙伴。这时，有两个新的合伙人来到了他的身边，那就是埃吉斯托·费伯里和查尔斯·科斯特。费伯里做事非常果断，善于运筹帷幄，而科斯特很善于处理细节问题，皮尔庞特认为他是不可多得的人才。在经济危机中，如果没有这些合作者的帮忙，摩根公司也不可能继续保持发展，皮尔庞特也不会那么轻松地抓住机遇。这些年来，皮尔庞特身边总是不乏正直而有能力的人，例如查尔斯·达布尼、乔治·摩根、约瑟夫·德雷克塞尔、胡德·赖特等，在爆发经济危机时，这些朋友都经受住了考验，和他一起顶住了压力。

所以，皮尔庞特·摩根才敢在经济萧条中不畏首畏尾，而是大胆投资。1874 年，是美国经济危机最为严重的时刻，皮尔庞特·摩根却为德雷克塞尔—摩根公司投入了更多的资金，在危机中注入资金，正是为了危机过去后获取大量的收益，结果当然是令人满意的。这说明危机与机遇并存这个道理皮尔庞特是非常清楚的，他也能够在危机中判断什么是机遇并抓住机遇。这时，杰伊·库克公司已经完全垮掉了，他最大的竞争对手倒下了，在纽约，还有谁能和他一较高下呢？皮尔庞特·摩根憧憬着明天，也迎接着挑战。

◆ 名利双收 ◆

1871 年开始的经济危机持续了 6 年，1877 年，经济危机带来的阴霾终于渐渐散去，美国的经济状况开始好转。德雷克塞尔—摩根公司和 J.S.摩根公司联合组成了一个银行辛迪加，分别在美国和伦敦承购联邦政府债券。纽约和伦敦的两个大公司的强强联手，一对父子的联合行动，两个公司的良好信誉，使此次发行债券没有不成功的道理。因为发行政府债券不仅要靠政府的信誉，也要看发行公司的信誉，所以，这次发行获得了巨大成功，摩根父子俩的公司都收获颇丰。

发行债券是风险最大的生意，政局的变幻、经济的变化都可以对债券的销售造成非常大的影响，而债券不管销售多少，销售过程中产生的费用是一样的，所以，如果债券不能成功地销售出去，发行方就会遭受巨大的损失。但摩根父子从来就没遭受过这种损失，而是屡次从中获益。摩根父子可谓是最会做生意的人。

但一个成功的商人不仅仅要懂得如何获取利益，更要懂得如何回报社会，承担社会责任，有一颗强烈的社会责任心的商人才是一个值得大家尊敬的商人。皮尔庞特·摩根无疑很想做这样的商人。在美国历史上，许许多多商人都是这样做的，这已经成为一种惯例。特别是在经济危机中抓住机会赚了大钱的人，他们更想回报社会，这似乎已经成为企业家们的一种精神追求。德雷克塞尔和皮尔庞特在这种精神的感召下也承担起了自己的社会责任。

1876 年至 1877 年，金融危机的重创使得美国财政非常紧张，国库几乎枯竭，连给军队发粮饷的钱都没有了。连士兵的薪水都发不出来，这对一个国家来说是多么可怕的事情，说明这个国家的财政状况已经到了坏得不能再坏的地步。新当选的总统海斯急得团团转，可又没有别的办法。他心里很清楚，士兵们没有基本的保障，国家的安全保障又从何而来呢？

这时的皮尔庞特·摩根正在考虑能为国家、为社会做点什么，得知这个消息，他马上给国防部长写了一封信，信中恳切地表达了自己的意思：摩根公司愿意捐出一笔资金给士兵发放薪水，但同时希望士兵手中的付薪券由他来兑换。看了皮尔庞特的信，国防部长并没有马上回复，他想了很久。他并不希望皮尔庞特参与这件事情，因为他不愿意接受一个私人公司对国家军队的融资。

但想来想去，虽然很不情愿，国防部长还是答应了皮尔庞特的请求，因为除此之外，已经没有别的办法了，只有渡过眼前的危急情况再说。于是，国防部长接受了皮尔庞特的提议，接受了他拿出的 250 万美元的资金，这 250 万美元可以支付军队士兵 5 个月的薪水。这中间还有许多琐碎的工作，摩根派出自己公司的工作人员去操作，中间产生的各种人员成本费用也全部由摩根公司来承担。

这项工作多少有点出力不讨好，政府并不是很领皮尔庞特的人情，皮尔庞特从中也没有获得什么利益，皮尔庞特做这件事情纯粹是义务，他只是想在困难时期帮军队一把，为国家和社会做一些事情。尤其是国家的军队遇到了困难，保卫国民的安全是每个公民的神圣责任，皮尔庞特也不例外。长期以来，皮尔庞特一直热心国家的宗教和文化事业，现在国家军队遇到了困难，他当然不能坐视不管。

这件事情让它的直接受益者——士兵们非常感动。一个叫胡格·L.斯科特的上将说起这件事就非常感动，他说："有一次，我们要去和印第安人打仗，在出征的途中，我特意骑马到德雷克塞尔—摩根公司去领我的薪水，薪水虽然不是很多，但拿到的那一刻我的心情却非常激动，因为我已经半年没领到薪水了。摩根公司的工作人员领我到一家银行，我拿出由摩根信用担保的薪水券，他们帮我兑换成了现金。非常感谢皮尔庞特·摩根和他的公司，在我们最需要帮助的时候帮助了我们，他不仅是个伟大的企业家，也是个有社会责任感的慈善家。"

这件事，使得皮尔庞特在美国士兵和美国人民心中的声誉更好了，地位更高了。此时的皮尔庞特·摩根也更成熟了，早已不再是那个莽撞的少年了，而是一个有见识、有见地的中年企业家了。在这场经济危机中，摩根不仅抓住机遇获得了利益，也使得自己收获了极高的名望和声誉，他在政府部门和国家事务中也变得重要起来。经济危机中的皮尔庞特·摩根不但没有因危机而受任何损失，还在这其中名利双收，这不能不说是他个人智慧和能力的体现。

◆ 1907 年的灾难 ◆

经济危机对美国人民尤其是美国的企业家来说一点都不陌生，对皮尔庞特·摩根来说更是经历过多次。他在晚年时，又经历了一次让他记忆深刻的经济危机，这次危机他又是怎样安然渡过的呢？

1905 年，皮尔庞特·摩根已经是一个 68 岁的老人了，这一年的摩根生活得非常平静。此时的他已经拥有得太多了，丰厚的物质财富，尊崇的社会地位，悠闲的生活，他想拥有的都有了。在银行界、经济界、政治界，他都具有巨大的影响力。如果没有经济危机，他可以永远这样优哉游哉地生活下去，轻松地称霸美国经济市场，为公司谋取更多的利益，成为一个为全世界人民称颂并且艳羡的企业家。

在又一次的经济危机来临之前，他就是过着这样的生活。老年的皮尔庞特·摩根赚钱的欲望已经越来越小了，他出现在摩根公司的时间少了，他更喜欢安静、惬意的生活，更多的时候，他喜欢待在图书馆、收藏馆。1906 年，他筹划很久的摩根图书馆建成了，这些年他收藏的那些艺术品有了更好的安置之处，待在这个充满艺术气息的图书馆里，一件件地欣赏着他亲手淘来的艺术品，跟来这里参观的商人和艺术品经销商聊聊，他感到非常满足。他不像年轻的时候那么喜欢和他人待在一块儿了，他常常一个人待着，玩纸牌、晒太阳或者发呆，这个时候，他不是叱咤商场的企业家，而是一个普通的老人，和无数普普通通的老人一样，只想平静地度过晚年生活，不再有过多的奢求。

可是，他并不是一般的老人，他是一个家族企业的领导者，他是一个世界知名的企业家，他有他的使命和责任，尤其是美国的经济形势，总是充满变化，这些变化不允许他只是过他自己的生活。1905~1906 年，美国经济形势一片大好，是美国历史上少有的一片繁荣，美国的投资家们永远不会吃一堑长一智，他们再一次失去理智，开始疯狂投资，每个人好像都被蒙蔽了双眼，没有一个人看到市场泡沫又一次到来。很快，经济繁荣的假象过去了，1907年，经济形势已经开始走下坡路，但迹象不明显，持续了很短一段时间便好转了，所以没有引起太多人的注意。尽管工业、农业已经在走向衰落，但没有人意识到，华尔街的银行家还在拼命鼓噪大家增加投资，但股票和证券市场的活跃度已经不如以前，经济危机已经悄悄到来。

虽然皮尔庞特·摩根此时已经 70 岁了，但他丝毫不迟钝。虽然他常常待在图书馆里和家中，但他对外界的事情并不是不关心。大半生的职业生涯，使他对美国的经济动向有着敏锐的触觉，他已经捕捉到了美国经济的异动，他预感到新的经济危机可能要来了。这个时候的美国政府正在实行货币紧缩政策，罗斯福总统打算对铁路采取更激进的政策，这些政策对摩根的铁路公司可能会带来不好的影响。这一切都让摩根不能再坐视不管了，不管是出于对个人利益的考虑还是出于对美国经济的考虑，他都必须要和总统谈谈。

1907 年 3 月，皮尔庞特·摩根来到华盛顿拜见罗斯福总统，和他商谈美国经济的现状，希望他能听从自己的意见。作为美国经济领域举足轻重的人物，他已经习惯用自己的影响力左右国家的经济政策，当然他的这种影响都是正面的影响。他和罗斯福总统谈了两个多小时，谈话的具体内容不得而知，外界对此也没有报道。随后，他又拜访了财政部的官员，了解了一些当时国家的财政状况和经济情况，果然，得到的消息很不乐观。他心中有一丝隐忧，但并不过分担心，虽然每一次的经济危机，国家和许多人都会遭受重创，但摩根公司每次都会安然渡过，他的生意包括金融、铁路、钢铁等都不会受到什么影响，这也是多少年来摩根公司能够一直向前发展的原因。

了解了具体的情况后，皮尔庞特心里已经有数了，他又恢复了自己之前的生活，乘坐游轮去欧洲度假。这一路上，他仍旧像以前一样，去各地搜集艺术品，看望他的老朋友，在风景优美、气候适宜的地方作短暂的停留。他来到伦敦，还在这里参加了一系列慈善活动。对公益和慈善事业的热情并没有随着年龄的增长而消退，反倒是比之前更加热情了。

当皮尔庞特在各地旅行的同时，美国国内的经济形势却开始明显恶化了。3月13日，美国股票市场大幅下跌，人们开始大量抛售手中的股票，越是抛，股票下跌的势头越是厉害。其他经济领域也开始出现滑坡，商品价格下降，经纪人公司关闭，利率被抬高。道琼斯平均指数下跌25%，从1月份的96点下降到3月份的75点。这一切让人们又开始慌了，人们已经预感到，一场更大的金融风暴马上就要再次席卷美国。除了皮尔庞特，华尔街那些投机家们也早已嗅到了这场风暴，他们中的一些人又想浑水摸鱼，在经济动向不清晰、经济环境混乱的时候，趁机捞上一把。

在欧洲旅行的皮尔庞特，并不是两耳不闻窗外事，他的合伙人以及他的助手不断把国内的经济动向报告给他，特别是摩根公司的所有经济状况。这场危机本来就在摩根的预料之中，但让他没想到的是，这次，他的公司也受到了危机的波及，当他的下属向他汇报，庞大的摩根帝国的生意也陷入了困境，国外的生意也受到了影响时，他马上结束了旅行，回到了纽约。

果然，入秋的时候，国内的经济形势已经到了糟糕得不能再糟糕的地步，摩根公司的生意也不容乐观，皮尔庞特·摩根没想到，在自己的晚年竟然会遇到这样的局面，这是他所遇到的前所未有的巨大挑战。

　　摩根知道，他不能乱了阵脚，摩根集团的所有人都看着他呢，甚至全体美国人都在看着他，他必须先冷静下来，然后再想对策。就在这时，弗吉尼亚州的里士满举行圣公会教会会议，这个会议非常盛大，三年举行一次，摩根是位虔诚的教徒，这类聚会他总是非常热心。这次，东道主路易斯·雪莉又像往年一样向他发出了邀请函，于是，摩根来到了里士满。他的女儿路易莎陪同他，将和他一起在这里度过3个星期。

　　摩根在虔诚地履行着基督徒的义务时，并没有忘记纽约发生的一切，更没有忘记他的公司，他在时刻关注着纽约股票市场的情况，他的合伙人每隔几个小时就给他发一份电报，向他报告纽约股市和银行业的状况。他常常拿着电报仔细阅读，然后陷入沉思，这个时候，没有一个人能打断他，也没有谁敢打断他，大家都知道，他在思考应对之策。也许他的一句话就可以拯救银行业，一个行为就可以拯救纽约股市、就可以影响国家命运。

　　当国家出现经济危机的时候，他必须伸出援手，这样做并不仅仅是为了国家，更是为了自己，为了自己庞大的帝国——摩根公司。由父亲手中接下来的庞大的生意，必须在他手中安然无恙地传下去。因此，这个时候，他必须想出应对之策。

旁观还是拯救

这天早上，大家都在出席宗教会议，却没有人看到皮尔庞特·摩根，他去了哪里呢？他正在房间里会见客人，这个人从华尔街来送电报给他。华尔街的电报送来的次数越来越频繁，这说明华尔街的情况越来越严重、越来越紧急。他一边看一边在房间里踱步，他意识到纽约经济市场将要面临一场狂风暴雨，纽约能抵挡住这次狂风暴雨吗？

每一次经济危机的根源都一样，都是经济的过度繁荣和虚假泡沫，泡沫破灭时就出现了经济危机。自己制造了泡沫，最终又由自己承受泡沫带来的经济危机，这是市场规律。当泡沫大到离谱的时候，无论谁手指轻轻一戳，泡沫就会破灭。

这次泡沫的破灭，就是因为投机家奥古斯塔斯·海因茨的轻轻一戳。这个人是个不折不扣的投机者，一直在做股票投机，在经济局势混乱时，他又想趁混乱豪赌一把，发一笔横财。于是，他采用了许多见不得人的手段使联合铜业公司的股票疯狂上涨，股价涨得离谱，投资者当然慌了，争先恐后卖出手中的股票，许多人也开始大肆低买高卖，渴望从中挣得差价。

但是，这种投机却带来了可怕的后果。10月12日，联合铜业公司的股票价格下跌，14日却突然暴涨，海因茨一看，自己果然得手了，一时心花怒放。可惜，还没等他们高兴完，股票持有者就开始凭借手中的股票，纷纷到国家商业银行提取现金，于是，联合铜业公司的股票又开始下跌，下跌的幅度之大令人咋舌，由60跌到10，这下海因茨等人慌了神，可惜于事无补，不过两天时间，他就破产了。

这次的股票交易事件并非海因茨一个人所为，他还有两个同伙：查尔斯·W.莫尔斯和爱德华·R.托马斯，他们分别在两个银行担任重要职务，海因茨一破产，他们两个人任职的银行也开始受到怀疑。这两个银行是国家的商业银行，诚信受到了质疑，人们不再相信它，觉得自己的钱存在这里也不安全，因此纷纷从这两家银行取走自己的存款。这么多人要取现金，国家商业银行一时难以支付，被迫无奈只有到票据交换所寻求帮助。

纽约票据交换所为了稳定人心，让海因茨、莫尔斯和托马斯三人辞掉所有与银行有关的工作，以为这样可以挽回局面，可事实远不如他们想象的那么好，越来越多的人开始不信任银行。因为不止是他们三个，很多银行管理者为了达到自己的利益，都参与了一些信托公司的业务。这些信托公司都经常做投机生意，存在极大的风险，随时都有可能出现意外。海因茨所管理的信托公司就是其中之一，类似这样的信托公司非常多，因此很难获得人们的信任。

有一些正当经营的信托公司也被卷入其中，比如一个叫查尔斯·特雷·巴尼的银行家，他经营着尼克博克信托公司和林肯信托公司，但他的公司也被殃及。一时间，银行业大乱，所有的投资者、股票投机者开始大肆出售股票，人们都把自己的存款从银行取了出来。大家纷纷传言，银行要破产了！传言愈演愈烈，华尔街到处弥漫着人们的恐慌情绪。

这个时候，大家都想起了皮尔庞特·摩根，大家纷纷说道："摩根哪里去了？只有摩根能挽救现在的局面。"过去摩根曾几次挽救了银行业的危机，所以危机一旦来临，人们自然就想起摩根，摩根在人们心中犹如救星一般。华尔街的银行家们都希望摩根能尽快回到纽约，有了他，就能把华尔街的银行家们团结起来，只要有他在，大家的心里就踏实。于是，几位银行家给摩根的高级合伙人打电话，请他去请求摩根早点回来解决问题。

摩根接到合伙人的电话后，并没有马上回纽约，不是因为他能够如此淡定，首先因为里士满的事情还没有结束，其次是因为如果这时他改变行程，放下手中未完成的事情突然回到纽约，反倒会造成更大的恐慌。因为在这样的非常时期，他的一举一动都会引起大家的猜测、怀疑以及恐慌。如果连他也不淡定了，其他人就更加恐慌了。因此，虽然他知道华尔街此时已经是满城风雨，却仍然坚持要留在里士满把所有该做的事情全部做完。

但华尔街的情况似乎超出了他的想象。10月16日，从华尔街又送来一份电报，这份电报是加急的，电报中说尼克博克信托公司也被经济危机卷入其中。这个消息让摩根感到震惊！尼克博克信托公司实力非常强，且一向信誉良好，这家公司也被卷入其中，可见情况已经到了非常严重的地步。看来，必须要马上回去。

于是第二天，摩根就马上收拾行装回纽约。前一晚，他一晚上都没有睡好，一直在思考纽约的事情，但早晨他依然神采奕奕，这已经是他多年来养成的习惯，不管自己能不能休息好，一定不会影响第二天的工作。他早上坐火车离开里士满，午夜时分到达华盛顿，在这里停留了一会儿，接着坐火车继续前行，他回到了纽约。

摩根离开纽约有一些日子了，按道理应该先回家看看家人，但摩根没有回家，而是直接去了他的图书馆。并不是他不思念家人，而是他知道现在他的家里会有无数的媒体记者以及其他人等着他，这会儿他没有精力应付他们。当然更重要的是他太担心华尔街的事情了。于是，他第一时间来到了图书馆，他的合伙人早就在这里等着他了。摩根向他们了解了所有的事情，告诉他恐慌还在扩散，事情确实很危急，大家都在等待他拿主意。

这样的局面他不是第一次碰到了，但这一次和以往不一样，摩根需要好好分析一下具体的情况。他从外界得到的信息是凌乱的，他需要把它们好好整理一下，再连起来好好思考一下。这一整天里，摩根都在思考这些问题，他不让任何人打扰他，他拿出纸牌，一边玩着，一边思考。这也是他的一个习惯，每次遇到难解的问题时，他都会玩单人纸牌，这丝毫不会影响他的思考，反倒会让他更加放松地思考。

皮尔庞特·摩根想，可惜现在父亲不在了，不然他可以请教父亲，父亲虽然不会给他直接的意见，但总能给他正确的引导。对他来说，引导就足够了，有一个大致的方向，他就知道该怎么做。但现在，他只能自己来找到方向，他已经是摩根公司的舵手，他要尽自己所能把事情往好的方向努力。现在的情况错综复杂，似乎是一盘死局，多少人被困在其中，他需要将这盘死局盘活，使大家都解脱出来，他能做到吗？

恐慌来临

自从皮尔庞特·摩根回到纽约后，前来求见他的人一直络绎不绝。到 10 月 19 日下午的时候，来找他的人更多了，所有跟事件有关的人都在焦急地寻求他的帮助。当然，这样热闹的场合自然也少不了媒体的身影。当纽约的记者得知皮尔庞特·摩根已经回到纽约后，大批大批的记者蜂拥而至，都想在第一时间从这位已经不再年轻的金融大亨口中得知最新消息，以及关于此次经济恐慌的应对之策。因此，皮尔庞特·摩根的家门口已经被围得水泄不通，门槛都快给挤破了。

然而，这些心急如焚的人注定是要失望了，他们最终也没有如愿以偿地见到皮尔庞特·摩根本人。那么，此时的皮尔庞特·摩根在干什么呢？事实上，原本应该安享晚年的皮尔庞特·摩根，此时正在为此事寻找良策。他几乎都没有好好休息，便忙着和几位合伙人、银行及信托公司的老板谈话，因为他首先要对整件事情有个详细的了解。当他了解完情况后，皮尔庞特·摩根意识到情况要比他预想得糟：目前的状况是，存款者对银行失去了信任，纷纷取走了自己在银行的存款，但取得早的人，顺利地拿到了自己的钱，而取得晚的人，由于银行现金有限，还不一定能顺利取出自己的存款。因此，不管是银行还是个人，都急需皮尔庞特·摩根来救市，因为只有皮尔庞特·摩根有这样的实力和威望。

不过，对于皮尔庞特·摩根来说，他更关心的是美国金融行业的整体情况。很难想象，在这样一个巨大灾难降临的时候，所有人都束手无策，而是把全部希望寄托在一个年过 70 岁的老人身上。那么，皮尔庞特·摩根该怎么办呢？现在让他唯一感觉到庆幸的是，他的摩根银行还算运行平稳，可是，假如整个美国的金融体系都崩溃了，那么他的摩根银行自然也就在劫难逃。事实上，这样一场金融灾难都是源于华尔街的有些商人太过贪婪，只是事已至此，再追究是谁的过错已经于事无补了，关键是要找到解决此次危机的办法。

第二天早上是星期一。皮尔庞特·摩根在休息了一晚上后，终于决定有所行动。这天上午，尼克博克信托公司正遭受着巨大危机，由于储户纷纷将钱从这家银行取出，最终逼得总裁不得不离职。更加祸不单行的是，一直和这家公司合作的国家商业银行也突然宣布不再为该公司兑换票据。因此，此时的尼克博克信托公司已经被逼上了绝路。那么，它该向谁求助呢？最理想的对象当然就是皮尔庞特·摩根了。因为皮尔庞特·摩根也是这家公司的股东，算得上是自己人。不过，皮尔庞特·摩根还不确定，自己是否真的能帮上忙。原因很简单，现在有大批的公司缺少资金，如果将这宝贵的、有限的资金投入到一家毫无挽回余地的公司，或许就有点浪费了。

当然，不管是出于什么因素考虑，皮尔庞特·摩根都不想太草率地作这个决定。于是，当天晚上，在皮尔庞特·摩根的倡议下，召开了尼克博克信托公司的董事会会议，商讨到底要不要帮这个公司的问题。不过，皮尔庞特·摩根并没有出席，因为对于一个年过 70 岁的老人来说，忙碌了一整天，全身都像散了架一样，感觉到特别累，因此，他需要一个安静的环境好好思考一下。这天晚上，他没有回家，而是在女婿家里待着。虽然皮尔庞特·摩根很累，但由于挂心会议商讨的最终结果，因此一直没有休息，一直到晚上 11 点的时候，才传来了消息，那就是尼克博克公司将会继续开门营业，而摩根公司则会伸出援手。

当第二天来临，尼克博克公司果然开门营业了。只是银行大门刚刚打开，人们便蜂拥而入，整个大厅里，可谓是人挤人，像个菜市场似的，这些人全部都是前来取款的。由于取款的人太多，到下午的时候，尼克博克信托公司的所有存款已经被全部取走。然而，即使是这样，仍然有很多人要求取走自己的现金。客观来说，其实这也可以理解，在这样一个时候，谁也不愿意自己的钱打了水漂。因此，最后不得已，尼克博克公司宣告破产。

尼克博克公司一倒下，便引发了一系列连锁反应。每一家银行或者是信托公司的总裁都是胆战心惊，认为尼克博克公司就是自己的前车之鉴，担心下一个破产的银行就是自己。总之，当情况越来越恶化后，整个纽约的上空都弥漫着人人自危的不安因子。如果任由这种情况持续下去，后果可能不堪设想。因此，美国政府也不能再旁观了。

于是，星期三下午，美国财政部部长乔治·B. 科特尔尤里便急匆匆地乘火车火速赶到了纽约，他将代表政府与纽约的银行家们商讨应对危机的对策。此时纽约的股价依旧在一路暴跌，这越来越糟糕的情况，使得科特尔尤里一筹莫展。不过，皮尔庞特·摩根的心中已经有了应付危机的办法，他和那些焦急的，如热锅上的蚂蚁似的银行家们讨论到半夜，最终他建议成立一个委员会，并希望这些银行家们能自愿将公司的财务报表交给自己，以便他能准确地掌握各个银行的资金运营情况，然后由他来统筹安排。

虽然皮尔庞特·摩根的这一建议是从大局出发，但某些银行家们一时想不通，还是不太情愿接受。于是，皮尔庞特·摩根便对这些银行家们动之以情、晓之以理，他告诉这些银行家，在这样最艰难的时候，应该放下各自的私心，为大局考虑，退一步说，如果大家都不愿意出手帮助小银行，一旦小银行倒闭了，紧接下来遭殃的便是大银行，因此，这时候帮助别人就是帮助自己。皮尔庞特·摩根的一番话，最终说服了银行家们。

在皮尔庞特·摩根漫长的职业生涯中，从来没有一天如这天一样，是如此令人焦虑、沮丧。在这一天中，皮尔庞特·摩根几乎连吃饭的时间都没有，就那么从早到晚一直与人协商、沟通，然后完善方案的可行性。凌晨1点，会议终于结束了，等在外面的记者提出了一系列问题，皮尔庞特·摩根的助手珀金斯，为了给人们以希望，于是好心地告诉记者，摩根财团将扶持美国信托公司。

当媒体将这一消息披露出去后，在第二天便引发了更大的取款浪潮。此时的美国民众已完全丧失了理性，纷纷挤在银行大厅里等待提取现金。当然，这也怪不得他们，因为他们辛辛苦苦赚的血汗钱都在银行里，如果银行倒闭了，那么他们就平白无故地遭受了损失。

◆ 形势好转了吗 ◆

这场金融危机来得突然，也来得猛烈，那么，严峻的形势会有所好转吗？10月23日上午，皮尔庞特·摩根在图书馆里开了几个会议，然后就乘出租马车到了市中心。当他的马车走到华尔街后，他发现华尔街异常拥挤，尤其是美国信托公司门外，前来取钱的人排成了一条长龙，而银行大厅里更是人满为患。美国信托公司总裁奥克利·索恩见到皮尔庞特·摩根后，便像抓住了救命稻草般向他求助。

皮尔庞特·摩根此时心里清楚，如果美国信托公司得不到帮助，那么等待这家公司的命运便是毫无疑问的破产，一旦美国信托公司破产了，那么将会给纽约整个金融界带来巨大灾难。事实上，在这之前，早上4点人们还没有醒来时，皮尔庞特·摩根就已经派了公司的两名审查员到美国信托公司，他们将对其公司的证券进行评估，不过一直到现在都还没有评估完。因此，皮尔庞特·摩根此时还不确定美国信托银行到底值不值得挽救。

中午时分，皮尔庞特·摩根将包括哈里曼、弗里克在内的金融街大亨都请到了华尔街23号，同时，还把纽约其他信托公司的总裁也请了过来。当大家聚在一起后，皮尔庞特·摩根建议在这危急关头，每个人每家公司都不应该独善其身，而应该紧紧地团结在一起，只有这样，才能共渡难关；否则的话，任何人都可能是一个面临破产的人。关键时刻，团结就是力量，在场的所有人都同意了，因为他们明白各自为政的结果，可能就是自己也难逃此劫。

在皮尔庞特·摩根召开会议团结力量的时候，美国信托银行已经快支撑不下去了，银行钱柜里的钱已所剩无几。到了下午 1 点，美国信托公司总裁奥克利·索恩再次向皮尔庞特·摩根求救，他说银行里现在只剩下 120 万美元的现金，如果皮尔庞特·摩根再不施以援手的话，他就无法坚持到下午 3 点了，那么，他的银行将会面临倒闭的厄运。就在皮尔庞特·摩根为此感到左右为难时，他派出的两名核查员带来了好消息，那就是他们经过评估后，得出的结果是美国信托公司具备良好的债务偿还能力。皮尔庞特·摩根一得到这个消息，便一刻也没有停留，立刻就作出了将给美国信托公司注入资金的决定。

得知皮尔庞特·摩根的这一决定后，美国信托公司终于看到了曙光，公司总裁立马便派出了他的雇员到华尔街 23 号取款。当然，他的雇员们并不是空手而来，而是带着公司的有价证券，这将作为他们借款的抵押。如果以后他们没能还上这些贷款，那么抵押品将会归摩根财团所有。当然，既然摩根财团的两名职员已经作过了评估，那么，这一交易应该是没有什么风险的，纯粹是按章程做事。交易完成后，美国信托公司便得到了资金支持，到下午 3 点钟的时候，美国信托公司已被注入了 300 万美元的资金。这些钱犹如雪中送炭，终于将美国信托公司从濒临破产的边缘给拉了回来。

然而，虽然美国信托公司得救了，但还有其他银行也正挣扎在破产的边缘，它们的境况与美国信托公司一样，也急需要帮助。可是，需要救助的公司实在太多了，即使强大如摩根财团，也不敢做这大善人。因为假如对一些没有希望的公司施以援手，那么他们投进去的钱无异于打了水漂，反而得不偿失。正因如此，眼看情况越来越糟糕，纽约的银行家们便依旧聚集在了皮尔庞特·摩根的身边，商讨下一步的拯救计划。在商讨期间，还生着病的皮尔庞特·摩根甚至一度犯困得不行，但这个可怜的老人仍然强打着精神，令人油然而生一种敬佩之情。商讨的结果是银行家们捐出了1000万美金，用来应付接下来的危机。有了这笔钱的帮助，人们普遍认为，形势会朝好的方向发展，甚至连媒体也开始宣称，皮尔庞特·摩根将有能力拯救这场灾难，此次危机即将结束。

但是，形势真的好转了吗？事实上，情况并没有好转，而是变得更加糟糕。虽然美国信托银行得到了拯救，银行家们也拿出了钱用以应付危机，财政部更是做好了准备，将全力支持银行家们的行动。然而，所有的努力都仿佛是填进了无底洞里，金融危机仍在延续，公众的恐慌情绪也没有得到缓解，人们还是疯狂地从银行里取钱，即使是美国信托公司刚刚得到的1000万美元，也在以惊人的速度迅速减少。如果这种情况得不到抑制，那么此次危机造成的灾难将更加巨大。

同时，这种恐慌还蔓延到了证券市场，股民们纷纷抛售股票，使得股票的价格疯狂下跌。到星期四下午的时候，纽约股票交易所总裁托马斯找到了皮尔庞特·摩根，声称他们如果得不到2500万美元的注入，股票交易中心将会在下午3点关闭，同时还会有50家股票经纪机构和金融机构垮台。皮尔庞特·摩根认为证券交易所一分钟也不能关闭，于是在5分钟后，皮尔庞特·摩根便筹集到2700万美元交给了托马斯。有了这笔钱，股票交易中心才得以继续运转下去。

此时此刻，皮尔庞特·摩根仿佛是人们的救世主，只要有他在，人们便觉得有希望，因此，他得到了人们的极大拥护。但是，皮尔庞特·摩根觉得这场恐慌远远还没有结束，而什么时候结束并不取决于他，而是取决于公众对银行的信心，这便是所谓的"信心比黄金更重要"。因此，皮尔庞特·摩根不厌其烦地对人们说："如果人们把钱好好地放在银行里，就什么事都不会发生。"然而，此时的人们早已失去了理智，唯恐自己的钱打水漂，哪还顾得上考虑其他。所以，在接下来的几天，华尔街23号接到的银行求助电话依旧响个不停，甚至有几家银行走投无路，被迫停了业。显然，不能任由这种糟糕的情况继续持续下去，因此，皮尔庞特·摩根想尽办法筹款，银行家们也纷纷将现有的资金交给皮尔庞特·摩根支配。

但是，即使如此，形势并没有好转，银行依旧资金短缺，股市也依旧脆弱。不过幸运的是，这些恐慌的日子以来，终于有一个好消息传来，那就是摩根财团下属的美国钢铁公司公布了第三季度季报，公司利润几乎达到4400万美元，加里法官还宣布其公司拥有7600万美元的现金。这个好消息仿佛像一道阳光，瞬间穿透了纽约上空的阴霾，公众恐慌的情绪终于得到了缓解。然而，这种缓解却是稍纵即逝的，因为不久后，一家名为摩尔—施莱的股票经纪公司的破产，再次点燃了危机的导火线，引发了新一轮的恐慌，而这次危机带来的考验将会更加严峻。

一个人拯救世界

　　1907 年的金融恐慌，就像是一场灾难，迅速席卷了美国。而经过皮尔庞特·摩根及华尔街银行家们的一番努力后，危机暂时得到了缓解。然而，正因为危机只是暂时得到了缓解，所以美国公众就如惊弓之鸟般，只要有一点风吹草动，就会立刻产生恐慌的情绪。事实上，这是由于公众已经产生了信任危机。

　　因此，摩尔—施莱公司的倒闭就像是点燃了一根导火线，瞬间就再次引发了新一轮危机。摩尔—施莱是一家股票经纪公司，公司的主要业务就是大量购买田纳西煤铁公司的低价股票，然后再以这些股票作为银行贷款的抵押，在从银行拿到贷款后，再伺机购买更多的田纳西股票。如此循环往复，摩尔—施莱公司从银行得到了大量的资金。然而，由于受到危机的影响，股票价格猛然下跌，尤其是在大恐慌时期，由于股民大量抛售股票，使得股价一跌再跌，这样一来，摩尔—施莱股票经纪公司就会面临破产的命运，而股市也将再次遭到毁灭性的打击。

　　要知道，在此前的危机中，皮尔庞特·摩根是费了很大力气才稳住股市，然而，这还没过多长时间，摩尔—施莱公司便又引发了风波，皮尔庞特·摩根自然不会任由事情向更糟的情况发展。而其他银行家们也意识到了事情的严重性，这个时候，他们任何一个人都不能置身事外。当然，目前最紧要的是赶快查清摩尔—施莱公司的账目，以便对施莱公司的情况有较为熟悉的了解。同时，皮尔庞特·摩根又开始为挽救这家公司而努力，本来想按照老法子为施莱公司筹集资金，但此时的情况是大家都在为自己的处境担忧，觉得自身都难保了，根本没有能力再去支援他人。

因此，最终在不得已的情况下，皮尔庞特·摩根决定以一己之力挽救施莱公司。他提出的建议是如果摩根财团下属的美国钢铁公司买下田纳西煤铁公司，那么，施莱公司就能消除股票市场的压力，从而也就能化险为夷，不至于走向灭亡的深渊。然而，加里法官并不赞成这项计划，因为他们都知道田纳西煤铁公司的经营成本很高而且效率极低，同时加里法官也担心会触犯《谢尔曼反托拉斯法》，要知道，在近几年中，不仅广大民众对各种垄断无不痛恨，而且美国政府更是严厉打击行业垄断，如果按照皮尔庞特·摩根的建议所行，那么就很有可能触碰到法律的底线，这一点是他们不愿意看到的。

事实上，聪明如皮尔庞特·摩根，他当然明白其中的道理，然而，这个办法却是目前唯一能挽救摩尔—施莱公司的办法。要知道，虽然从表面上看，美国钢铁公司收购田纳西煤铁公司带有一定的垄断性质，但其实田纳西煤铁公司的效益并不好，如果不是从大局出发，摩根财团一定不会愿意收购它的。可是就目前情况，皮尔庞特·摩根却不得不行此下策。因此，11月2日晚上，美国钢铁公司的骨干力量在摩根图书馆举行了长达几个小时的会议，商讨收购田纳西煤铁公司的具体方案。这样一来，摩根财团的资金用来收购田纳西煤铁公司，便没有多余的资金来解决银行和信托公司的资金短缺问题。不过，皮尔庞特·摩根并没有由于力不从心而放弃，反而是承担了一份厚重的责任，要求信托公司的总裁们靠自己的力量筹集2500万美元来解决自己的危机。

然而，此时的银行家们都为了自保而成了铁公鸡，纷纷声称自己拿不出钱了。于是，皮尔庞特·摩根不得不一次又一次地召集这些银行家。在摩根图书馆的屋子里，每个人都在为自己找借口、找托词，不过，70多岁的皮尔庞特·摩根也不气馁，这样的商议进行了一轮又一轮。由于协议达不成，大家不愿意拿钱救市，因此到了午夜时分，摩根图书馆的会议室里仍然灯火通明。此时每个人的心情都糟糕透了，疲劳、恐慌、紧张，大家的心理承受能力仿佛已经到了极限，都快搞得精神崩溃了。但是，却没有人能离开图书馆，因为图书馆的门已经被锁上了，而钥匙就在皮尔庞特·摩根的身上。这个老人现在是动真格了，在协议没有达成之前，谁都不能离开这里半步。

显然，皮尔庞特·摩根的态度很明确，不达目的，誓不罢休。事实上，这个时候，正需要像皮尔庞特·摩根这样强硬的人物，因为这件事情没有妥协的余地，它直接关系着整个美国金融市场的命运。随着时间的流逝，在这样一个封闭而压抑的空间中，这些信托公司的总裁都快撑不住了，他们其中的有些人甚至已经好几天没休息了，但是，他们却没法和自己的助手商讨对策，只有皮尔庞特·摩根在他们面前走来走去。同时，皮尔庞特·摩根还在对他们进行思想教育，耐心地在给他们讲解其中的利害关系。

这样一幕其实看着挺令人心酸的，一个70多岁的老人都在坚持，都在尽自己最大努力拯救美国金融业，那么难道其他银行家还有什么借口逃避责任吗？事实上，这场危机其实就是银行家们过度的贪婪和投机行为造成的，因此，每个银行家都有责任，而不是只有皮尔庞特·摩根有责任，只有更多的人愿意主动承担责任了，才能真正拯救这场危机，同时才能拯救自己。皮尔庞特·摩根就是在给大家灌输这样的道理，最终，这些银行家们妥协了，表示愿意拿钱。因此，最终的结果是，皮尔庞特·摩根的坚持获胜了。凌晨4点45分，摩根图书馆的门终于打开了，疲惫不堪的银行家们这才得以离开。

此时，皮尔庞特·摩根这里的事情得到了圆满解决，但美国钢铁公司收购田纳西煤铁公司的事情进行得却并不顺利，因为加里法官拒绝在协议上签字。为了能尽快解决这个问题，皮尔庞特·摩根等人委托加里法官和弗里克当天晚上乘坐特别快车去华盛顿拜见罗斯福总统。星期一，他们顺利见到了罗斯福总统，并对当前的情况向总统作了一个详细的说明，表示虽然摩根财团和田纳西公司是竞争关系，但由于田纳西公司的业绩并不好，他们其实并不愿意收购它，因为它还可能成为美国钢铁公司的累赘，因此，如果因为收购这家公司而给他们带来反托拉斯方面的麻烦，那就太不值得了。罗斯福总统了解了情况后，当即便起草了一份文件，表明了对美国钢铁公司收购计划的支持态度。

　　11月4日上午，便传出了摩根财团将收购田纳西煤铁公司的消息。这一消息的效果可谓立竿见影，因为股市终于停下了不断下跌的脚步，而是开始平稳地回升。这天晚上，是自恐慌以来，包括银行家在内的人们睡得最香的一晚上。虽然灾难过后仍会产生余波，整个国家的市场还需要一段时间才能重新回到正轨，但是，毕竟最困难的时候已经过去了。

　　在这场危机中，70多岁的皮尔庞特·摩根以一己之力力挽狂澜，再次证明了摩根家族在美国历史上所起到的无与伦比的重要作用，皮尔庞特·摩根不愧为令人肃然起敬的金融大亨。

第九章
战争中的财富，
摩根家族的鼎盛时代

自古以来，战争就意味着流血和牺牲，但对于华尔街的银行家们来说，战争却意味着财富，甚至有很多银行家的偌大产业王国便是由战争中崛起，而摩根家族也是战争的受益者。无论是美国内战，还是第一次世界大战，只要是有战争的地方，便有摩根家族的身影。摩根家族总能在战争中获取大量财富，尤其是在一战后，摩根家族更是成为了世界的债主。

◆ 人生第一桶金 ◆

　　1860 年对于美国来说，是不平凡的一年，因为这一年是总统大选年。可以说，美国人既满怀希望，又心怀忐忑：一方面希望新一届总统能给国家带来新气象、新面貌，能够维系国家的统一；另一方面又十分担心，恐怕即使是新总统也不一定能力挽狂澜，因为南方各州为了奴隶制的问题已经走到了分裂的边缘，可谓是暗潮汹涌。要知道，奴隶制的问题由来已久，并不是一朝一夕形成的，这属于历史遗留问题。正因如此，南北方因为奴隶制的问题产生矛盾后，矛盾的日益加深，使得它早晚有一天会如火山喷发般爆发出来。

　　而美国 1860 年的大选结果，便关系着奴隶制的存亡问题。不过幸运的是，这次大选的结果是作为共和党候选人的林肯最终取得了胜利。而历史证明，这位新总统的确没有辜负国人厚望，因为在之后爆发的美国内战中，林肯击败了南方分离势力，废除了奴隶制度，最终维护了国家的统一，这一历史功绩也被深深地铭记在了美国人民的心中。此外，也正是在这场美国内战中，皮尔庞特·摩根赚得了自己人生的第一桶金。

　　说起林肯，这位出身贫寒的伟大总统，曾在一次著名的演说中说道："如果我们国家长期保持一半是奴隶制一半是自由州的状况，那么我们的国家就不会长久……"所以他希望通过取缔美国南部的奴隶制，以维护美国领土上人人生而平等的权利。因此，1861 年 3 月，林肯宣誓就职，在短短的一个月后，美国即爆发了内战。

在这次南北战争中，每个人都不能独善其身、置身事外，摩根父子也不例外。而他们始终是站在林肯总统这一边的，他们一直坚信北方政府军会取得最后的胜利。

内战刚刚开始的时候，北方人民的爱国主义情绪十分高涨，就连皮尔庞特·摩根76岁的外祖父约翰·皮尔庞特牧师也像一位勇士般老当益壮地走上了战场，而约翰·皮尔庞特牧师的小儿子詹姆斯·L.皮尔庞特却选择了为南方而战，从而义无反顾地加入了南方的军队。或许很多人还不知道，现在大家耳熟能详的《铃儿响叮当》便是詹姆斯·L.皮尔庞特的杰作。

在战争面前，的确是人人都不能置身事外。那么，这时候的皮尔庞特·摩根正在忙些什么呢？彼时的皮尔庞特·摩根正在为皮博迪公司代理一些业务，他的事业才刚刚起步。

就在前方的战争进行得如火如荼的时候，这场南北战争也给纽约带来了无限商机。当时正是美国工业发展最迅猛的时期，有人甚至将这场战争称为美国的第二次工业革命。由于战争需要，军队订单迅速增加，制造业也急剧膨胀，这直接促进了贸易活动的发展，因此投机市场可以说是一片混乱。

在这样的大氛围下，纽约华尔街更是成为了冒险家和投机者的大本营，各种投机活动层出不穷，甚至南部战场传回的消息随时都能影响股票的上下浮动。

当然，皮尔庞特·摩根也狠狠赚了一笔。

虽然这是一笔相当不光彩的生意，但皮尔庞特·摩根出色的商业头脑却也初现端倪，那就是1861年的卡宾枪事件。

1861年8月，随着内战的爆发，美国战争部的阿瑟·M. 伊斯特曼负责为政府购买武器。但是，当时武器奇缺，而战场又急需，所以，伊斯特曼接受的这个任务并不轻松。不过，伊斯特曼也是个很有手段的人，几经打听，他终于打听到华盛顿陆军总部的枪械仓库里有 5000 支老式的卡宾枪。

这个数目虽然不算大，但也不小。可是，让伊斯特曼气愤的是，这批卡宾枪是 10 年前制造的，早已过了正常使用期限，现在已经无法使用了。不过，这并没有难倒伊斯特曼，因为他很快就想到了一个办法，那就是这批枪经过改造还是可以上战场的。

于是，伊斯特曼很快就打定了主意。可是，由于伊斯特曼手里没有钱，所谓的"改造"也就成了空想，因此，他决定委托一个叫西蒙·斯蒂文斯的人运作这件事。同样，斯蒂文斯自身财力也有限，面对这桩大生意显得心有余而力不足，为此，他不得不四处借债。

几经周转，斯蒂文斯最终找到了皮尔庞特·摩根。皮尔庞特·摩根虽然认为这笔投资一定能让他大赚一笔，但他并不甘心仅仅充当放债人，而想要介入并主导这场交易。于是在他的要求下，斯蒂文斯和伊斯特曼带着皮尔庞特·摩根视察了那批卡宾枪。视察之后，皮尔庞特·摩根当场给军械官开了一张 17486 美元的支票，用来购买 4996 支卡宾枪，这个价格相当于每支卡宾枪 3.5 美元，同时，他又给伊斯特曼了一张 2514 美元的汇票。

另外，为了安抚斯蒂文斯，皮尔庞特·摩根与他达成协议，如果在 20 天内没有得到政府支付的购枪款，皮尔庞特·摩根还需要另外借给斯蒂文斯 42500 美元，用来支付伊斯特曼的酬劳。同时，公平起见，在这批卡宾枪没有全部改造完之前，将以皮尔庞特·摩根的名义继续留在联邦仓库中，以作为贷款的抵押物。

到 8 月底，第一批 2500 支卡宾枪改造完毕，精准度和射程符合政府规格，送交联邦军后不久，皮尔庞特·摩根收到 5.55 万美元，其中包括 5.5 万美元货款和 500 美元包装运输费。这相当于皮尔庞特·摩根用 2 万美元在不到一个月的时间中至少赚了 5556 美元，利润超过 25%，这么高的投资回报率在华尔街并不多见。然而，由于种种原因，皮尔庞特·摩根最终还是见好就收，很快就退出了这次枪支交易。

虽然他提前退出了交易，但毕竟这笔钱来得有些不义，因此为皮尔庞特·摩根带来诸多谴责，朱尼尔斯·摩根更是心急如焚，认为自己的儿子被华尔街腐蚀了。然而，不可否认的是，这件事也说明皮尔庞特·摩根具有很强的商业头脑。而且不久后，他就在华尔街掀起更大的波澜，并因此扬名。

◆ 大发"国难财" ◆

事实上，当皮尔庞特·摩根的事业刚刚起步的时候，他也迎来了自己的第一次婚姻。1861 年 10 月，皮尔庞特·摩根和阿米莉亚喜结连理。然而，天不遂人愿，他们幸福的婚姻生活却很短暂，仅仅持续了 4 个月。在短短的 4 个月后，皮尔庞特·摩根的妻子便不幸离开了人世。

新婚丧妻，这对皮尔庞特·摩根来说是一个巨大的打击。但是，不管他如何悲痛，生活还是要继续。在经历了短暂而又悲剧的婚姻后，年轻的皮尔庞特·摩根重新回到了纽约。或许对这个血气方刚的青年人来说，爱情在他心中的地位是至高无上的，而如今他和自己的最爱却阴阳两隔，这怎能不让他伤心？所以，他选择回到纽约养情伤，他希望时间能冲淡他对妻子的无限怀念。

这个时候，战争还在继续，但皮尔庞特·摩根一方面还没有从丧妻的阴影中走出来；另一方面他觉得自己的健康状况不太好，所以他没有应征去参军。除此以外，他的父亲朱尼尔斯·摩根也不希望他去参军，因为在战场上，枪炮可不长眼睛。作为父亲，虽然朱尼尔斯·摩根这样做有一点自私，但也是人之常情。不过，或许是失之东隅，收之桑榆，虽然皮尔庞特·摩根的第一次婚姻很不幸，但他的事业却在这场战争中更上了一层楼。

刚刚回到纽约后的皮尔庞特·摩根，丧妻之痛使他萎靡不振，这让他的父亲朱尼尔斯·摩根看在眼里，痛在心里，他理解儿子的伤痛，儿媳妇的突然离世，他也很伤心，但他更希望自己的儿子能重新振作起来。因为他现在只有这么一个儿子，他对他抱有极大希望，因此他实在不忍心看着儿子一直深陷在悲痛中不能自拔。为了帮助儿子尽快走出丧妻的阴影，也为了家族事业后继有人，朱尼尔斯·摩根最终决定出资给儿子在华尔街53号创办一家公司，也就是 J．P．摩根公司。此外，由于皮尔庞特·摩根还太年轻，又没有什么经验，因此他志同道合的表哥詹姆斯·古德温成为了这家公司的合伙人。

这家新公司的主要业务是买卖政府债券和外汇，并把美国的经济与政治动向报告给在伦敦的朱尼尔斯·摩根。虽然 J．P．摩根银行刚刚起步，而皮尔庞特·摩根也很年轻，但靠着勤奋和努力，再加上朱尼尔斯·摩根的信誉和财力支持，摩根银行很快就在华尔街站稳了脚跟，赢得了不少费城和波士顿的重要客户。

我们都知道，纽约是投机家的发源地，同时也是投机家的天堂，无论是在和平繁荣时期，还是在危机战乱时期，这里都是投机家和冒险家的大本营，他们总能通过各种各样的投机手段，将大量财富紧紧地抓在手里。皮尔庞特·摩根身为其中的一员，自然对这里面的一切都了如指掌。因此，他觉得虽然说"君子爱财，取之有道"，但既然别人都可以这样做，那么为什么自己就不能呢？

彼时美国内战还在继续，然而很多时候，危机中往往蕴藏着机会，越是艰难的时期，越是有发财的机会，关键是看你有没有一双发现机会的慧眼。别人不知道有没有，但皮尔庞特·摩根却是真的有。首先，他说服父亲朱尼尔斯·摩根，获得了在纽约出售皮博迪公司债券的权利。仅仅凭借这一项业务，摩根银行在 1862 年至 1866 年间就盈利了 1.66 万英镑。总之，自 J．P．摩根公司创办伊始，便前途一片光明。

而这个时候，北方军队节节败退，损失十分惨重，甚至连首都华盛顿都险些被叛军所攻破。这引起了美国人民的强烈不满，许多城市纷纷爆发了规模盛大的示威游行，积极要求政府迅速采取有效措施扭转战局。这使得林肯总统更加坚定了废除奴隶制的决心，因为他知道只有调动起广大人民的积极性，才能够真正打赢这场对美国来说十分重要的战争。

于是，林肯总统在 1863 年 1 月签署了《解放奴隶宣言》，两个月后，国会又通过了《兵役法案》。这一法案要求所有在 20 岁到 45 岁之间身体健康的男子都需要应征服役。而皮尔庞特·摩根自然也在此列，不过朱尼尔斯·摩根认为儿子继续留在华尔街对于公司的发展非常重要，因此为儿子皮尔庞特·摩根缴纳了 300 美元，使得他免于服兵役。

这便是战争的残酷，有钱人可以花钱逃避战争，避免牺牲。而政府就可以拿这些钱作津贴，以鼓励更多的穷人上战场。因此，真正在战争前线流血牺牲的人，大部分都是些社会中下层的劳动人民。

就在前线战争进行得如火如荼之时，皮尔庞特·摩根却把所有的时间和精力都用在了战争带来的商机上。或许是他当时还年轻，或许是他一时头脑发热，总之，就在前线士兵流血牺牲的时候，他却在大发"国难财"，其收入几乎翻了一倍。

随着内战的爆发，美国汇率的波动更加剧烈。而皮尔庞特·摩根便是利用汇率的波动，从而在国内和国际外汇市场上如鱼得水。除此以外，皮尔庞特·摩根还深谙黄金价格波动的规律，即如果战场上传回了捷报，那么金价就会下跌，反之，金价就会上升。于是，1863年，皮尔庞特·摩根基于这一规律，进行了一场黄金投机行为，并从中赚得盆溢钵满。

当然，在这一场黄金投机中，除了皮尔庞特·摩根外，还有另外一个参与者，那便是一个叫爱德华·凯彻姆的年轻银行家。他们同时看到了黄金投机所带来的巨大利益，于是建立了一个联合账户。他们这次打算做买空卖空生意，但为了不暴露自己，他们只得小心谨慎地每次只卖一小部分。因为小笔生意，不会引人注意。不过即使这样，积少成多，到10月初的时候，他们已经积累了价值200万美元的黄金。

到了这个时候，买卖越来越大，他们手头的资本显然已经不够用了。于是他们想通过转手黄金来偿还贷款，当然还要大赚一笔。10月中旬，在他们的暗箱操作下，价值115万美元的黄金被秘密运往了英国。这一行为直接导致纽约黄金市场一度缺货，因此，黄金的价格便陡然飙升。而趁此机会，他们立即将手中余下的黄金全部卖出，自然是狠狠赚了一大笔。

这是一笔投机取巧的不义之财，尤其是在战争年代，这样没有丝毫愧疚地大发"国难财"，不仅会遭到舆论的谴责，更是损害了整个国家的利益。而这一件事情也成为了皮尔庞特·摩根商业生涯上一个不可抹去的污点。不过幸运的是，皮尔庞特·摩根有一个好父亲。当朱尼尔斯·摩根得知了这件事情的来龙去脉后，可谓勃然大怒，他认为儿子这样肆意妄为的行为是他所不能接受的，他甚至还威胁要与皮尔庞特·摩根的公司断绝生意上的往来。

然而，生气归生气，但朱尼尔斯·摩根相信经过这次事件以后，自己的儿子将会更加成熟懂事。不过，他觉得为了避免儿子以后再误入歧途，很有必要为儿子重新找一位德高望重的合伙人加以引导。因此，1864 年秋，朱尼尔斯·摩根为桀骜不驯的儿子找了个年长的高级合伙人，此人就是查尔斯·H. 达布尼。于是，1864 年 11 月 15 日，J．P．摩根公司变成了达布尼就摩根公司。这样一来，朱尼尔斯·摩根终于可以松口气了，他觉得即使公司不赚钱，但只要儿子在一个正派人的引导下，也能学到很多比金钱更可贵的东西。

事实证明，朱尼尔斯·摩根没有选错人。在之后的岁月中，皮尔庞特·摩根与达布尼的合作关系长达数年。正是由于达布尼的正确引导，皮尔庞特·摩根才更加懂得什么是能做的，什么是不能做的，商人的底线是什么。在这个过程中，皮尔庞特·摩根一步步地成熟起来，并最终成为了一名杰出的金融家。

反观皮尔庞特·摩根的那位朋友爱德华·凯彻姆，则并没有及时悬崖勒马、回头是岸，而继续进行各种投机生意。所谓"天网恢恢，疏而不漏"，他最终的结果是身败名裂、锒铛入狱。一个有前途、有才华的年轻银行家也就这样早早夭折了。

由此可见，不管是什么时候，都应该堂堂正正做人，公公正正做事。因为并不是每个人都能像皮尔庞特·摩根那样幸运，能够及时回头，转向正途。

包销法国国债，成立辛迪加

对整个世界来说，19 世纪是一个动荡的世纪，也是一个新事物代替旧事物，新政权取代旧政权的时代，法国亦是如此。1870 年，一直企图保持多年欧洲霸权地位的法兰西第二帝国，历来就在竭力阻止德意志的统一，同时还想侵占莱茵河左岸的德意志领土，因而对于普鲁士的挑衅，法兰西不但没有回避，反而迫不及待地向普鲁士宣战，因此，便爆发了普法战争。但最终的结果却是，法国战败，并面临着亡国的命运。

而法国在普法战争中的惨败，直接成为了巴黎人民发动起义的导火线。1871 年 3 月 18 日凌晨，政府军企图夺取巴黎市内的蒙马特尔高地和梭蒙高地时，被人们发现。巴黎人民奋起反击，当晚就占领了城内的战略要地，临时政府总理梯也尔狼狈逃出巴黎，迁往凡尔赛。不久，巴黎公社成立，这是第一个无产阶级政权的雏形。

战争历来都是残酷的，因为不管战争正义与否，对人民来说，都是一场灾难。由此可见，保持和平的重要性。1871 年的法国，在经历了普法战争和巴黎公社革命后，不仅造成生灵涂炭，而且法国政局也是一片混乱。在这种情况下，若想重新恢复经济，就必须有足够的资金来支持才行。通常这个时候，很多国家的政府都会选择用发行国债的形式来筹集资金。当然，法国也不例外。

因此，成立于法国西部加伦河畔的波尔多临时政府的首脑梯也尔给摩根的父亲朱尼尔斯·摩根拍发了紧急电报，催促他赶到托文城去，而且越快越好，因为有要事相商。此时的摩根财团实力雄厚，名望也很大，不仅在美国，即使在国际上，摩根财团也发挥着举足轻重的作用。这也就是为什么法国临时政府会找朱尼尔斯·摩根的原因。当朱尼尔·摩根火速赶到托文城后，立刻会见了梯也尔的密使。不出所料，原来梯也尔着急找朱尼尔斯·摩根的原因，就是让他包销法国国债，金额为 2.5 亿法郎，约合 5000 万美元。

这个数字在那个年代，对很多人，甚至对很多公司来说，都是一个足以令人望而兴叹的天文数字。要知道，即使是美国从法国手里买下的大路易斯安娜，整整 214 万平方公里，不也才 1500 万美元吗？那么，朱尼尔斯·摩根有魄力接下这一笔大单吗？摩根财团又有这样的实力吗？然而，当人们持这种怀疑态度时，似乎忘记了摩根家族一直以来骨子里所含有的"冒险家"基因。最终，经过一番考虑后，朱尼尔斯·摩根决定包销这笔法国国债。

当然，朱尼尔斯·摩根的这一决定并不是一时头脑发热，而是他在心里大概已经有了自己的一个计划。当接下这一大单后，朱尼尔斯·摩根首先就给自己的儿子皮尔庞特·摩根打了一个电话，让皮尔庞特·摩根在纽约将一半的法国国债消化掉。说实话，这一任务相当艰巨，而朱尼尔斯·摩根也肯定是会为儿子着想的。因此，为了分担儿子肩上的负担，朱尼尔斯·摩根想到了一个奇妙的新点子，那便是成立辛迪加。也就是风险和利益共担的意思，需要将华尔街上大规模的投资金融公司全部集合起来，然后成立一个国债承购组织，共同完成法国国债的销售。皮尔庞特·摩根觉得父亲的这一想法非常高妙，于是便立刻着手执行了。

但是，当皮尔庞特·摩根正在拼命为此事奔波和努力时，他却遭到了英国舆论界的抨击。《伦敦经济报》上有这样一段话："发迹的美国投资家皮尔庞特·摩根承购法国政府的国家公债。承购者想出了所谓的'联合募购'的方法，70 岁的摩根声称这种方式能将风险通过参与'联合募购'的多数投资金融家，逐级地分散给一般大众，而不再像以往那样集中于某个大投资者手中。乍一看来，似乎因分散而降低了风险，但其实假如经济恐慌一旦发生，其引起的不良反应就会快速扩张，犹如排山倒海一般，反而使投资的危险性增加。"

同时，不仅是在英国舆论界，即便是在纽约舆论界，同样出现了类似的声音。不管这些说法是对是错，客观来说，对皮尔庞特·摩根这样一个年纪轻轻的青年投资家来说，都不失为一件好事。因为原本一文不名的他，此次却引发了这么大的话题，大众的目光都集中到了他的身上，其在业内乃至美国的知名度着实提高了不少。然而，不管大家怎样看待这件事，事实证明，摩根财团走的这一步"联合募购"的棋是成功的，摩根财团成功地消化掉了5000 万美元的法国国债。虽然之前的舆论对皮尔庞特·摩根褒贬不一，但当这一结果展现在公众和业内人士面前后，皮尔庞特·摩根名声大振，各种赞扬声纷至沓来。

这次摩根财团包销法国国债的事情，到了这里已经可以画上一个圆满的终止符了。然而，此次"联合募购"这一高明的手段却开启了先例，并且从此以后几乎成为了行业内不成文的规定。当然，皮尔庞特·摩根的名气也越来越大，甚至确立了业内的领袖地位。至此，皮尔庞特·摩根俨然如一颗金融新星强势崛起。到 1898 年美西战争爆发之前，皮尔庞特·摩根已经是财源遍地，其事业远非祖父和父亲可比了。而在这之后的皮尔庞特·摩根，更是把目光投向了整个世界，他已经不再满足于在国内的成就。于是，从此以后，摩根财团开始了向世界市场扩张的征程，而购买外国政府的国债也成为了摩根财团的一项基本业务。

"援助"墨西哥和阿根廷

1898 年，在美西战争爆发前，摩根财团就敏锐地意识到，国际投资时代已经到来，摩根财团是时候该大显身手了。于是，摩根财团开始计划着如何到中南美、菲律宾、日本等国进行投资的问题。正当摩根财团在摩肩擦掌之际，一条关于墨西哥政府的消息传到了摩根财团高层的耳朵里。这条消息就是，由于墨西哥政府无力偿还西班牙政府的旧债，于是决定死马当活马医，继续着手发行公债，计划金额将达到 1.1 亿美元。

这种用新债还旧债的方式，无异于是拆东墙补西墙，根本不能从根本上解决问题，但从当时来看，这似乎也是墨西哥政府能渡过眼前难关的唯一方式。不过在公众都知道墨西哥政府当时状况的时候，即使墨西哥政府发行国债，但真的有人敢买吗？事实上，大多数银行和公众都认为此时购买墨西哥发行的国债是不划算的。然而，摩根财团却不这样认为，摩根财团的看法反而与众不同，它觉得正是因为此时的墨西哥政府处境艰难，假如摩根财团能伸手拉上一把，那么既可以获得较多的实惠，又能为以后的长期合作打下良好的基础。况且，总体来说，墨西哥政府的政局还是稳定的。

这样一想，摩根财团也就没有了什么顾虑，而是直接付诸行动。很快，摩根财团就与德国银行联合组织了辛迪加，开始着手认购墨西哥政府发行的公债。而墨西哥政府则拿墨西哥油矿及铁路权做担保。事实证明，摩根财团的决定是正确的，这项业务的确为摩根财团赢得了不少利益。由此可见，只要有敏锐的经商头脑，敢做别人不敢做的事，那么才有可能获得丰厚的利润。事后，不仅是华尔街，就连巴黎的商人也纷纷佩服皮尔庞特·摩根的魄力和敏锐眼光。

而当人们正在为摩根财团在墨西哥的行动钦佩不已的时候，摩根财团则早已转移了阵地，又开始充当起阿根廷的救世主。1864年至1870年间，阿根廷和乌拉圭之间爆发了一场战争。战争结束后，阿根廷元气大伤。因此，为了摆脱随之而来的经济危机，阿根廷政府不得不发行公债。每当这个时候，自然不会少了摩根财团的身影。可以说，战争让人民生离死别，让国家一片萧索，但每次爆发战争后，却都会给摩根财团带来机遇和财富。

虽然这次阿根廷政府发行公债，让英国伦敦的一家名为哈林的公司捷足先登，哈林公司以阿根廷的广阔土地为抵押，购买了大量阿根廷公债，并从中获利颇丰。然而，毕竟仅仅一家哈林公司，它的财力和精力是有限的，因此，根本无法全部包销阿根廷政府发行的公债。这使得皮尔庞特·摩根从中看到了商机，他认为阿根廷的铁路非常有潜力，乳酪产品更是全球驰名，虽然现在的阿根廷政府很腐败，但它对外国资本却是非常恭敬，这有利于摩根财团以后进军南美市场，然而，一旦这样的政府垮台了，那么像如今于己有利的局面或许也就一去不复返了。

出于这样的考虑，摩根财团最终决定出资7500万美元购买阿根廷政府的公债。一方面，摩根财团可以从中获利；另一方面，则可以维持阿根廷现状，这将会为摩根财团以后的发展扫除障碍。

不管是法国，还是墨西哥，抑或是阿根廷，只要是发行公债的地方，处处都有摩根财团的身影。此时的摩根财团俨然已经登上了国际市场的舞台，不仅在美国有着举足轻重的作用，在其他国家也扮演着不可或缺的角色。不过，在这个年代，虽然美国的国际地位越来越高，但"老大"的位置却还是英帝国在坐着。只是随着大环境的变迁，英帝国这"世界霸主"的位置似乎坐得越来越不安稳，尤其是在经过一战的洗礼之后，英帝国甚至还开始破天荒地向摩根财团发起了求助。事实上，从这一刻起，便预示着英帝国已经逐渐开始从辉煌走向没落。当然，这些都已经是后话了。总而言之，在那些已经逝去的战争年代，摩根财团可谓赚了个盆溢钵满。

◆ 一战前的英帝国 ◆

在第一次世界大战爆发之前，自称为日不落的大英帝国，虽然从表面上看似乎仍然很强大，但实际上，它已经只剩下了一个华丽的外壳，其内部核心早已经腐朽不堪，是典型的外强中干，可谓是徒有一个强大的外表，但实际上却脆弱不堪。然而，即使英帝国在经济上已经濒临危机，但它还是没有清醒地意识到自己目前的状况，或者是不愿意承认。总之，此时的英国依然沉浸在世界第一大国的美梦中，不愿从世界霸主的美梦中醒来，殊不知，这个霸主之位，已经是摇摇欲坠了，随时都可能从云端跌落下来。

这或许就是"当局者迷，旁观者清"的缘故。此时的英国并没有看到自己内部的千疮百孔，而是仍然在以举国之力继续着自己的"殖民"大业，频繁和其他国家发生战争。当然，在外人眼里，很多人同样不能意识到大英帝国如今并不乐观的状况。因此，1899年，英帝国仍然靠着从性情古怪的矿业大佬塞西尔·罗得斯那里得到的金钱，同南非德兰士瓦的荷兰布尔移民打了一仗。是的，当时的英国就是这样，明明国库中的金钱已经不足，但还是要打仗，还是想称霸。当然，虽然英国打仗需要花费大量金钱，但从战争中它也能获取一些资源。就如，在英国和荷兰布尔移民的这场战争中，英国就从其手里夺取了大量黄金资源。而正是凭借夺取的这些黄金，才延长了伦敦金融城的生命。

那么，这一场战争是如何发生的呢？1899年，这一年恰好是维多利亚女王登基60周年，大英帝国正处于权力和声望的顶峰。一个来自南非开普敦殖民区的高级专员艾尔弗雷德·米尔纳，是罗斯柴尔德勋爵的密友，同时，两人还都是一个名为"天命人社团"的秘密会社成员。米尔纳是个雄心勃勃的人，崇尚财富和权力，他与罗得斯等人非常觊觎荷兰在南非所拥有的金矿，而且还想建立一个从开普敦到开罗的不列颠殖民邦联，从而能更好地对非洲大陆实施支配和统治。那么，怎么能实现他们的野心呢？他们得出的答案就是通过发动战争来达到自己的目的。

同时，罗斯柴尔德作为米尔纳的密友，也非常支持这一计划。事实上，谋虑深远的罗得斯心中有一个十分长远的打算，那就是以英国东印度公司为楷模，成立一家英国南非公司。他觉得自己的这一想法很有远见，因为他坚信南非的黄金和矿产资源能使伦敦在接下来的数十年里一直保持住其世界金融中心的尊位。但是，如果想实现自己的这一设想，那么就必须得到英国皇家的许可。客观来说，罗得斯的确是一个有经商头脑的人，然而，他却是在做损人利己的事，即为了自己的利益，疯狂地掠夺其他国家的资源。事实上，这一点也正是英国在一战前不断向其他国家开战的真正原因。

当然，即使当时英国拥有绝对的强大实力，但他们也得为这场战争竖起一面冠冕堂皇的旗帜。为了达到自己的目的，1910年，他们在英国成立了一个秘密会社，并创立了他们的会刊，名为"圆桌"，这个名字其实来自于中世纪圣贤亚瑟王对自己的组织的称呼。那么，他们为什么会想到这样一个名字呢？事实上，这是因为米尔纳、罗得斯以及英帝国的这些战略家精英们，全都是高学历，甚至他们其中的大多数人都曾是牛津大学的学生，因此，以"圆桌"命名自己的杂志，一方面，是向亚瑟王致敬；另一方面，也彰显了他们的决心。

当一切准备工作就绪后，英国人便发动了这场布尔战争，最终的结果是英国取得了胜利，并获得了大量黄金。但是，这场战争胜利得很艰难，英国本以为能速战速决，可结果并不是这样，这足以可见当时英国人的狂妄自大。要知道，英国与欧洲仇敌的最后一次战争是1853年与俄国之间爆发的克里米亚战争，以这场战争为分水岭，在之后的几十年里，英国一直都只是在与世界各地缺乏武器和训练的国家作战，再没有遇到真正能与之相对抗的对手。因此，1899年的布尔战争虽然英国胜利，但却胜得并不光彩。

事实上，布尔战争对于英国，正如一个世纪之后的伊拉克战争对于美国一样，最后的结果都非常具有破坏性。对于荷兰的布尔移民来说，为了保护自己的家园和亲人，他们可以置之生死于不顾，因此表现得很英勇，并不怕牺牲。同时，布尔人也很聪明，并不与拥有先进武器的英国士兵正面战斗，而是像打游击一样，总是出其不意地袭击英国部队，更是采取了打完就跑的战术，不仅给英国人带来了难以承受的损失，而且还挫败了英国那不可一世的绅士派头。因此，这场在英国人看来，可以用几周时间就迅速结束战斗的战争，最终却打了3年的时间，虽然英国最终胜利了，却也为此付出了沉重代价。

这场战争告诉人们一个道理，即使是世界上最强大的国家，如果妄想随便攻打一个落后小国，那么它都要为此付出代价。以这场战争为界，从此以后，英国人的帝国理念开始逐渐走向衰落。到1914年8月，第一次世界大战爆发的时候，英国的财政已经濒临崩溃了，国家经济一片萧条。然而，要知道，战争一旦爆发，便需要大量的金钱、武器、弹药及各种前线所需的物资来支撑，但事实上，英国的工业已没有能力生产足够的物资来供应前线。

因此，1914年10月，英国政府为了筹集战争所需物资，陆军部便派了一个代表团前往华盛顿，任务是从美国私人公司那里采购军用物资。那么，针对这一场战争，美国的官方态度又是如何呢？对美国来说，由于这一场战争没有涉及自己的利益，所以官方立场是保持中立。正因如此，来到美国的英国采购团才将私人公司作为自己的目标。经过一番调查和评估后，英国采购团最终确定是摩根公司。于是，摩根财团便充当起了英王陛下的政府中介人，安排一切战争所需物资的采购。同时，英国政府还任命摩根公司作为其金融代理人。

事实上，此时摩根公司的新任主席是杰克·摩根，因为皮尔庞特·摩根已经于1913年去世。要知道，美国官方对一战的态度是中立，而摩根公司却公然帮助英国政府打仗，这件事情很惹人非议。不过，在杰克·摩根看来，摩根公司一定不会使美国政府感到尴尬，因为他觉得自己的行为属于商业行为，与政治和外交无关。此外，即使是美国威尔逊总统，对摩根公司在此次战争中所扮演的角色也没有异议。

总之，不管怎么说，连大英帝国都向摩根公司求助了，由此可见，摩根公司在一战前后，俨然已经发展成为了世界金融大亨。

战争开始了

一战爆发前，欧洲大陆风起云涌，各国之间钩心斗角，而这种积怨和矛盾也随着时间的流逝日益加深。尤其是在一战爆发前的几年，各国之间的龙虎相斗已经到了白热化的地步，谁都不肯退让，一时之间，各国疯狂地大搞军事竞演，就如同一个随时都可能被点燃的火药桶般，一不小心就能被引爆。

1914年夏，爆发了著名的"萨拉热窝事件"，斐迪南大公夫妇被暗杀。这使得积蓄已久的仇恨迅速被点燃，直接成为了一战爆发的导火线。7月28日，奥匈帝国向塞尔维亚宣战，第一次世界大战由此拉开了序幕。而随着事情的发展，这场战争波及的范围越来越广，造成的损失和灾难也越来越大。

早在战争开始前，美国工业就进入了衰退期，再加上美国政府的一系列政策，极大地打击了商人的积极性，因此，纽约股市一直低迷不振。在1914年的整个春天，华尔街上空都一直弥漫着莫名焦躁的情绪。当欧洲发生战争的消息传来后，纽约华尔街变得更加恐慌不安，人们时刻都在担心欧洲投资者会因为战争而撤资。如果这样的话，美国就会流失大量黄金，那么，1907年的金融恐慌将会再次来临。因此，华尔街的商人和股民们，为了将自己的损失降低到最小，于是纷纷开始了疯狂抛售股票的浪潮，一时间纽约交易所交易量高达13万股，而其中很多股票都是以极低的价格抛售，这直接导致了股价的一跌再跌。同时，黄金的价格则一路狂飙。而欧洲各国为了抑制黄金的大量流失，不约而同地选择了紧急关闭证券市场。至此，华尔街完全被恐慌包围，似乎 1907 年那人人自危的场景再现。

1907 年的恐慌，是由皮尔庞特·摩根力挽狂澜。有了这样的先例，当现在再次发生恐慌时，公众和银行家们首先想到的就是摩根家族。虽然皮尔庞特·摩根已经去世，但摩根家族的威望仍在，没了皮尔庞特·摩根，但还有一个杰克·摩根。所谓"虎父无犬子"，此时人们便把希望全都寄托在了杰克·摩根的身上。

7 月 31 日清晨，纽约的银行家们被召集到了摩根总部开会，会议主题是围绕纽约交易所是否应该关闭的问题进行讨论。讨论很激烈，持肯定和否定观点的人一直在争议不休。最终，杰克·摩根拨通了美国财政部部长的电话，两人一致认为目前最好也是唯一的选择就是闭市。在这两人一锤定音之下，纽约交易所宣布暂时关闭，此次闭市一直持续了 4 个月之久。就在同一日，伦敦交易所也宣布暂停交易，这还是伦敦交易所自创立以来的第一次暂停营业。到此为止，世界上两个最重要的金融中心停止了运转，而这一切都是拜战争所赐。

当然，战争并不能停止交易，因为无论到什么时候，无论在什么情况下，人们都要生活，而生活又离不开交易，只要有了买家和卖家，就会存在市场。在纽约交易所暂停营业后，相邻的临街上就突然出现了很多地下交易机构，每天这里有层出不穷的经纪人在马路上游荡，只要遇见合适的生意就会当场在马路上进行买卖。这些看似上不得台面的交易，却成为了当时在战争期间世界上唯一一个真正的股票市场。这让人们不得不承认，纽约作为金融中心已经发展得日益成熟，而那些骚动、不安分的城市基因并不会随着环境的改变而消失。

但是，类似这样的街头交易并没有持续多长时间，因为在纽约交易所闭市 4 个月后，就又宣布重新开市。虽然重新开市后，股票交易一直处于疲软期，但总体趋势还是乐观的，尽管发展慢，但终归还是在朝着好的方向发展。不过，虽然股市处于低迷中，人们的心灵也蒙上了一层战争的阴霾，可不断传来的好消息却令人振奋。由于远离战场，美国被欧洲投资者视为安全之地，纷纷将资产转移到了美国，因此，美国黄金外流的局面被彻底扭转，黄金短暂外流之后又大量涌入美国。而随着黄金储备迅速抬升，美国证券的信誉大幅上升，成为投资热门之选，华尔街又恢复了昔日的繁华。这在无形中为美国在战后确立国际地位奠定了基础。

在这之前，自从一战爆发后，美国威尔逊政府就一直持观望态度，是典型的坐山观虎斗。由于威尔逊政府态度不明朗，华尔街也随之跟着迷惘起来。而杰克·摩根则对这场战争抱有悲观态度，认为这场战争会使摩根财团在欧洲的机构蒙受巨大损失，同时，华尔街的证券股票也会大跌，这也会给摩根财团造成损失。事实证明，杰克·摩根的猜想都是正确的。

然而，作为摩根财团的掌舵人，杰克·摩根并没有太多的时间来沮丧，因为他还要担负起保护摩根财团免受战争损失的责任。因此，杰克·摩根很快就从悲观、失落的消极情绪中走了出来，他决心要带领摩根财团逆流而上。那么，杰克·摩根能够做到随机应变并冲破困境吗？接下来发生的一件事，用事实证明他真的做到了。

事情是这样的，战争爆发后，纽约市有 8000 万美元欧洲债券即将到期，因为美元暴跌，届时偿还本息的负担将大大加重。由于战争的爆发，人们普遍认为这将会拖慢美国经济发展的步伐，于是纷纷要求暂停偿付债务。而这一观点恰好与摩根银行保证投资人利益的信条相反，于是杰克·摩根反其道而行之，决定帮助纽约偿还债务。首先，他组织了一个银行辛迪加，并将一批黄金运到英格兰银行；其次，把摩根作为借贷方，从而为纽约偿清了债务。也正因如此，才使得纽约政府免于失信于人，而杰克·摩根则向世人表明：即便发生战乱，摩根财团仍有能力为广大客户提供安全保障。

毫无疑问，此举大大提升了摩根财团在欧洲各国的形象，使得一战中的协约国方面纷纷主动登门借贷。这是一个双赢的过程，在协约国需要帮助时，摩根财团伸出了援助之手，而摩根财团也在这场战争中狠狠地大发了一笔战争财！

◆ 成为世界的债主 ◆

在一战初期，当欧洲战场正打得如火如荼时，美国由于受孤立主义的影响，一直都保持着中立的态度。自古以来，如果不到万不得已，任何国家的人们都会对战争产生排斥心理，因为战争意味着死亡，意味着流血，意味着破坏。当时的美国就是如此，甚至很多有影响力的人物，也纷纷发表演说，表示强烈反对美国参战，他们认为战争是用战死沙场的士兵们的鲜血拼成的，只有利欲熏心者才会希望加入战争。正是基于这样的原因，美国政府才采取了中立的态度，只是在一边袖手旁观。

然而，虽然美国政府可以隔岸观火，坐山观虎斗，但美国的商人和银行家们却无法保持中立。因为谁都知道，即使战争能带来毁灭和破坏，但同样也是发财的最好时机。关于这一点，只要你留心观察以往的战争，就会发现每一次大规模的战争都少不了银行家们的身影。对于这些银行家们来说，没有永远的敌人，只有永远的利益，因此，他们总是奔走于各交战国之间，不仅即将获胜的一方能得到他们的贷款，即使是取得失败的一方同样能得到他们的贷款。因为银行家们明白，这些贷款属于国家债务，涉及一国尊严，因此，他们提供的贷款绝对不会打水漂。

例如，在普法战争中，彼时法国败局已定，但朱尼尔斯·摩根还是和法国做了一笔生意，在法国财政最为拮据的时候，为法国政府提供了必要的贷款，而这些钱当然不会打水漂，朱尼尔斯·摩根最终不仅从中获得了巨大利益，同时也成就了他一流银行家的美誉，其胆识和远见让同行们钦佩不已。当然，朱尼尔斯·摩根也只是大发战争财中的一位。事实上，闻名世界的罗斯柴尔德银行也是在战争中崛起的，罗斯柴尔德家族甚至能左右一场战争能不能开始和进行下去，因为，如果他们不提供金钱，那么一场战争就没法打下去。由此可见，银行家们在战争中起着举足轻重的作用。

随着一战的爆发，杰克·摩根作为一个精明的银行家，自然是看到了这场战争中的商机。道理很简单，只要是参战国，都需要购买战争所需的物资和军火，而买这些东西，当然需要大量的资金，那么，如果杰克·摩根能帮助参战国筹集军火和资金，摩根财团就能收获不菲的利润。想到这一点后，杰克·摩根很快就采取了行动。那么，哪个参战国会成为他的第一个目标呢？

事实上，杰克·摩根的心中早已有了目标，那便是英国，因为他一直把英国当作自己的第二故乡。所以，一战爆发后不久，杰克·摩根就通过各种活动，获得了为英国政府代理在美国的一切军需采购事务，代理费为2%。这件事情对双方来说是双赢的局面，因此，双方很快就签署了合同，让这次合作成为了板上钉钉的事。随后没多久，摩根公司驻巴黎分公司就同法国政府也建立了类似的合作关系。而纽约本部自然也成为了英法在美国进行军火采购的主要代理商。

毫无疑问，采购军火是一个极好的发财机会，特别有利可图。在一战期间，摩根家族可谓大发了一次战争财。仅仅1916年，一战中的盟国就通过摩根家族在美国购买了价值30亿美元的物资。但是，摩根家族并没有满足当前的收益，而是在为参战国购买物资的同时，还为盟国筹集资金、发行公债。当然，这些公债都是由美国各大银行组成的辛迪加来包销。

所以，虽然美国政府一直保持中立的态度，但摩根家族和一些美国公司则实际上在积极地参与盟国的军事活动，只不过他们不是以直接参战的方式，而是以在金融领域担当重要角色的方式参战。

正是由于此种原因，以至于在多年以后，甚至有人站出来指责摩根财团及美国的一些银行家们，觉得是因为他们一直在为同盟国提供大量的资金，才使得美国最终也不能独善其事，而是被迫参与到了战争中去。客观来说，这样的指责其实不无道理。但事实上，美国是一战最大的赢家。因为当一战爆发后，美国的大亨们都在做着大发战争财的美梦，由于参战国在打仗，国内的劳动力出现了短缺，带来的后果就是人们的生活必需品顿时紧张起来，而这所有的一切，对美国来说，蕴含着无限商机和利润。在这样的大背景下，美国的商品输出额越来越大，赚得的利润也越来越多。在这期间，大量的黄金被运往美国，而当黄金不足时，各国又开始向美国借款，如此一来，美国就从债务国摇身一变成为了债权国，这也为美国在战后确立国际新秩序奠定了基础。

事实上，即使没有摩根家族及美国银行家们的介入，美国的中立态度也保持不了太久。当一战的烽火燃烧到 1916 年的时候，德国已经逐渐处于下风。为了扭转这一不利局面，德国曾向协约国发出过和谈的请求，但最终不了了之。在和谈失败后，德国又企图以海军打败英国，于是，德国开始实行"无限制潜艇战"，对海上的船只实行了无差别攻击。在这次无差别攻击中，导致 1198 名平民丧生，其中有 100 多名美国公民，甚至还有十几个人是美国上流社会的贵族。当这件事发生后，美国公众开始产生了强烈的反德情绪，并要求美国参战。因此，1917 年，美国转变中立态度，宣布参战。

当美国参战后，杰克·摩根就更加繁忙了。他不仅要忙着为美国筹集物资，甚至还参加了美国红十字会工作，为红十字会募集了大量资金，使他获得了良好的声誉。总之，摩根家族在第一次世界大战中起到了重要作用，并从中获得了巨大利益，一时间，摩根家族的势力和威望都达到了历史鼎盛时期。同时，在战争过后，美国也一跃成为全世界最大的债权国。这对于华尔街和摩根财团来说，都是一个令人振奋的好消息。

毫不夸张地说，从 1861 年创立摩根商行到 20 世纪初期，经过了半个世纪的努力，摩根财团已经成为了世界债主。到 1929 年世界经济危机之前，摩根财团已经拥有了 780 亿美元的总资本，相当于全美所有资本的 1/4，可谓是名副其实的华尔街神经中枢。

第十章
**天下没有不散的宴席，
家族也会分裂**

　　自从摩根家族接掌了乔治·皮博迪的事业
后，摩根财团便开始一步步走向辉煌。随着摩
根财团的日益壮大，它对美国的隐性影响力也
越来越大，而这一结果却是美国政府不愿意看
到的。因此，美国罗斯福总统便开始向摩根财
团开战，开战的结果就是，摩根财团最终被迫
分裂。

罗斯福向摩根开战

1901 年 9 月 6 日，是美国历史上不平凡的一天，因为在这一天，麦金莱总统被无政府主义者刺杀，一星期后最终不治身亡。然而，和"国不可一日无君"是一样的道理，一个国家不能一天没有总统。于是，西奥多·罗斯福补位，登上了美国总统的宝座，成为美国历史上最年轻的总统。

俗话说"新官上任三把火"，更何况是一个总统，必定会给政局带来翻天覆地的变化。而这位新总统的上任，首先就向摩根财团开了战。因为新上任的美国总统西奥多·罗斯福无法容忍垄断，就像其前任那样，他一贯坚持并提倡政府对经济的干预。而摩根财团实在太强大了，仅仅是一个家族而已，却能对一个国家的经济产生重要影响。正因如此，摩根财团理所当然地成为了西奥多·罗斯福的心腹大患。

所以，在一次国会演讲中，关于对托拉斯的态度，罗斯福总统曾说道："为了保护美国公众的最广泛利益，政府应当有权对大型跨州联合企业的运转情况进行检查和监督。"当然，任何事情都具有两面性，不能一棒子打死。因此，罗斯福也不忘强调说："我只是希望政府能对这些大型企业进行调控，绝非要奸灭它们。我们的路线是反对错误行为，而不是反对财富。"

一旦罗斯福总统有了这样的决心，那么摩根财团的反抗无异于是以卵击石。在上任半年后，或许是罗斯福想迫不及待地实行自己的总统权力，于是，他很快就对摩根财团开战了。

对于美国民众来说，这是一场托拉斯与反托拉斯之间的斗争。1902 年 2 月，就在皮尔庞特·摩根忙于组建航运托拉斯的时候，西奥多·罗斯福突然宣布将以反托拉斯为由，对皮尔庞特·摩根一向引以为傲的北方证券公司以"非法遏制行业发展"问题进行起诉。在两个月后，美国联邦巡回法院以"妨碍行业发展"为罪名，宣布北方证券公司为非法联合企业。

这个消息对皮尔庞特·摩根来说，无疑是一个晴天霹雳。当这个不好的消息传到他耳中时，皮尔庞特·摩根正在自己的豪宅里享受美味的大餐，他被惊得一时无语。凭良心来说，皮尔庞特·摩根觉得这似乎对自己很不公平，因为每次政府需要帮助时，他都会毫不犹豫地伸出援手，而现在他万万没有想到，西奥多·罗斯福总统居然会拿自己开刀，并来得如此迅速，就像是狠狠地甩了他一个耳光，让他猝不及防。

这让皮尔庞特·摩根怒不可遏。在之后的一次白宫会议上，皮尔庞特·摩根直接向罗斯福总统表达了自己的愤怒，而他的这一惊人举动，也在人们心中留下了永不磨灭的印象。

"如果我们有什么做得不妥，请您派您的人接洽我的下属，他们会妥善解决问题。"皮尔庞特·摩根向罗斯福总统表达了自己的不满。

而罗斯福总统却面无表情、不容置疑地说："我不会那么做，我们不要它做什么改进，我们是想让它关门。"

"您是否还打算对我手下的其他公司进行攻击，'钢铁托拉斯'和其他公司？"听到罗斯福如此不留任何余地的说辞，皮尔庞特·摩根心惊胆战地问道。然而，令皮尔庞特·摩根意外的是，他得到的是罗斯福总统否定的回答："当然不会。"但前提是"除非发现……它们做了我们觉得错误的事"。

就这样，不管皮尔庞特·摩根再怎么不情愿，还是没能改变北方证券公司最终被解散的命运，虽然他一再上诉，但也于事无补。自从北方证券公司被迫拆分后，由这家公司控制的铁路网络又重新回到了之前的竞争状态，仿佛在绕了一大圈后，一切又回到了原点：联合太平洋铁路公司和伊利诺伊中心铁路公司在哈里曼手里控制着；而北太平洋铁路公司、大北方集团和昆西铁路则是在皮尔庞特·摩根和希尔的麾下。

　　随着北方证券公司的解散，之前美国第一次大规模整合浪潮就此也告一段落。但是，事情到这里还没有彻底结束，可以说是一波未平，一波又起。

　　由于北方证券公司在华尔街的地位举足轻重，往往牵一发而动全身，因此由于受北方证券公司被拆分的牵连，最终导致纽约股市受挫，整个华尔街人对白宫可谓是怨声载道。

　　皮尔庞特·摩根是谁？他可是个从来不愿服输的人，既然罗斯福总统拿自己开刀，他当然不能坐以待毙。美国著名的历史学家亨利·亚当斯曾在他的日记中这样写道："在同罗斯福进行的讨价还价达成交易或最终无功而返之前，摩根这台老机器必须 24 小时不停地运转。你可以想象到，对于华尔街来说，战斗进行到现在这一地步，也只能寸土必争了。"

　　而罗斯福总统此时突然意识到似乎皮尔庞特·摩根把自己当成了一个"大对头"，以为自己是想毁掉他所有的事业。但事实上呢？罗斯福总统是对事不对人，他只是不能容忍垄断力量过分强大，而不是故意要和皮尔庞特·摩根作对。然而，关于这一点，皮尔庞特·摩根并没有意识到，他只是在意识到华盛顿方面意志坚定后，以对政府蔑视的姿态保持银行家巨擘的尊严。

　　就如，当有一天，一个朋友跑来告诉皮尔庞特·摩根公务员制度改革的消息时，皮尔庞特·摩根不耐烦地说道："我不在乎，公务员制度改革关我什么事。"除此以外，他对于新闻界给他描黑的那些负面新闻更是不屑一顾，任凭记者给他身上描黑。

在世人眼中，皮尔庞特·摩根和西奥多·罗斯福之间的斗争，既是"反托拉斯与托拉斯大王"之间的较量，同时也是美国政治界和金融界的争斗。而这样的较量在多年以后，更是在杰克·摩根与富兰克林·罗斯福的身上重新上演。

◆ 疯狂的二十年代 ◆

当时间的大钟走到 20 世纪 20 年代时，摩根家族俨然已经发展成为华尔街的巨擘。然而，或许是高处不胜寒的缘故，一场马车爆炸案的突然发生，目标直指摩根银行。并且随着这场爆炸案的发生，彻底拉开了疯狂的 20 年代的序幕。

1920 年 9 月 16 日，一切看似如往常一样，摩根银行前有行人穿梭。所以，任谁也没想到，如此平静的这里即将会有一场惨案上演。临近中午的时候，一辆司空见惯的马车突然停到了华尔街 23 号摩根银行的旁边，然后紧接着便爆炸了。

不过幸运的是，由于当时还未到银行下班的时间，因此街上的人流并不多，不然造成的伤亡可能会更大。即使是这样，伤亡还是免不了的。当爆炸声响起的时候，人们立刻就被这突如其来的巨大声音惊呆了，一共有 38 名无辜的行人来不及反应而瞬间被炸死，另外还有 300 多人被爆炸物击伤。波及范围如此之大，对这些无辜的人来说，绝对是飞来横祸。

当时这场爆炸案的发生，可谓是震惊四野，爆炸引发的气浪直接震碎了方圆半公里之内建筑物的玻璃。一个叫约瑟夫·肯尼迪的年轻人恰好途经摩根银行，被巨大的气浪掀翻在地，不过并没有受伤。当然，幸运的人毕竟是少数，事实上，大多数人都没有这么幸运。其中一位女士的头颅被削飞，居然贴到了摩根银行的外墙上，现场可谓是惨不忍睹。

这次爆炸案显然是一次由别有用心的人策划的有预谋的恐怖袭击，目标很明确，直指摩根银行。这些别有用心、丧心病狂的人，甚至为了增加杀伤力，而在马车上装载着重达 500 磅的吊锥，一旦发生爆炸，这些吊锥就会被炸裂成碎片，然后随着气浪四散开来，很多不幸的人当即被碎片炸死。

本来这次爆炸案可能只是针对摩根银行，但却伤及了如此多的无辜生命。幸运的是，摩根银行恰好在几天前在大楼窗户内侧刚安装了一层钢丝纱窗，从而侥幸避免了一场惨不忍睹的屠杀。当然，摩根银行人员的伤亡也是让人唏嘘不已。其中一名雇员当场死亡，另一名伤者在就医后的第二天也最终不治身亡，受伤的人更是达十几个。

当爆炸案发生的时候，杰克·摩根正在英国度假，所以才得以幸免于难。当他听到这个消息的时候，立刻震惊得久久说不出话来。但他的儿子就没有那么幸运了，因为他的儿子当时正在大厅办公，突然被气浪甩出，落地时恰好被玻璃划伤，不过伤势也不算严重。而摩根银行另外的几名合伙人正在二楼和一名法国将军开会，由于办公室窗户朝向宽街，才免于受伤。

如此大的惨案，自然要追查出幕后元凶。但经过多方调查后，只知道这场人祸是由无政府主义者所为，调查取证却极难，所以最终的结果也只能是不了了之。

当一切尘埃落定以后，爆炸所造成的破坏很快就被修复一新。当然，除了摩根银行外墙壁田纳西大理石上的那些零零散散、支离破碎的炸痕。这或许是为了纪念不幸遇难的两名雇员。总之，这些爆炸后残留的痕迹被摩根银行永久地保留了下来，使之成为一段历史的见证。

这起爆炸案仿佛是给华尔街开了一个不大不小的玩笑，玩笑过后，疯狂的 20 世纪 20 年代开始了……

任何战争都具有破坏性，一战过后的最初几年，欧洲各国皆进入了战后重建期。美国也不例外，由于国内经济仍处于复苏期，因此美国的出口额一直处于疲软状态，甚至一度出现了衰退迹象。从 1920 年到 1921 年，短短的一年时间里，失业率就增长了 5 倍，有 500 家银行破产倒闭，足足超过 400 万人丢掉了饭碗。

经济如此不景气，急需要一个新政权来给整个国家注入新活力。1921 年 3 月，哈丁政府取代威尔逊政府，并开始着手推行积极经济政策。

所谓"一朝天子一朝臣"，华尔街金融家安德鲁·梅隆被新任命为财政部部长。此人在华尔街赫赫有名，是个不折不扣的商人，其商业眼光独具一格，曾经投资过许多公司，包括当时默默无名的海外石油公司和美国铝业公司，甚至就连钢铁大王安德鲁·卡内基也曾接受过他的投资。

这位财政部部长是个雷厉风行的人，自一上任，便出台了一系列利民政策，例如，减免税收、偿还赤字等措施，深受人民好评。

当然，这一系列措施的施行的确也起到了不错的效果，到 1928 年的时候，美国政府的财政赤字下降到了 30 亿美元。与此同时，美国国民生产总值上升到 872 亿美元，通货膨胀率几乎为零，国民收入也从 1921 年的 522 美元增长到 716 美元，增幅超过 30%。

自古以来，一个国家只有国库充足了，才更有利于经济的发展。随着形势的好转，美国国家财政的富足使得国内建设的步伐得以迅速加快，而人民的富足，国民收入的增长则极大地扩大了内需，人民的购买力大大增加，从而峰回路转，造就了经济的繁荣。

　　目力所及，美国社会一派欣欣向荣景象。而且此时美国已经开始了第二次工业革命，电力得到广泛运用，并开始逐渐取代人工，劳动生产率得到了大大的提高。由于生产和消费本来就是相辅相成的，商品供应充足，便使得消费主义大行其道，人们的生活质量有了质的飞跃。像电冰箱、洗衣机、汽车等原本对很多人来说都是奢侈品的东西，真正是"飞入了寻常百姓家"。

　　国家经济有了大发展，华尔街自然也就进入了繁荣期，新兴金融产品可谓是层出不穷。而这个时候，信用支付也应运而生，即使是普通人也可以使用信用卡进行交易，美国从此进入了超前消费的新时代。

　　任何事情有利便有弊，信用支付的发明，虽然的确是人类文明的一次进步，但如果使用不当，便会导致不可预料的后果。随着信用支付的出现，一些大胆的经纪人为了吸引客户，发明了一种新型交易方式：普通股民只需支付10%的保证金（余额由经纪人支付）就可以买卖股票。这样一来，即使是对于普通人来说，炒股也成了家常便饭，越来越多的人开始抱着能"一夜暴富"的渴望而加入到炒股大军中。在1.2亿美国人当中，就有将近300万名股民，这样的比例不可谓不惊心。这便是疯狂的20年代。

真正的贵族

是的，20世纪20年代的确是一个疯狂的年代。这个时候，仿佛人人都有一股狂热，想要购买别人的财产。尤其是有许多涉世未深的年轻人，对金钱充满渴望，但选择的途径不是脚踏实地、努力奋斗，而是希望走捷径，希冀通过各种投机手段，意图在寸土寸金的华尔街实现梦想。

因此，由于当时的公众急于购买股票和其他证券，造成的结果是把大量货币推向国内大公司和外国政府。表面上看来，股票价格一路飙升，一派繁荣景象。但事实上，这样的繁荣可以称得上是"畸形繁荣"，其中正酝酿着无限危机。而随着之后这场危机的爆发，也使得摩根家族不得不面临被分裂的命运。当然，这些都是后话了。那么，在这个疯狂的20年代，摩根家族此时的状况又是如何呢？

我们都知道，第一次世界大战的爆发，虽然给人类造成了不可估量的损失，但摩根家族却在这场战争中赚得盆满钵溢，同时也成就了摩根银行的名声，使得摩根银行在世界上声名鹊起。而随着疯狂的20年代的到来，它的身影越来越多地活跃在国际舞台上。

当然，摩根银行如此高调的表现，并不会让人感到意外，因为摩根家族一向有这样高贵的传统，那便是它只与政府、贵族、大企业做生意。从最初的创始人乔治·皮博迪到朱尼尔斯·摩根，再到皮尔庞特·摩根及杰克·摩根，似乎后来者全在遵循着这样的传统。因此，摩根家族绝对算得上是真正的贵族。

例如，1920年，摩根银行计划继续中断已久的中国业务，于是其合伙人托马斯·拉蒙特便来到了中国，以考察贷款条件是否成熟。当时托马斯·拉蒙特不远万里来到中国后，先后与国父孙中山、徐世昌等人见了面。他曾询问孙中山"中国是否能达到和平"，孙中山坚定地说："可以，你只要能给我2500万美元，我就可以装备几个兵团。那样，我们很快就天下太平。"而在他会见徐世昌的时候，徐世昌则对贷款计划丝毫不感兴趣，让托马斯·拉蒙特碰了一鼻子灰。

虽然孙中山很希望能得到托马斯·拉蒙特的一笔贷款，但经过一番考察后，托马斯·拉蒙特最终还是认为当时军阀混战的中国还不符合投资条件，于是他向美国摩根银行建议暂时不向中国提供贷款，等以后政局稳定后再作考虑。而摩根银行在中国的"现身"，也只是它活跃于国际舞台的冰山一角。所以，在不久后，摩根财团就又把目光转向了日本。

日本是个岛国，自古以来就是地震多发区。1923年9月1日，又一次地震爆发了，这次大地震发生在日本东京和横滨地区，足足有几十万人死于非命，无家可归者更是数不胜数，整个日本国2%的财富化为飞灰，损失不可谓不惨重。

而灾后重建工作需要大量金钱，在这个时候，摩根银行又及时"现身"了。最终，日本政府采纳了摩根银行的建议，没有如原本所想的那样，立即发行政府债券，而是决定把这件事情暂时缓一缓，等到灾难平息了之后，在逐渐恢复基础设施的基础上，再发行债券。

除此建议外，摩根银行当然也给日本政府提供了实质性的帮助。1923年冬，日本政府计划向美国筹借1.5亿美元的地震贷款，这笔钱的数目很大，即使对摩根银行来说，也是一个挑战。当然，虽然这是一个挑战，但还是没能难倒摩根银行。这件事情由摩根银行牵头，与国民城市银行和第一国民银行以及雅各布·谢弗的库恩—勒布银行组成银行团，最终圆满地完成了这笔美国有史以来最大规模的长期贷款，赢得日本各界交口称赞。

正因为这件事，1927年，日本天皇授予了杰克·摩根"圣宝"勋章，而日本大名鼎鼎的三井财团则将摩根财团视为学习榜样，完全把摩根财团当作了自己的偶像，两者之间来往特别密切。

当然，这些也只是摩根财团在远东地区留下的足迹。事实上，拉丁美洲的墨西哥也同样吸引了摩根银行的目光。由于墨西哥盛产石油，因此到1921年的时候，墨西哥已经成为了当时世界上最大的石油出口国。而美国的石油巨头也想分享这块"肥肉"，迫切希望能在墨西哥石油市场上占有一席之地。

所以，为了更好地开发墨西哥石油，从而真正能分得一杯羹，于是美国石油界决定和金融界联合起来，并且大家一致选择由摩根财团牵头组建一家墨西哥银行，以方便为石油开发提供资金。然而，很多事情并不是真的能心想事成，虽然摩根财团在1922年的确曾与墨西哥财政部长达成过协议，计划向墨西哥提供一笔45年期的贷款，但天不遂人愿，随着石油日益国有化，这项计划最终也夭折了。

当然，不管摩根财团的"手"伸得如何长，但最能展现摩根财团势力的舞台仍然是欧洲。因为一战结束后，战败的同盟国被战争损伤得满目疮痍，根本没有足够的钱财来自主进行灾后重建，再加上还有巨额的赔偿金需要支付，这项重任自然而然地就落到了美国头上。

因此，一幅滑稽的画面出现了：一战爆发时，由美国银行家出钱帮助协约国打败了同盟国，而如今华尔街的银行家们又开始贷款给同盟国，以帮助同盟国支付赔偿款给协约国，但协约国拿到钱了，又得将这些资金奉还给华尔街，以此来偿还战争债务。这样绕了一大圈，美国尤其是华尔街的银行家们就成为了最大的赢家，可谓是"坐收渔翁之利"。当然，在这当中，自然少不了摩根财团左右逢源的身影。

就如，J．P摩根公司曾和库恩—勒布银行共同发行了2500万美元奥地利债券。而在1924年，在一次会议上，更是催生了著名的解决德国问题的"道斯计划"。根据这一计划，可以延迟德国赔款期限，但条件是德国必须处于国际托管之下，且关系国家命脉的中央银行和铁路必须由协约国控制。

除此以外，J．P摩根银行和摩根建富还帮助英国政府在1925年恢复了1919年被迫放弃的"金本位"，更是成功介入意大利的债券发行……总之，摩根银行已然跻身于全球金融最高层，可谓风光无限。

由此可见，摩根银行一直在秉承着先辈遗留下来的"贵族"传统，那便是只与各国政府、商业银行和大型企业开展业务，即便是一方富豪，如果没有经过可靠引荐，同样是没有权利开户。因此，摩根银行可以称得上是一个贵族银行，完全将普通人排除了出去。正因如此，当时的人们都将拥有一张摩根存折而视为一种身份的象征。

经济大萧条

20世纪20年代的确是一个疯狂的年代，狂热的人们热衷于各种投机，股市看似繁荣，但实则暗藏危机。当这危机积累到一定程度的时候，或许就会是一场大爆发。因此，到20年代中期，美国股市的欣欣向荣，事实上只是暴风雨来临前的平静。当时间的指针走到20年代末的时候，华尔街已经被消极、颓废的情绪笼罩，经济出现了大萧条，这不仅让华尔街跌了一个大跟头，同时也让摩根财团栽了一个大跟头。

1929年10月，当金秋来临的时候，华尔街股市正在酝酿着一场危机。虽然《华尔街日报》上曾这样描述道："有大量的钱正在等待投资。目前也不过是一个短暂的中场休息，就如几星期前所发生的情况那样，还有成千上万、数不胜数的交易者和投资者正在等待一个合适的机会来购买他人的股票。"但或许确有其事，可如果只凭这点就武断地认定市场一片繁荣则是十分愚蠢的。

因为真实的情况是，自从进入秋天后，华尔街股市价格就已经开始下跌，只不过有时幅度比较大，比较猛烈，而有时却又比较温和，偶尔会有轻微上升罢了。然而，投资者并没有意识到危机即将来临，而是依然沉浸在前几年的繁荣当中。因此，这些没有从之前的美梦中醒来的投资者，总是掩耳盗铃、自欺欺人，对诸如"股市的崩溃将要来临"之类的悲观论调完全充耳不闻。至于媒体方面和经济学家，更是没能及时给人们一个正确的导向，因为连他们自己也愿意相信股市的长期趋势是十分有利的。

　　然而，10 月下旬发生的事情，如当头一棒彻底惊醒了人们。从 10 月 18 日开始，股市狂跌不止。到 10 月 23 日，波及的范围更加广，即使许多表现稳健的股票也开始下跌。当 10 月 24 日来临的时候，已经变成了"黑色的星期四"，股票换手速度迅速加快，已经形成了一个恶性循环，随之引发的便是股票价格暴跌，情况变得越来越糟。

　　在之前的许多年里，每次经济危机来临的时候，都是摩根家族力挽狂澜。这次也不例外，到中午的时候，华尔街的银行巨头们匆匆走进了华尔街 23 号的摩根银行，这次紧急会议由摩根财团 58 岁的托马斯·拉蒙特主持。显然，他在这次危机中扮演了当年皮尔庞特·摩根在过去的恐慌中通常扮演的角色，调节纷争，然后指明方向，以保证股市的稳定。当会议结束的时候，这些掌控华尔街命运的银行家们一致决定，为了稳定证券市场，将投入 2.4 亿美元来收购各种股票。

　　下午的时候，这些银行家们很快就付诸了行动，纷纷投入资金来收购各种股票。当这天结束的时候，通过银行家们的努力，股市下跌势头终于被暂时抑制住。

　　是的，这只是治标不治本，仅仅避免了情况继续恶化下去，事实上还需要更有效的措施来救市。所以，当天晚上，银行家们再次聚集在了华尔街 23 号，以商讨对策。在会议结束后，摩根财团的托马斯·拉蒙特接受记者提问时，只是将这场危机称为"股市上发生了一点不愉快的事情"。不过不管托马斯·拉蒙特在面对记者提问时，是怎样地尽量"轻描淡写"，但最黑暗的日子还远远没有结束。

　　10 月 29 日，在人们的惶恐不安中，"华尔街跌了一个大跟头"。人们都开始疯狂地抛售股票，上至银行家，下至洗碗工，都急着把自己手里烫手的山芋给抛出去，直接导致当日交易额飙升至 1600 万股，可谓创下一个历史新高。

在美国人的印象中，华尔街似乎从来没有如此狼狈过。各种报纸、杂志上似乎都充斥着华尔街银行家抛售股票保全身家的报道。而当有记者质疑摩根财团时，摩根财团的托马斯·拉蒙特强调道："我们摩根财团并不会也没有抛售股票，而是会一如既往地以一种合作的方式来支持市场！"

然而，摩根财团真的能一如既往地力挽狂澜吗？历史证明，这场股市大崩溃也不过只是掀开了悲剧的一角，到 20 世纪 30 年代的时候，伴随而来的是经济大萧条。而在这次经济大萧条中，摩根银行似乎"失灵"了，且这次的"失灵"也为摩根财团带来了祸端。

当然，这次大萧条的到来，还有另外一个重要的原因就是，大多数美国人认为胡佛政府采取的经济紧缩政策加重了危机的程度，甚至不夸张地说，这或许还是导致这次经济萧条的"罪魁祸首"。

因此，胡佛政府为了赢得选民的支持，决定提高关税额度，并且不顾上千名美国经济学家的反对，而在 1930 年 6 月 17 日签署了《霍利—斯穆特关税法》，将农产品和工业品的进口关税大幅提高。而这个极富争议性的法案，直接导致了美国进口额的迅速下降。与之相对应的是，其他国家针对美国这一法案，也纷纷出台保护措施，大大减少了美国产品的进口量，以对美国实施贸易报复。

在这样的大环境下，民族保护主义抬头，政府开始更多地干预经济，便意味着摩根财团先前极力倡导的自由市场经济遭到抛弃。因此，华尔街遭受了不小的损失。当然，随着美国贸易额的持续下降，美国经济前景更是令人忧心忡忡。

对于华尔街银行家的过分强大，美国政府一直心怀不满。因此，在胡佛政府干预经济期间，更是试图利用美联储来控制华尔街。所以，当经济危机来临的时候，胡佛政府非但没有向市场注入更多资金来缓解危机，反而是背道而驰，采取了货币紧缩政策。这根本就没有起到为美国经济保驾护航的作用，反而使得经济危机愈加恶化。

而胡佛政府这一不明智的行为更是导致了难以估量的后果。随着货币供应量的下降，由于得不到足够的资金支持，有不少银行纷纷宣告破产。要知道，银行直接关系着国计民生，一旦银行破产了，那么无数美国人的存款也随之灰飞烟灭。

现如今，指望依靠美联储来拯救这场危机已经是不可能了。美国人开始把希望寄托于摩根银行，期待摩根银行能如以前一样，提供资金来解救无数走投无路的破产者。

不过，摩根财团一直以来的传统就是，它只帮助它认为可信的人，并不是任何人或任何公司都能让它伸出援助之手。例如，在这场危机中，摩根银行就曾向国民城市银行董事长查尔斯·米切尔出借 1200 万美元的私人贷款，并以信用托管方式帮助他走出危机；而当合众国银行濒临破产时，摩根银行则拒绝提供帮助。

当然，在这次经济危机中，摩根银行之所以没能再次充当"救世主"，其中最重要的因素就是，事实上摩根财团自己也进入了艰难时期，首先要做的是进行自救，因此也就不能分出更多的精力和财力来救市。

剑指银行界

　　20世纪30年代的经济危机可谓是给美国经济造成了沉重打击。而摩根银行的表现似乎也不太令人满意，因为它这次没能成功救市。不管造成这次危机的根源到底是什么，当时的人们普遍认为这次危机的"罪魁祸首"是由于银行与证券业务的混合经营引起。因此，美国国会通过了一项新的法案，那就是《格拉斯—斯蒂格尔法案》。

　　这项法案的颁布，直指银行界，因为这项法案规定要严格实施银行分业经营模式，禁止投资银行、商业银行跨界经营。通俗来讲，就是从今以后，私人银行不能同时经营储蓄业务和证券业务。

　　这项法案经罗斯福签署生效后，如一道惊雷般立刻在华尔街的银行界炸开了锅。这项法案的实施意味着包括摩根财团、高盛公司、大通银行在内的许多私人银行，均面临着一次艰难的取舍，要么舍弃其中一项业务，要么将两项业务进行拆分。当然，不管是做出其中哪个选择，都是华尔街的银行家们不愿意面对的。

　　对一个国家来说，每一项法案的颁布都应该是为了公共利益，都应该是公平的。但这个法案的颁布目的，却令人难免生疑。因为在这之前，虽然华尔街的大多数银行的确是两项业务兼而有之，但是大部分银行侧重点不同，仅仅是其中一项业务做得比较出色，而另一项业务则是偶有涉猎而已。例如，波士顿第一国民银行和大通银行的承销业务就比较弱，并且还经常有丑闻爆出，可谓是声名狼藉；而大名鼎鼎的雷曼公司和高盛公司虽然在承销债券方面大有作为，但在储蓄业务方面做出的成绩却很平平。

也只有摩根银行把这两项业务都做得风生水起、炉火纯青。一直以来，摩根银行的储蓄和证券业务，都是齐头并进，而且摩根银行还把这两项业务很好地进行了融会贯通，不仅公司的存款金额达到了一个令人瞠目结舌的数目，且在承销债券方面也一直占据着行业霸主的地位。因此，《格拉斯—斯蒂格尔法案》的颁布和实施，与其说是直接剑指银行界，倒不如说是直接针对摩根银行。

正因如此，这项法案颁布后，其中有一种说法就是，其实该法案的颁布是当时美国两大银行集团利益角逐的结果。那么，是哪两大银行集团呢？自然指的就是洛克菲勒集团与摩根集团，因为在当时那个年代，只有洛克菲勒集团有资格和实力与摩根集团相抗衡，所以才有人说该法案的实施是洛克菲勒集团挑战银行业霸主摩根家族，意图削弱其实力的阴谋。当然，这种说法的准确性还有待商榷，但即使是正确的，如果不是充分利用了危机过后当时美国民众普遍仇视银行界的情绪，洛克菲勒的阴谋一定难以成功。

不过商场如战场，俗话说"狭路相逢勇者胜"，不管怎么说，事实证明，这次法案的颁布的确打击并削弱了摩根家族。因为之后摩根家族面临被强行拆分的命运，却根本无力扭转局面。

前面已经说过，摩根银行把储蓄和证券业务放在一起经营得很好，可以说，为摩根家族带来了滚滚财源。这一点就足以证明储蓄和证券业务并不冲突，两者完全可以很好地结合，但是，主张限制并想拆分银行权力的利益集团却不这样认为。在他们看来，如果把储蓄业和证券业结合起来，就存在巨大的利益冲突。因为当银行的贷款出现坏账时，银行可以"祸水东移"，即将这些贷款包装为债券，然后推销给投资者。

其实这一点并非是无中生有，的确有银行曾经干过类似的事情，例如，国民城市银行的查尔斯·米切尔就曾在拉美贷款项目中进行过此类偷梁换柱的把戏。而且有时候情况还会更糟，有些银行甚至还会贷款给投资者，以达到让他们购买上述债券的目的。这样一来，整个市场便进入了由私人银行设定的利益循环链条，一旦某个环节出错，整个链条就会面临崩溃的境地。

除此以外，还有另一方面原因是，对美国政府来说，这种环环相扣的业务模式，国家很难进行干预和管理。因为很多时候，政府根本无法完全厘清受害者和投机者之间的界限，甚至有时候还不得不为了挽救储户，而违心地保护投机者。然而，一旦这两项业务被拆分了，那么较之从前，则会更加有利于国家的干预和管理。

当然，不管是出于哪种目的，《格拉斯—斯蒂格尔法案》的颁布和实施，最大的受害者仍然是摩根银行。这一点是显而易见的，因为只有摩根银行在这两项业务方面都做得风生水起，俨然处于领头羊的地位。这也难怪会有很多人认为，这项法案的颁布是直接针对摩根银行，目的是想置其于死地，即使做不到，也能很好地起到削弱摩根银行的作用。原因很简单，这或许就是"树大招风"的缘故，怪只怪摩根银行在美国的政治和经济领域影响力太大了，自然会招致同行的忌恨，以及政府和公众的担忧。

这项银行法案生效后不久，许多公司便纷纷开始了重新组合或拆分。例如，美国第一家投资银行——第一波士顿在这个时候诞生，它便是由波士顿第一国民银行分部和大通银行组合而成；而雷曼公司及有着犹太背景的高盛公司则选择重新改组为投资银行。

但是，摩根银行却并不甘心就此作罢，因为毕竟摩根银行的这两项业务都做得很有成绩，是他们多年努力和奋斗的结果，其中包含着太多人的汗水。如果选择放弃其中一项业务，那无异于是割他们的心头肉；而即使退一步，选择拆分摩根银行，也必定会削弱摩根家族的力量。

因此，自从这项法案颁布后，摩根财团合伙人托马斯·拉蒙特虽然年事已高，但还是找到政府进行游说，希望美国政府能够网开一面。托马斯·拉蒙特在游说政府时说道："假如真的将储蓄和证券两项业务拆分，那么投资银行将面临资金短缺的窘境。"公道地说，托马斯·拉蒙特说的这句话不无道理。然而，由于美国民众当时仍处于1929年经济大崩溃的伤痛中，急于寻找替罪羊以发泄心中的郁闷，因此摩根财团的意见并未得到充分的重视。

不过，自古以来，一个不变的真理就是——历史自有公论。虽然摩根财团的意见在当时没有得到重视，但在多年以后，托马斯·拉蒙特的预言真的不幸被言中。当然，这些已经是后话了，关键是眼前这一道坎儿，摩根家族能不能成功迈过去。

问罪摩根财团

当罗斯福亲笔签署生效《格拉斯—斯蒂格尔法案》后，摩根财团的命运似乎已经被注定了。虽然摩根财团很不愿意接受这个残酷的现实，而且它也的确为能扭转命运而努力和反抗过，但结果却不尽如人意。1933年5月23日上午，美国国会的参议院会议室里，正在进行的一场佩科拉听证会，正式宣告向摩根财团发难。

此时的杰克·摩根已经 66 岁了，走路时的步子已经有些蹒跚。然而，在这样一个原本应该安享晚年的年纪，他却还得面对佩科拉听证会的质问。不过当天在证人席上的杰克·摩根，俨然依旧老当益壮、宝刀未老，英姿飒爽，风采丝毫不减当年。

这在他的一番精彩的开场白中显露无遗。在开场白中，他这样说道："如果允许我提及我有幸作为其高级合伙人的这个银行，我则要说，我们头脑中自始至终的一个念头就是以第一流的方式从事第一流的业务。"这简单的一句话，就体现出了作为绅士银行家的尊贵、高傲及不容置疑。

在这场听证会上，佩科拉律师提出了许多十分尖锐的问题，例如，"摩根银行提供给其他银行的 60 多名官员和董事是出于怎样的目的?"或者是"摩根银行的合伙人为什么要参加银行家信托公司和担保信托公司的董事会"？又或者"摩根银行与查尔斯·米切尔间是否存在什么不可告人的秘密"？以及"摩根银行向国民城市银行提供贷款将会获得什么样的好处"……诸如此类的问题，个个都很有攻击性。

面对如此严厉的质问，如果换作普通人的话，恐怕早就已经怒火攻心了。但显然杰克·摩根并不是一般人，一辈子在商场叱咤风云的他，早已不是当年那个沉不住气的小伙子了。因此，杰克·摩根并没有被对方言辞激烈的质问所激怒，反而是很绅士地侃侃而谈，觉得对方说的这些不过是作为一家私人银行的正常业务。对于杰克·摩根的回答，佩科拉要求进一步了解摩根银行的业务形式，然后他得到了一份书写十分工整的协议。不得不提的是，这项协议赋予了杰克·摩根极大的权力，例如，分配利润、调节争端、解雇合伙人甚至解散银行等。

在这场听证会上，当人们了解到摩根银行从没有主动征求过公众存款后，大名鼎鼎的货币委员会和参议院主席邓肯·弗莱彻决定与杰克·摩根进行一次谈话。而他们之间的这次谈话，虽然简短但却很著名。

"你是在为公众服务，难道不是吗？"邓肯·弗莱彻问道。

"当然是的，但是我们是有原则的，我们只为由我们自己选择的客户服务。"杰克·摩根不卑不亢地答道。

"那么举一个例子，如果我有一天去你们那里，想要将自己的10万美元存款存在你们银行，是不是即使我之前从没见过摩根银行任何人，和谁都不认识，但因为这笔钱的数额不算小，所以你们仍然会接受我的存款？"邓肯·弗莱彻充满好奇地问道。

按照常理，只要有人去银行存钱，银行哪会有拒绝的道理？但杰克·摩根给予邓肯·弗莱彻的回答却是否定的。杰克·摩根这样说道："不，我们不会接受你的存款，除非是你来的时候带着别人的介绍信。这是摩根银行一向的传统，我们只与自己觉得值得信任的客户合作，如果没有介绍信，不管你的存款金额有多么大，我们都将不会接受。"

杰克·摩根所说的话的确句句属实。因为摩根财团自创业伊始，便一直保持着亘古不变的"绅士"传统，那便是只与贵族、政府、大公司合作。正因如此，摩根银行根本就不会主动征求公众存款，反倒是很多美国人都以能在摩根银行开户而感到自豪。

的确，杰克·摩根所说的这一点与在听证会上佩科拉律师所披露的一批摩根银行的客户名单不谋而合。那么，这一批被披露的名单中，究竟有哪些客户呢？其实不夸张地说，这份客户名单中的公司真的全是些很有名气的大公司，例如，美国电话电报公司、通用电气公司、纽约中央铁路公司、杜邦公司、美国钢铁公司以及北太平洋公司等，它们在摩根银行均拥有100万美元甚至更多的存款。

除此以外，不仅仅只是大公司喜欢在摩根银行存钱，更重要的是摩根银行的势力范围甚至也渗入了许多大公司。据可靠消息称，摩根合伙人在89个资产高达200亿美元的大公司中竟然拥有126个董事席位。难怪佩科拉会十分震惊地说道："这种私人的权力所达到的极限在我们整个历史上都是空前的。"

然而，在这次听证会上，不管佩科拉如何责难，杰克·摩根始终都是温言以对，既不生气，也不发怒，称得上是温文尔雅、彬彬有礼，可谓尽显大家风范。不过既然想要问罪摩根财团，那么佩科拉一定是准备得很充足。很快，佩科拉就又搬出了一个确凿无疑的事实，那就是不仅杰克·摩根在1930年至1933年间，一直没有缴纳个人所得税，甚至另外20名摩根合伙人在1932年和1933年的两年里，也没有向国家缴税，而这一点已经构成了偷税漏税罪。

面对这样的质问，令杰克·摩根感到十分羞辱，他大声地抗议道："一个人不得不站在大庭广众之下，试图以直率的回答来对付阴险的问题，并让世界相信他是诚实的，我想这是一种在任何一个文明国家里都不应该发生的侮辱。"

不过似乎对于杰克·摩根的辩解，佩科拉根本不屑一顾，因为他很快就拿出了早已准备好的"撒手锏"，并在大庭广众下，戳穿了杰克·摩根所谓的"诚实"。这一"撒手锏"指的就是摩根银行在1929年的一桩不太光彩的行为。

事情是这样的，当时摩根银行创建了一家控股公司，名为阿利甘尼。这家由摩根银行坐镇的控股公司，实力自然不可小觑，它持有标准牌公司、联合公司等众多的股票。首先，由摩根银行幕后操作，将这些股票出售给了一部分曾对其进行过特殊照顾的客户，其中也包括众多政界人士及权势显赫的财团。随后没多久，这些股票的价格就迅速飙升，一张原本75美元一支的股票甚至可以卖到99美元。

佩科拉为了能使这一论据更具有说服力，还同时向外公布了摩根银行的"优惠客户名单"。

　　这一丑闻的揭露，立刻引发了公众对摩根银行的强烈批评，令摩根银行在人们心中的形象大打折扣。当时，《纽约时报》的一篇社论中这样写道："这是一个由可能是世界上最著名、最强大的银行家们组成的公司。它完全没有必要采用小经营者的种种小手段。然而，它未能经得起对其自尊和名誉的考验。……他们使他们最热心的朋友们感到整个社会、包括一些大家都乐意对之表示敬意的人，都被卷入了一桩社会灾祸。"

　　随着这场听证会的落幕，华尔街的绅士银行家们一直小心维护的神秘面纱似乎开始被一点点撕破，摩根财团也被人们拉下了神坛，这似乎意味着摩根银行将强行被拆分的命运已成定局。

◆ 强行被拆分 ◆

　　俗话说"天下没有不散的宴席"，强大如摩根家族，也终有一天会面临强行被拆分的窘境。虽然摩根家族屡次上诉试图挽救这一局面，但最后均无果而终。1934 年 9 月 5 日下午，摩根家族正式分了家。

　　之所以选择"分家"，是因为无论是储蓄业务还是证券业务，摩根家族显然都不愿意放弃，因此只能忍痛割爱，将这两项业务分开。这次的分家，J. P. 摩根公司将公司债券部分离出来，重新组建成了一家摩根士丹利公司。为什么会起这样一个名字呢？其实这个名称来自于两位合伙人，即杰克·摩根的儿子小朱尼尔斯·摩根与哈罗德·斯坦利。而剩下的 J．P．摩根公司则成为了一家纯粹的商业银行。

这样一来，摩根银行就被强行"拆分"了。当摩根家族作出这样的决定时，J．P．摩根这家合伙公司一共约有 425 名雇员，其中大约有 400 人都是从事商业银行和其他业务，因此这大多数人都被继续留在原来的公司，只剩下约有 20 个人出来组建摩根士丹利。不过别看这班人少，但之后在行业内却做出了骄人的成绩。

后来的事实证明，对于一个公司来讲，拆分的确不失为一个很好的选择。一班人马固守阵地，坚守着祖宗家业；而另一班人则另起炉灶、重操旧业。不过目前的拆分由于并非出于本意，因此被拆分后的两家公司都怀有一种期待，那便是以期将来有一天两家公司能重新合并。

关于这一点并非是空穴来风，因为确实有种种迹象表明，J．P．摩根公司自分家之初便计划有朝一日将两家公司合二为一，以重新恢复 J．P．摩根公司的完整性。这迹象在摩根合伙人拉蒙特写给友人的信件中即彰显无遗，他在信中这样写道："我觉得我们都感到肯定会找到办法和手段重返证券业的，不是通过修改现行法律就是通过某些独立的公司计划或其他什么的。我们现在正在考虑这些问题，但无论如何是不会接受这个观点的，即……我们将断了证券业务的根。"

当然，这两家公司将来能否合二为一，已经是后话了。目前最关键的是新成立的摩根士丹利银行，又将如何发展？1935 年 9 月 16 日，J．P．摩根公司"证券业务的根"，也就是摩根士丹利银行在华尔街 2 号喜庆地落地开业。

虽然摩根士丹利最初的员工只有 20 多人，可谓势单力薄，但毕竟是出身"名门望族"，自一落地便是衔着金汤匙而生的。因此，在开业的这天上午，人们送来的鲜花足足有 200 多种，以祝贺摩根士丹利公司开张大吉，气氛可谓是喜庆热烈，不知道的人还以为是在举办花卉展览。

不过不管这气氛如何热烈高调，仍无法掩饰摩根公司一直以来沉稳低调的作风。因为《纽约时报》的记者非常难得地窥见了其最真实的一面，那便是摩根士丹利的开业典礼可谓平常得就像是任何一家老字号公司又一个平凡的星期的开始。

千万别小看只有 20 余名摩根职员从华尔街 23 号来到摩根士丹利重新创业，要知道，在之后的一段时间里，就是这支团队使得摩根士丹利得到迅速发展。其实摩根士丹利之所以能自创立后迅速发展，很大的原因得益于摩根士丹利具有其他任何新成立的机构所望尘莫及的优势。

因为来到摩根士丹利的这 20 余名摩根职员，他们完全继承了 J. P. 摩根公司承销业务的经营传统，即不配备营销人员、只选择基本客户和保持低额经常性支出。要知道，这么多年来，J. P. 摩根公司便是依靠这三条原则，将公司的证券业务发展得如火如荼。而现在新成立的摩根士丹利银行将继续沿袭这些传统。

当然，除了这些优势外，摩根士丹利银行还有另外一个无与伦比的优势，就是 J. P. 摩根公司之前的老客户对摩根士丹利抱有莫名好感，因此自摩根士丹利成立后，那些老客户便都把目光纷纷转向了它。这些公司中便包括美国电话电报公司、通用汽车公司、美国钢铁公司及杜邦公司，甚至还包括纽约中央铁路等。这些公司个个实力强大，它们纷纷来摩根士丹利投资，便立刻让摩根士丹利银行成为了债券承销市场上的王牌选手。

因此，在摩根士丹利银行开业之初，上门洽谈生意的公司便一直络绎不绝，甚至仅仅靠摩根士丹利的 20 多名员工根本已经忙不过来了，还得需要外借人手过来帮忙。这其中便包括后来成为摩根担保公司董事长的埃尔莫尔·彼得森，他就是因摩根士丹利银行忙不过来而被调过来的。虽然是临时抽调，但他在摩根士丹利一干便是一年，这足以证明摩根士丹利的业务有多么繁忙。

不过即便如此，仍然有许多客户备受冷遇。其中有一次，一家公用设施公司的董事长前来洽谈融资一事，但摩根士丹利因为实在太忙了，于是便让人告诉这位董事长，让他下星期再来。堂堂一个董事长，身份、地位不可谓不显赫，但在摩根士丹利面前，却吃了如此一个闭门羹，由此可见，摩根士丹利在华尔街的地位绝对是贵族中的贵族。

所以，即使说摩根士丹利自一出生便含着蜜糖也并不为过，因为它的大多数业务都是由华尔街 23 号介绍过来的，客户也全都是首屈一指、名声在外的大公司，也难怪会对一些小公司不屑一顾。

1935 年 9 月，美国电话电报公司计划融集一笔资金，摩根士丹利主动承揽了这项业务，它将按照新证券法要求，完成债券发行工作。到 1935 年即将结束的时候，摩根士丹利银行接手的债券发行量已经达到了 10 亿美元，占到整个市场份额的 1/4。

这样的成绩是惊人的，因为到 1935 年末，距离摩根士丹利开业的时间仅仅只有半年，在如此短的时间里就能有这么非凡的战绩，足以说明摩根士丹利的辉煌。人们觉得摩根士丹利的业务比之前摩根银行在这个领域内所做的，有过之而无不及，甚至比之还遥遥领先得多。对此，美国知名杂志这样评价道："大多数商行、协会或公司起步都是比较缓慢的，摩根士丹利公司的记录却是很独特的。……真是使其他任何新成立机构望尘莫及。"

俗话说："万事开头难。"摩根士丹利银行有了这样一个好的开始，在之后 20 世纪 30 年代所剩下的几年里，摩根财团更是一路领先，潜心经营，最终坐上了行业领头羊的位置。

第十一章
家族色彩淡化与未来

当摩根财团被拆分后，便形成了三支"余脉"。这三支"余脉"就是摩根士丹利、摩根建富及 J.P. 摩根公司。它们在各自的发展过程中，都遇到了机遇和挑战。虽然各自的命运不同，但共同的特点就是摩根家族的家族色彩越来越淡化，仿佛光芒正在湮灭。

家族色彩淡化

　　自古以来，战争都是残酷的，不仅给人民带来灾难，对经济发展的损失更是惨重。第一次世界大战是这样，第二次世界大战也不例外。1940 年，二战的炮火正在以迅雷不及掩耳之势席卷欧洲大陆，彼时的欧洲及亚太战场的人们正处于水深火热之中。然而，彼时大西洋彼岸的美国，则由于这场战争而意外地结束了长达十年的经济萧条。虽然在这之前，美国为了走出经济萧条的泥潭，而在全国实施了罗斯福新政。成效是有的，但显然，同罗斯福新政相比，战争似乎更具有高效的魔力，让美国从经济萧条的阴影中走出来。这样的说法是有根据的，早在一战的时候，美国就是借战争转移国内矛盾，化解经济危机，大发战争财。因此，在 20 多年后的二战中，这一现象又将会重新上演。

　　正因如此，战争才是把双刃剑，对于摩根财团来说，二战既是机遇又是挑战。当二战的炮火蔓延到法国的时候，法国的很多银行纷纷停业，而一直有"绅士银行家"之称的摩根财团却并没有其他美国银行那样，选择关闭自家在法国的分行，因为它还在为保留绅士银行家的颜面而挣扎。在战争中，摩根财团作出这样一个决定，无疑是十分冒险的。不过机遇与危机往往并存，虽然摩根财团冒着巨大风险，坚持让巴黎分行在二战中一直营业，最终的结果却也不坏，不仅没有亏本，甚至还小小地赢利了一把。

此时的英国伦敦大温彻斯特 23 号，摩根建富银行已经悄然演变为一家有限公司，家族色彩日趋淡化，J．P.摩根银行也仅仅拥有其三成股权。不过，它的绅士银行名头却丝毫不减当年，其英国合伙人使它仍然保存着高贵的贵族血统。摩根建富就像是一道屏障，生生横亘在英国政府和 J．P.摩根银行之间，其独立之意已初现端倪。它开始独立承销英国证券，越来越不将 J．P.摩根公司放在眼里。甚至摩根建富的英国合伙人曾这样霸气地说道："通过我们做的业务，就是我们的业务。"而随着时间的流逝及国际和国内环境的风云变幻，摩根建富与 J．P.摩根银行的嫌隙越来越不可调和，为日后的分道扬镳埋下了隐患。

其实这是市场选择的结果，摩根财团的家族色彩已越来越淡化。当然，同在第一次世界大战中一样，摩根银行在二战中，也发了不少战争财。由于大规模购买军火的需要，英国政府急需美元和黄金，而国库又不足，因此为了供应前线需要，以打赢这场战争，英国只得委托摩根银行在华尔街出售英国政府所持有的美国债券。俗话说："商场如战场。"这一消息属于商业机密，是丝毫不能泄露的。因此，摩根银行为了防止大规模抛售债券会引起价格下跌，而不得不选择秘密出售债券。当然，这一任务最终也得以圆满完成。

然而，前面已经提过，摩根财团在新型市场经济条件下，家族色彩已逐渐淡化。虽然摩根财团仍然如一台设计精良的机器在正常运行中，但内部变革也在悄然酝酿中。

1940 年 2 月的一天，华尔街 23 号突然宣布召开新闻发布会，就连很长时间不曾在公众场合露面的杰克·摩根也出席了会议。这一天对于摩根财团来说，是不同寻常的一天。因为出席会议的杰克·摩根向人们公布了一条令人震惊的消息，那便是他宣布 J．P 摩根公司将由私人合伙人制转变为股份公司。

这意味着摩根公司放弃了传承近百年的绅士银行传统，而是变身为公众公司。这一消息一经传出，瞬间如一颗炸雷震动了华尔街。

很多人纷纷猜测，摩根银行的这一举动是迫于罗斯福新政之下的无奈之举。当然，这样的说法的确并不是无中生有、毫无根据。但如果只凭这点，就认定摩根银行是借此向白宫表示臣服，则是言过其实。要知道，摩根银行向来是贵族中的贵族，又怎会轻易低头？事实上，摩根银行作出这一决定，并不是向白宫示弱，也不是一时头脑发热，而是综合多方面因素，经过深思熟虑而作出的决定。

对于摩根银行来说，从私人银行到公众银行，是一次华丽的蜕变。虽然家族色彩淡化了，但却适应了市场经济发展的大潮流。在这之前，摩根银行是私人合伙银行，家族企业，按照自己的意愿经营，自负盈亏，由合伙人共同分享利益和承担风险。因此，并没有必要对外界披露公司信息。而在1933年的佩科拉听证会上，则是第一次将摩根银行的信息公之于众，也正是从那时起，美国民众才开始对摩根银行的运作和经营模式有所了解。然而，随着新银行政策的颁布，适时公布银行信息已成为必要之举，但像摩根银行这种私人银行，一直以来奉行的保密传统，毫无疑问地与美国政府意愿背道而驰。因此，摩根银行频频遭受挑战，同时，合伙制私人公司的弊端也显露无遗。

众所周知，私人合伙公司的关键在于合伙人，合伙人掌控着公司的经济命脉，在企业王国中拥有至高无上的权力。正因如此，对于合伙公司来说，合伙人的品质和能力在很大程度上影响着公司的发展。杰克·摩根正是深谙这一道理，因此自他上任起，便采取了宽松的用人政策，积极吸纳有能力的合伙人加盟，他明白只有任人唯贤，而不是任人唯亲，才能真正使摩根银行在新时代中不断发展壮大。

然而，时光无情，当年在商场上叱咤风云的杰克·摩根已渐渐衰老，而摩根银行的危机却日益严重，这怎能不令杰克·摩根焦急？彼时他亲自挑选的一批合伙人当中，其中最重要的两位，查尔斯·斯蒂尔在1939年不幸离世，而另一位合伙人托马斯·拉蒙特则年事已高，对公司业务力不从心。尽管杰克·摩根为确保公司不因高级合伙人去世而陷入混乱，从而采取了一系列措施，但查尔斯·斯蒂尔的去世对摩根银行的影响还是不可避免。

　　同时，在查尔斯·斯蒂尔去世后，因征收高额的遗产税和所得税，查尔斯·斯蒂尔名下的银行资产也被迫分流。造成的结果便是，摩根银行的资产瞬间从1929年的1.19亿美元下降到了1940年的3900万美元。而假如有一天，年事已高的杰克·摩根和托马斯·拉蒙特也不幸离世的话，那么将会严重削弱摩根银行的资本，从而会给摩根银行带来不可挽回的损失。正是基于此，杰克·摩根才决定将摩根银行转变为股份制公司，因为股份制公司正是可以有效解决这一困境的金钥匙。除此之外，美国政府规定，私人银行不得从事信托业务，而此类业务正释放出极大的魅力。如果摩根银行想涉足信托领域，则必须放弃私人合伙制。

　　总之，出于种种原因的考虑，摩根银行最终选择了走向股份制合作的道路。1940年，在摩根银行大刀阔斧地改革之后，可谓是卸下了负担，得以轻装前行。摩根银行首先吸收了费城的德雷克塞尔银行的存款，之后便从费城毅然撤出，甚至连富有声望的"德雷克塞尔"招牌也转售给了当地一家正在组建中的投资银行。

逐渐没落的"贵族"

在 1942 年之前，没有人会否认摩根银行在华尔街举足轻重的地位，它俨然就是华尔街的霸主，在曾经很长一段时间里，被人们称之为"摩根时代"。因为彼时的摩根银行屡屡承担起中央银行的职能，尤其是在经济危机中，以一己之力力挽狂澜，担当起了"救世主"的形象，解救银行家与投资者于危难之中。然而，1942 年是一个转折点，因为摩根银行在这一年加入了美联储，成为了联邦储备体系的一员。摩根银行加入美联储后不久，便第一次面向公众发售了摩根银行股票，尽管数量并不多，仅仅只有 8% 的比例，但这件事情的意义却很重大。因为这不仅意味着摩根财团的家族色彩越来越淡化，更意味着即使是普通美国人，也可以和摩根家族及其权势显赫的其他伙伴一样，成为摩根银行这家金融巨擘的股东。

1943 年 1 月 31 日，杰克·摩根主持了 J. P.摩根有限公司第一次股东大会。一个多月后，这位金融大亨在度假途中不幸离世，结束了他辉煌而传奇的一生。《纽约时报》称之为——"最后一位金融大亨"的离去。当这最后一位金融大亨离去之后，摩根财团该何去何从呢？它还能成为一脉相承的家族企业吗？显然，从杰克·摩根决定摩根银行加入美联储起，他便已经没有了这方面的心思。因此，杰克·摩根去世后，托马斯·拉蒙特接任了公司董事会主席。这打破了摩根银行家族传承的传统。

然而，在短短的 5 年之后，托马斯·拉蒙特也相继离世，并且留下了 2.5 万股 J. P. 摩根公司股票。这笔相当惊人的数目由他的经纪人负责，开始通过摩根士丹利面向大众出售，当时兑现金额有 600 万美元之多。随着摩根财团主要合伙人的相继离世，摩根财团这个曾经的"贵族"，光辉似乎一下子黯淡下来，未来正在等待它的又是什么呢？

虽然在二战刚刚开始的时候，其他几个资本主义大国的经济纷纷面临崩溃，而只有美国的地位得到了空前提高，大量黄金流入，当然，水涨船高，摩根财团在二战中更是获得大量财富。然而，1944 年，随着二战的即将结束，40 多个国家在美国召开了"布雷顿森林会议"，以商讨战后世界经济格局。在这次会议上，签署了著名的"布雷顿森林体系"，确定了美元开始取代英镑为国际储备货币的地位。这一消息对绝大多数美国人来说，都是一个振奋人心的好消息。因为这一体系意味着美元由此将与黄金挂钩，将成为国际货币体系的支柱，而英镑则沦为普通一员，新金融时代已经缓缓拉开了序幕。

但是，所谓"有人欢喜有人忧"，对于摩根财团来说，这一消息实在是一个晴天霹雳。因为"布雷顿森林体系"结束了私人银行主导世界金融格局的历史，开始将金融大权收归政府麾下。这意味着由鼎鼎大名的摩根财团、纽约联邦储备银行及英格兰银行所组成的"三驾马车"彻底宣告解体。这种变化虽然谈不上能动摇摩根财团的根基，但却足以将摩根财团原本的节奏打乱。而摩根财团主要合伙人的相继离世，对摩根财团这个金融王国来说，无疑是雪上加霜。这令摩根财团这个曾经不可一世的贵族颇为黯然神伤，在之后整整的 40 年中，摩根财团仿佛都是在不断调整和摸索中度过，除了必要的时候，发表些顾问性、不痛不痒的意见外，可谓是没有什么作为。

此外，二战后，世界金融出现了一些变化，使得摩根财团曾经至高无上的地位因之降低。而且在这期间，超过三成的政府债券都无法兑现，更是使得摩根银行损失惨重。这一系列的打击，似乎已经在一定程度上伤了摩根财团的元气。这个金融帝国俨然已逐渐走向了没落。到了1950年，摩根财团不仅实力大减，风采不似当年，曾经耀眼的光环也开始消退。它就像一个英雄迟暮的高贵绅士，虽然不情愿，但还是无法阻挡新时代的来临，仿佛只徒留一个曾经风光无限的名字，令人唏嘘不已。

之所以说摩根财团在1950年的时候，有了英雄迟暮的惨景，是因为在这一年中，有两笔数目不小的贷款。如果是在以前，这笔钱对于财力雄厚的摩根财团来说，并不算是多大的事，但今非昔比，如今的摩根财团，原本自己的财务就有点捉襟见肘，这么一大笔钱，就真的有点力不从心了，最终还是联合了大通银行才完成了这一交易。总之，摩根财团仿佛真的是老了，竞争力日益减弱。要知道，二战之后，众多新兴银行纷纷涌现出来，由于这些银行没有历史包袱，因此更能适应新型市场经济。然而，此时的摩根财团却依旧沉浸在曾经的荣光和传统中不愿醒来。就像落难的凤凰般，既不愿意面对现实，又缺乏革新的勇气和魄力，终日蹒蹒跚跚、步履维艰。

这也说明了任何公司都不能故步自封，而应该与时俱进。摩根银行就是因为死守着之前的虚名止步不前，才使得自己渐渐失去了竞争力。到后来，仅在纽约城，就有10家银行的规模超越了它，而如果放眼全美的话，单以数量和规模而言，摩根公司的排名就已经到了20多名开外。这个曾经风光无限的、了不起的"金融妖怪"，已经逐渐失去了昔日金融巨擘的地位。其实这也是市场竞争的结果，市场竞争将银行业务推向了普通大众。但是，当银行开始面向普通民众吸收零星存款的时候，摩根银行却依然坚持只为大客户服务。

可是，那些大客户现在还能以把钱存在摩根银行为荣吗？答案显然是否定的，因为摩根银行的辉煌时代已悄然离去，殊不知，在大客户眼中，摩根银行已渐渐落伍，跟不上时代的潮流了。只可惜，此时摩根公司董事长亨利·亚历山大却意识不到这点，或者是心里不愿意承认。他仍然是把自己的客户定位在大客户及贵族身上，似乎不愿意放下自己的身段，而是一直秉承着这样骄傲的自信——"我们的出纳有价值百万美元的微笑，他们只对有百万美元的人微笑。"正是由于摩根公司这样地顽固，才使得它在传统和现实之间举步维艰，再加上公司资金的短缺，直接影响了贷款业务，更不必说与许多大宗业务失之交臂了。

总之，整个20世纪50年代对摩根公司来说，都是一段灰头土脸、威风不再的岁月。它给人的印象就如同一个老迈不堪的贵族，一方面小心翼翼地恪守着传统，尽量不与那些平民银行发生交集；另一方面又沉浸在昔日的荣光中不愿醒来，珍视自我形象到了无以复加的地步。这个曾经贵族中的贵族，如今真正是逐渐没落了……

◆ 风骨犹存 ◆

在市场经济条件下，对任何公司来说，优胜劣汰是必然的结果。而很多公司为了增强竞争力，或者是扩大规模，都会选择吞并其他的同行公司。在20世纪50年代的时候，银行合并浪潮可谓是席卷华尔街。事实上，摩根公司的没落，并不是个例，而是代表了故步自封的绅士银行的整体命运。这些曾经风光无限的绅士银行，在新时代中恪守陈规陋习，不愿意与时俱进，于是被很多新兴银行所超越。虽然这些银行之前名气与实力并不大，但在新时代中，顺应了时代潮流，经过不断改革与发展后，实力的确不容小觑。

然而，这些银行不管实力如何强大，但终究是没什么名气，同绅士银行相比，他们缺的就是一块"金字招牌"。因此，经过深思熟虑，这些名气不大，但实力强大的银行开始把目光瞄准了那些丧失生气但仍有声名的金融贵族，毫无疑问，其实他们就是想兼并这些贵族银行。因为银行家们意识到只有通过合并才能真正与大客户平起平坐、平等对话。

这场合并浪潮来势凶猛，其中汉诺威银行与制造商信托银行合二为一；化学银行收购了纽约信托银行；即使曾经是摩根时代"三巨头"之一的纽约第一国民银行也难逃劫难，因其和摩根公司一样，不肯降低身价拉拢客户，于是最终在山穷水尽时被国民城市银行所接管。令人瞠目结舌的是，在这样一场合并浪潮中，仅仅在纽约，就有1/3的银行消失了，而规模更大的银行则如雨后春笋般纷纷涌现。

那么，摩根公司有没有被卷入这场合并浪潮中呢？答案是肯定的，摩根公司已不复往日，自然也有银行把主意打到了摩根身上，其中实力雄厚、野心勃勃的大通银行便是代表。大通银行是新兴银行中的佼佼者，在规模上已跻身纽约银行前三甲，然而，它并没有满足，而是希冀通过合并，从而获得更大更好的发展。由于华尔街23号与大通银行的大楼相连，因此，大通银行对摩根公司的发展十分关注，眼看摩根公司越来越衰弱，但其声名却仍旧是不可逾越的金字招牌，于是就开始动了合并摩根公司的念头。

最终，大通银行满怀期待地向摩根公司表达了合并意向。对于这一提议，摩根公司显然不能接受，不过它也十分矛盾。因为就目前的现实情况而言，摩根公司渐渐没落，若是还想恢复往日荣光，似乎除了合并之外并没有其他更好的良策。但是，摩根公司的合伙人均表示反对合并，他们希望能一直保持公司文化的纯正性，若是以其目前的实力与大通公司合并，那么合并之后必将处于十分被动的地位，恐怕是连"摩根"这块金字招牌都会成为历史，这样的结果显然是摩根公司不愿意也不能接受的。

因此，大通银行的这一合并计划最终受挫。不过，所谓"失之东隅，收之桑榆"，大通银行虽然在摩根公司这里碰了一鼻子灰，却也转而顺利接管了曼哈顿公司银行，然后一起组建了大通曼哈顿公司。同时，由于当时纽约盛行起了大公司总部外迁的风气，于是大通曼哈顿公司也紧跟潮流，很快在华尔街之外的一个街区建造了一栋大通曼哈顿大楼，外观十分有气魄。新办公大楼建成之后，大通曼哈顿银行随即决定搬过去。不过，在搬走之前，还有一件要做的事就是，大通曼哈顿银行决定把现今人去楼空的公司大厦卖掉，而最理想的接手者无疑是与之相毗邻的摩根公司。

一天，房地产商威廉·泽肯多夫代表大通银行与 J. P. 摩根公司谈判，摩根公司董事长亨利·亚历山大接待了他。事实上，最开始的时候，摩根公司对此提议并不太感兴趣，因此，亨利·亚历山大开门见山并自我感觉良好地直接拒绝道："我们不是房地产商，我们已经有了街角这一小块漂亮的地盘，我们在金融界的作用是不同寻常的；我们的规模虽然不大，但有很强的实力和影响力，有关系网，而且我们不想扩大，不需要这块地方。"总之，亨利·亚历山大言语之间仍然透露着强烈的骄傲和自信。

不过，面对亨利·亚历山大如此直白的拒绝，泽肯多夫并没有泄气，而是依旧苦口婆心地劝道："照目前情况看，总有一天你会与另一家银行合并，而且最有可能是一家大银行。到了那个时候，这点财产实际上就相当于是新娘的嫁妆，它可以使你们与合伙人达成一项更好的交易。"且不管泽肯多夫的这一说法是否正确，总之就是当亨利·亚历山大听到这一段话后，瞬间就变了脸色，仿佛受到了极大侮辱似的，言辞激烈地反驳道："摩根永远也不与人合并。"谈话到了这里，似乎已经没有继续谈下去的必要，最终，泽肯多夫只得作罢，不得不讪讪地说道："好吧，这只是我的预测。"

本来这件事情到了这里应该是告一段落了，不出意外的话，也许已经可以画上句号了。然而，世事无常，这件事情到后来还真的有了下文。因为没过多久，亨利·亚历山大对此事的态度就发生了 180 度大转变，经过一番考虑，最终还是决定接受与其相毗邻的大厦，这样一来，华尔街 23 号和宽街 15 号就连成了一片，摩根公司的规模扩大了不少。

然而，虽然亨利·亚历山大在这件事情上妥协了，但在合并一事上却一直都没有妥协。尽管如今的摩根公司不管是声名还是实力都大不如从前，可合伙人在心理上却仍然保持着优越感，依旧觉得自己是个贵族。关于银行合并这一现象，摩根公司董事长亨利·亚历山大曾这样说道："有的合并是不错，尽管我不否认在这儿也会发生这样的好事，但我们不想合并。我们干得很不错，谢谢你们，我们要坚持到最后。我们并不急于合并。"其实摩根公司这样的坚持也不难理解，对于摩根公司来说，显然更希望能保持自己的尊严，并通过努力使得摩根公司有一天能恢复昔日的辉煌。但是，令人意外的是，在不久后，口口声声声称坚决不合并的摩根公司却完成了一笔惊天合并，而泽肯多夫的预测也成了真。

蛇吞象，东山再起

一艘大船能否航行得更远，关键就在于掌舵者是否出色。虽然摩根公司的境况越来越不乐观，不过足够幸运的是，在摩根公司这段最黯淡、最艰难的岁月中，恰逢遇上了一位卓尔不群、十分有魄力的掌舵者亨利·亚历山大。这是一位富有智慧和才华的银行家，正是在他的带领下，摩根公司逐渐渡过了这段艰难的岁月，甚至俨然有东山再起的希望。

亨利·亚历山大是位非常出色的银行家，在纽约华尔街向来享有盛名。多年的商场生涯，使得他深谙斡旋博弈之术，非常懂得张扬与隐忍的平衡技巧，这在财大气粗的华尔街并不多见。当然，他的这些优点也给摩根公司带来了很多利益，例如，在他的斡旋下，以十分优惠的价格拿下了大通曼哈顿银行旧楼；同时，在他的努力下，摩根公司与白宫的关系也得以缓和。事实上，亨利·亚历山大是在明修栈道，暗度陈仓，表面上虽然口口声声声称不与其他银行合并，但在私底下却在精心策划一场惊人合并大案。

因为理想与现实之间总是有距离的，即使摩根公司对合并一事非常排斥，但为了更好地生存和发展，也不得不选择这条路。只是就算是合并，摩根公司也要选择有利于自己发展的公司为合并对象。之所以拒绝大通银行的合并请求，主要还是因为大通银行的财力雄厚，而且与摩根公司的经营模式和风格相去甚远，因此，并不是特别好的合作对象。相比之下，反倒是位于纽约百老汇大街 140 号的担保信托公司比较合适，因为这家公司不仅实力不错，而且和摩根公司也比较志同道合，的确是个不错的选择。

此外，其实这家担保信托公司和摩根公司也渊源颇深。事实上，早在 20 世纪初，两者就是行业之间的盟友，摩根公司曾帮助担保信托公司进行了一系列合并，并最终顺利将其打造成了当时美国最大的信托公司，因此，两者之间的关系可谓十分深厚。同时，这么多年以来，摩根公司的合伙人也一直在该公司担任着董事一职，甚至摩根公司的托马斯·拉蒙特还担任过其执行委员会的主席。也正因如此，担保信托公司才与摩根公司有诸多的共同点，可以说，两者之间有着历史的传承性和天然的接近性。

当然，两者之间除了共同点外，也存在着差异。其区别就在于担保信托公司比摩根公司要开明得多，它不像摩根公司那么顽固、那么守旧，而是在不放弃传统的同时，也不排斥新兴的行业游戏规则。正是由于担保信托公司的开明及灵活应变，才使得它在新时代、新环境中得以更快、更好的发展。其中它最令人艳羡的就是批发业务。在这一领域，它拥有着众多优质客户资源。毫不夸张地说，美国排名前 100 名的大公司几乎都是担保信托公司的客户，可谓行业内的个中翘楚。

但是，对于担保信托公司来说，还有一件事却不是那么尽如人意，那便是这家公司的董事长并不是那么受欢迎。这位董事长名叫卢瑟·克利夫兰，此人是一位地地道道的老派银行家，具有很强的权力欲望，喜欢玩弄权术，总是摆出一副高高在上、目中无人的独裁者面孔，试图以个人意愿操控整个公司。然而，这位董事长的能力却很平庸，根本不足以担当此重任，于是，造成的结果就是注重个人权威多于公司利益，在整个公司中并不得民心。不仅如此，卢瑟·克利夫兰的不良形象还对公司的担保业务产生了影响，因此，担保信托公司的董事们一直以来对董事长都颇有怨言，而这种不满也最终在1958 年爆发。

事情是这样的，到 1958 年的时候，担保信托公司的全体员工对卢瑟·克利夫兰的不满达到了一个高峰，于是他们计划在华尔街寻找一家比较靠得住的银行，然后希望借助公司合并将克利夫兰赶出去。这个时候，正值华尔街银行合并浪潮之际，物色一家怎样的银行作为其合作伙伴成为了重中之重。其实这个选择对于担保信托公司来说，早已经有了理想对象，那便是摩根公司是最佳选择。的确，摩根公司在担保信托公司员工的心目中，一直都有着无比高大的形象，甚至即使是最普通的一名小职员，也认为摩根公司最为合适，这名小职员这样说道："我们曾认为摩根公司是一家不错的银行，只是由于它的贷款限额，在参与大笔贷款时，只能占一小部分，正因如此，摩根公司对此非常担心，而我们担保信托公司则可以弥补它的这一缺憾！"

于是，担保信托公司的董事们开始频繁拜访摩根公司，那么，摩根公司的态度会如何呢？会一口回绝吗？要知道，摩根公司的董事长亨利·亚历山大不久前才曾经信誓旦旦地说道："摩根公司永远不与人合并。"然而，任何事情都不是绝对的，事实上，对于这桩送上门来的交易，亨利·亚历山大并没有像之前那样毫不留余地轻易拒绝。

因为这是一个很具有商业头脑的领导者，他经过仔细研究后，认为摩根公司与其合并其实是一个双赢的局面：首先，两家公司在气质上比较接近，有很多历史渊源;. 其次，担保信托公司是一家很有实力的公司，因为担保信托公司在公共事业和铁路方面实力不俗，拥有不少大公司大客户，比如美国运通公司、美国电话电报公司及国际商用电器公司；最后，当然也是最重要的一点，如果两家公司合并，的确还可以优势互补，譬如美国钢铁公司是摩根公司的大客户，而伯利恒钢铁公司则在担保信托公司拥有账户。同样，摩根公司在西欧和美国西部声名斐然，而东欧和美国西南部则是担保信托公司的根据地。正是出于以上这些因素的考虑，使得亨利·亚历山大最终对两家公司的合并动了心。

然而，虽然两家公司都有了合并意向，但俗话说，"一山不容二虎"，一方面，担保信托公司要求在合并之后的新公司中占据主导地位，最好在公司名称上体现为担保—摩根之类的；另一方面，摩根公司董事长亨利·亚历山大当然不能接受。不过，这件事情很快就迎刃而解了，因为担保信托公司对其董事长克利夫兰实在是忍无可忍。为了将这位失去人心、令人讨厌的董事长给赶出公司，担保信托公司最终不得不首先做出了让步妥协。1958年12月，两家公司共同宣布进入合并流程。4个月后，摩根担保银行正式成立，新公司地址就在纽约百老汇大街140号。

从公司名称上就能发现，在合并之后的新公司中，摩根公司占据着领导地位。而新公司的董事长自然是非亨利·亚历山大莫属。不仅如此，两位副董事长也是由摩根公司的高层担任，而担保信托公司则只有一名董事保住了地位。如果要问那位不得人心的卢瑟·克利夫兰董事长去了哪里？他自然是悻悻地离开了。自此，摩根公司彻底完成了合并。在这次合并中，摩根公司与一家四倍于己的公司合并，并且最终掌握了主导权，可谓是一次名副其实的"蛇吞象"。此消息一经传出，华尔街一片哗然，人们已隐隐感觉到，摩根公司东山再起的脚步似乎已经无法阻挡了。

重整旗鼓，再创辉煌

经过合并后的摩根公司，尽管是以摩根担保公司的名义，但不可否认的是，它的确重新夺回了昔日的荣光，因为摩根担保公司在规模上俨然已华丽地跻身业界全美前四的行列。然而，这不过是摩根公司光辉岁月的开始，经过这次重整旗鼓，摩根担保公司将以王者的姿态再创辉煌。

摩根担保公司成立后，在新业务的推动下，摩根财团渐渐游回了资本市场，由于其资金实力得到了迅速壮大，于是就有了相当多的资金剩余，因此，摩根担保公司开始了进军国库券业务的历程。这项业务正式开始于 1960 年，当时正值美联储拍卖一年期国库券，摩根担保公司的拉尔夫·利奇建议董事会竞标。董事会询问道："如果参加此次竞标，大概需要的数目有多大？"拉尔夫·利奇回答道："应该需要 8 亿到 10 亿美元。"拉尔夫·利奇所说的这个数字，俨然不是一个小数目，如果是放在以前，这个数字就是摩根公司整个银行的业务量，虽说经过合并之后的摩根担保公司，资金雄厚了不少，但这样一宗大交易，还是要考虑考虑。

最终，摩根担保公司董事会经过一番深思熟虑后，决定成立一个专门从事国库券交易的交易部，并交由利奇负责。交易部成立后不久，就成功拿到了这笔一年期的国库券，可谓是"开门红"。有了这样一个好的开始，在之后的岁月中，交易部更是再接再厉，把这块业务做得风生水起。1962 年 8 月，美国财政部又出售为期 3 个月的国库券，数额高达 13 亿美元。仅仅摩根担保公司一家，利奇投标金额就达到了一半之多。不过，这很快就引起了政府的注意，为了有效防止摩根担保银行一家独大，财政部出台了一个新规定，那就是单个投标人最多只能购买政府每周出售的证券的 1/4。因此，摩根担保银行的份额被硬生生地减掉了一半。然而，尽管如此，摩根担保银行的国库券业务也发展惊人，每天的交易量甚至高达 10 亿美元，也难怪《幸福》杂志曾评论道，利奇在一年中经营的钱很可能比其他任何一个在私营公司工作的人都多。

随着摩根担保银行在业内的突飞猛进，摩根财团终于从之前萎靡不振的状态中恢复过来，这个昔日银行界的翘楚正在以一种强横而霸道的姿态进入美国及世界市场，那么，它能够如愿以偿地重振当年雄风吗？20 世纪 60 年代初，摩根担保银行开始着手向世界市场进发，起初是在西欧的英法意等，后来则把业务扩展到了远东的日本，甚至拉美及中东等地区。其中的大多数业务都进行得很顺利，甚至有些业务实现了名利双收，这使越来越多的人觉得摩根财团恢复往日的荣光指日可待。

从摩根担保公司成立的那天起，摩根财团就顺理成章地接收了担保信托公司原来在欧洲的分公司。然而，由于其中的大多数机构都与摩根财团的原有分行相重叠，例如，其伦敦分行就与摩根建富银行撞了车，使得两家公司不知该以何种方式相处：合作抑或竞争？因此，事实上，摩根担保公司在海外扩张的步伐并不是很快。虽然 1962 年的时候，摩根财团已经在摩洛哥、秘鲁及澳大利亚等地的 11 家金融机构持有股份，但仅仅是这些成绩，似乎还不足以满足摩根财团高层那日益高涨的海外扩张欲望。

当然，作为富有远见的摩根担保银行董事长亨利·亚历山大，他自然也不会仅仅满足于眼前的成绩。事实上，他还有更大的野心，那便是希冀通过努力，以使重新恢复 J. P. 摩根公司证券、储蓄齐头并进的联合局面。然而，要知道，美国之前颁布的《格拉斯—斯蒂格尔法案》，直接预示着他的这一想法是空中楼阁，当年也正是由于这一法案的颁布，才导致了摩根财团的分离，才有了现在的摩根士丹利银行。不过，亨利·亚历山大也是赶上了好时候，因为美联储有了一项最新的暂时规定，那便是《格拉斯—斯蒂格尔法案》在美国境外可以不遵守。这项新规定直接成为了之后摩根担保公司迅速向海外扩张的导火线。

不久后，在巴黎协和广场4号，新出现了一家名叫摩根有限公司的新机构，主要从事证券承销业务。这家新公司由摩根担保公司控股，除此以外，还邀请了在美国证券业呼风唤雨的摩根士丹利银行。不过可惜的是，摩根士丹利竟然不屑一顾地拒绝参股，正因如此，才使得摩根财团进军欧洲的步伐得以放缓。不过，新成立的摩根股份有限公司并不仅仅局限于法国，而是面向整个欧洲市场，尤其是西欧各国。在它刚刚成立后，就为意大利高速公司发行了第一笔欧洲债券，并赢得了不错的名声，在之后的表现更是成绩斐然。

同时，摩根士丹利银行、摩根建富银行及摩根担保公司三家强强联合，然后与梵蒂冈银行在罗马组建了一家名为"欧美利坚"的投资银行。这在意大利还是第一家美式投资银行，之后在意大利获得了很大成功。这次合作也使得摩根士丹利看到未来欧洲市场的广阔前景，此后，摩根士丹利开始逐渐谋求介入这片拥有巨大潜力的市场。而摩根股份有限公司在"内克曼股票事件"中的表现并不是很令美国政府满意，于是，美国证券交易委员会又出台了新的政策，那就是摩根财团不能既做纽约各银行受托方，同时又在巴黎为这些银行承销债券。这一新政策无疑是又要逼着摩根财团"分家"，可是，摩根财团也只有听命的份。因此，1967年1月，摩根担保公司不得不忍痛割爱，不过，"肥水不流外人田"，摩根担保公司最终决定将其在摩根有限公司的

2/3 的股份卖给摩根士丹利。

　　经过此番变动后，摩根股份有限公司更名为摩根国际公司，交由摩根士丹利负责经营和运转。摩根士丹利成为掌舵者之后，也是尽职尽责，并且还把它当作自己开拓海外市场的立足点，不仅为其派送了大批人才，而且还将除澳大利亚之外的所有业务都打上了摩根国际公司的旗号。正是由于摩根士丹利对此公司的大力支持和投资，才使得摩根国际公司取得了骄人的成绩。到 1975 年的时候，摩根国际公司每年发行的债券数额就高达 50 亿美元。

　　当然，在摩根士丹利收益颇丰的时候，摩根担保公司也没有完全放弃欧洲市场。1968 年，摩根担保公司在比利时首都布鲁塞尔开设了一家"欧洲清算中心"。相比于欧洲，摩根担保公司在拉丁美洲的势力和影响力显然更大。在整个 70 年代和 80 年代，摩根财团一直是拉丁美洲最大的债权人，因此，人们甚至还送给摩根财团一个"MBA 银行"的称谓。虽然是玩笑话，但其巨大影响力却不言而喻。

越来越不"摩根"

　　早在 1935 的时候，迫于政府新颁布的《格拉斯—斯蒂格尔法案》，摩根财团不得不面临着分家的局面，虽然摩根财团曾试图能扭转这一局面，但最终所有的努力还是都化为了泡影，于是，便从摩根财团中分离出了摩根士丹利。虽然摩根士丹利在之后的时间里，自成一家，并做到了行业"霸主"的地位，但终究来说，摩根士丹利仍然是摩根家族的一个分支。那么，到了 80 年代的时候，摩根士丹利的发展又是如何呢？

总的来说，20 世纪 80 年代是华尔街比较混乱的一个年代。行业之间的竞争越来越激烈，优胜劣汰的丛林法则也越来越残酷，业务模式不断推陈出新，人人都在为赚钱而奔忙。同时，投机商人也越来越多，甚至有些人一夜之间暴富，当然，也有人可能一夜之间就一贫如洗。而摩根财团就是在这样的大环境下，逐渐走下了神坛，不再是昔日人们需要仰望的金融巨擘。然而，虽然摩根财团的名望不如从前，但其实力仍然不容小觑。在这之前的几十年中，不仅摩根公司经历了动荡和波折，摩根士丹利也是如此。

但当时光的指针指向 20 世纪 80 年代之后，摩根士丹利则开始了一段意气风发的日子，因为仅凭借自己的金字招牌，摩根士丹利就轻而易举地赚了个盆溢钵满，根本就不用为业务发愁。在过去的 20 多年中，摩根士丹利一直是证券承销领域的霸主。而在 1982 年，它又在兼并业务方面拔得头筹，这真可谓节节升高，更上一层楼。

然而，所谓"天有不测风云"，摩根士丹利在经过了一个巅峰后，便开始走向了下坡路。这个转折点就发生在 1982 年。在这一年的 3 月，美国证券交易委员会新颁布了"415 规则"。这个规则规定：蓝筹公司不必逐笔登记新发行债券，而可以登记大宗证券，并且在两年之内临时通报，分数次发行即可。正是由于这个新规定，使得整个债券承销市场一夜之间发生了天翻地覆的逆转。这是为什么呢？

事实上，在这之前，投资银行一直在证券发行商与投资机构之间起了一个中间人及协调的作用，因为债券承销需要花费的时间比较长，一般来说都需要好几周的时间，那么，在这段时间中，就需要投资银行从中运转协调。

但随着"415 规则"的颁布，这种模式直接就被打破了。原因很简单，由于不再需要逐笔登记，那么财力雄厚的大公司就有了足够的时间直接将债券卖掉，而不再需要投资公司这种中介来运转。这样一来，投资公司的地位和作用就被大大削弱，从中牟利也就越来越难，这相当于断了投资银行的财路。

因此，这一消息对于摩根士丹利来说，无疑是一个晴天霹雳。当然，有人欢喜有人忧，对于摩根士丹利是噩耗，但对于摩根士丹利那些以往的大客户来说，则是一个天大的好消息，因为他们终于甩掉了投资银行这个大束缚。所以，到了 1983 年的时候，短短的一年后，摩根士丹利的债券承销业务就从第一直接跌到了第六。与此同时，所谓"牵一发而动全身"，债券承销业务滑入低谷也就罢了，摩根士丹利的兼并业务也随之迅速下滑。如此一来，对摩根士丹利来说，无异于雪上加霜。

因为发展进入了低谷，所以，摩根士丹利不得不选择另谋出路，开辟新业务。为了使公司走出这个泥潭，从而获得更好的效益，摩根士丹利万般无奈之下，不得不降低身价，开始把主要业务转向以往不屑一顾的领域。要知道，摩根士丹利从诞生之日起，便是衔着金汤匙而生，而作为摩根财团的一分子，它自然有着无与伦比的骄傲和自豪。但是，发展到如今，似乎摩根财团越来越不"摩根"了，在残酷的现实面前，它也不得不低下高昂的头颅。

在 20 世纪 80 年代，华尔街最赚钱的业务莫过于垃圾债券交易。然而，高收益往往伴随着高风险，只有饥不择食的公司才会如此选择，而当年的摩根士丹利就是如此，它就像一个赌徒急于找寻出路，不过庆幸的是，摩根士丹利这一局还真是赌赢了，最终赚了个大丰收，甚至一跃而成为美国最大的垃圾债券公司。当然，除了高风险业务之外，摩根士丹利还尝试着为个人和机构管理短期资金。这项业务如果放在以前，摩根士丹利是绝对看不上眼的。

此后，摩根士丹利更是为了筹集资金，而在 1986 年向公众出售了 20%的公司股份，从而摇身一变成为了一家上市公司。自此以后，摩根士丹利在"摩根化"道路上越走越远。

如果和摩根士丹利相比，摩根担保公司的发展则是越来越平稳。发展到 80 年代的时候，它已经在欧洲债券承销商中独占鳌头。其中包括杜邦公司、花旗公司等在内的跨国公司都和摩根担保公司建立了良好的合作伙伴关系，甚至这种关系一直延续到今天。当然，和摩根士丹利一样，为了在日益严峻的竞争中不被淘汰，摩根担保公司也开始逐渐放下架子，如其他大多数同行一样，开始将公司利益放在第一位，而不是虚无缥缈的地位和荣耀。

同时，摩根担保公司为了激励员工，为了让公司能在激烈的市场竞争中获胜，开始让利给员工，甚至还用巨额奖金来激励员工。就如 1987 年的时候，恰逢纽约股市崩盘，摩根担保公司为了奖励业绩出众的员工，不惜拿出 130 万美元的巨额奖金来鼓励员工。要知道，这可不是一笔小数目，由此可见，摩根担保公司已经越来越不"摩根"了，而是逐渐真正融入了市场经济的大浪潮中。

然而，任何事情有利就有弊，当摩根担保公司终于能放下架子，把公司利益放在第一位之后，随之而来的却是对利益的过分执着，使得摩根担保公司逐渐丧失了人情味。在激烈的市场竞争中，甚至后来发展成了只要能给公司带来利益，不管是谁，都可以在公司谋得一席之位，就连当时备受歧视的犹太人也不例外。因此，到了 20 世纪 80 年代末的时候，摩根公司这个曾经的家族企业已经发展成为了一家拥有 15000 人的集团公司。

后来，随着摩根担保公司的日益壮大，新的 J. P. 摩根公司开始代替摩根担保公司在广告中出现，这似乎是在给人们营造一种重新复兴的形象。但是，如今的 J. P. 摩根公司还是当初那个吗？不管它如何壮大，一旦传统丧失，人们仍然会觉得它已经越来越不"摩根"了，而当初的金融巨擘摩根财团，则像是一尊偶像被打破了。

◆ 光芒正在湮灭 ◆

在摩根财团的三支"余脉"中，除了摩根担保公司、摩根士丹利之外，就是位于德意志的摩根建富了。不管是摩根担保公司，还是摩根士丹利，在经过连续不断的挫折后，尽管不再有昔日的荣光，但终归是没有走向覆灭。然而，令人惋惜的是，作为历史最为悠久的摩根建富，则最先"中断"了。虽然摩根建富在摩根财团的三支"余脉"中，实力最为弱小，但它最终的消亡还是不免令人扼腕叹息。而摩根建富的消亡，似乎也在昭示着摩根财团的光芒正在湮灭。

在摩根建富覆灭前的最后几年时光里，一旦人们回忆起来，就感觉那时候的摩根建富仿佛是一夜间突然转了性子，令人感觉变得"陌生"起来，完全将过去摩根财团一贯遵循的温文尔雅的绅士做派给抛在了脑后，反而变得激进张扬起来，不仅斤斤计较，而且还喜欢争强斗胜。这样的做派其实跟摩根士丹利后来唯利是图的风格如出一辙。不过不同的是，摩根建富最终却玩过火了，因此落得个消亡的下场。

事实上，在摩根建富覆灭前，它仍然还有着让其他银行都心生羡慕的大客户。例如，英国伊丽莎白二世的账户就是由摩根建富管理；再例如，著名的洛克菲勒基金会也是在摩根建富建立的账户。当然，除此以外，摩根建富也有其他不少的大客户。总体来说，尽管摩根建富的规模不是很大，实力也并非雄厚，但至少在声名上，摩根建富作为一个古老的绅士银行，其威望仍在。不过在市场竞争的冲击下，它似乎已经有了日暮穷途的迹象。

1986 年的时候，英国政府突然决定对伦敦金融区放松管制，并开始鼓励允许外国公司参与到竞争中去，同时，为了鼓励外商进入，还取消了以前名目繁多的收费项目。这一系列的举动，使得外国公司纷纷蜂拥而至，而这些外来公司的突然涌入，直接对缺乏远见、行动迟缓的摩根建富造成了巨大冲击。俗话说，"福无双至，祸不单行"，偏偏之后发生的一件事，更是使摩根建富的形象跌入谷底，那便是被爆出的"吉尼斯丑闻"。在这一丑闻中，摩根建富扮演的角色并不光彩，因为它涉嫌操控股价，并因此被英国政府制裁。虽然政府对它的惩罚并不严重，但却使它一直以来的光辉形象受到严重损伤，使它在公众心目中的形象一落千丈。

于是，以这件事情为转折点，从此以后，摩根建富一直在走下坡路。这个昔日的贵族，以不可阻挡之势走向了没落。1986 年 6 月，摩根建富宣布出售股份，从而成为了一家上市公司。这意味着摩根建富昔日那神秘、低调的面纱将被揭开，公司的财务情况不再是秘而不宣，而是被公之于众。同时，为了在激烈的市场竞争中得到更好的发展，摩根建富逐渐开始涉足了一些比较危险的领域，例如，摩根建富就曾放弃了自己的底线，为恶意兼并的一家公司筹措了 10 亿英镑的投标资金。这如果是在以前，在摩根建富里是绝对不会发生的，所以，就连摩根建富自己的员工都这样感叹道："商人银行一直以来都是在靠自己的信誉来吸引客户，然而，到了现在，却有越来越多别有用心的人来找摩根建富，因为它们正在做着更有挑逗性的业务。"

但是，尽管摩根建富放弃了底线，做起了具有"挑逗性"的业务，却最终还是没能挽救摩根建富的日益衰亡。1988 年 12 月 6 日，这是悲伤的一天，有着悠久历史但却久无盈利的证券业务部门在这一天被宣告永久关闭。这意味着摩根建富 450 多名的员工将要面临着失业。在短短的一年后，摩根建富首次宣布亏损，而后又与德意志银行合并。当摩根建富更名为"德意志摩根建富"之时，这个拥有 151 年悠久历史的商人银行宣告了死亡。这个凝聚了乔治·皮博迪、J. S. 摩根和 J. P. 摩根三代人心血的金融大厦，瞬间化为一道云烟，消逝在了历史的长河中。

继摩根建富覆灭之后，摩根士丹利的发展也并非坦途，而是被各种官司缠身，最终导致其声誉随之大跌。1944 年，摩根士丹利的交易员以口头协议的形式同意购入一笔债券。但是，一天后，摩根士丹利发现这笔债券存在很大风险，若是以承诺的价钱购入的话，很有可能导致亏损。于是，摩根士丹利单方面撕毁了邀约，声称要降低债券购入价格。这件事到了这里，对方最终也不得不做出了让步，同意了摩根士丹利变卦之后的价格。然而，尽管如此，摩根士丹利却变本加厉，再次变了卦，并且这次变卦是要直接拒绝履行交易协定。俗话说，"只有再一再二，没有再三再四"，摩根士丹利第一次变卦，对方已经容忍了，而现在再次变卦，使对方觉得自己被玩弄了，于是对方一怒之下就把摩根士丹利告上了法庭。这场官司最终以摩根士丹利的失败而告终，虽然法庭要求摩根士丹利支付的赔偿费对其来说微不足道，但摩根士丹利在公众心中的形象却由于此场官司大打折扣。

如果这一场官司对人们来说，可以理解为摩根士丹利的失误的话，那么，在一年后的另一场官司中，摩根士丹利的光辉形象就真的是一落千丈了。在一年之后的那场官司，针对的对象是摩根士丹利当时颇引以为傲的"本金与汇率联结证券"。原告是一个个人投资者，名字叫帕格里斯，他根本就不清楚金融产品的风险，却从摩根士丹利处购买了大量"本金与汇率联结证券"。结果他最终亏本了，于是他将所有责任归咎于摩根士丹利，并将其告上了商业法庭。这件事本来可大可小，即使真的要追究责任，摩根士丹利的责任也并不大。然而，随着案件的进展，摩根士丹利金融衍生品的猫腻却被曝光。

事实上，这个名为"本金与汇率联结证券"的债券，是一种令人称奇的债券。其发行人是许多有声望的大公司及政府机构，并不承诺到期偿付全部本金，而是关于本金的偿付直接与各种外汇汇率挂钩。但是，为了成功出售这些债券，摩根士丹利掩饰了其中蕴含的风险，向公众声称这一债券的风险仅限于初始投资额。于是，许多像帕格里斯这样被蒙在鼓里的个人和机构，纷纷出手购买这些债券。结果显而易见，通过摩根士丹利的暗中操作，所有风险都全部转嫁到了投资者的身上，摩根士丹利则始终稳赚不赔。当真相被公之于众后，人们纷纷为之震惊。法庭认为摩根士丹利这家具有国际声誉的银行竟然堕落到欺诈客户的地步，实在是令人寒心。虽然最终摩根士丹利只损失了几百万美元的赔偿金，但摩根士丹利将失去人心已成为不争的事实。

而以上两场官司也不过是摩根士丹利遭遇的众多纠纷中的冰山一角。这些事情均表明，如今的摩根士丹利已经堕落到了如此地步，为了利益不择手段。在激烈的市场竞争中，昔日的绅士银行似乎已经一去不复返了，光芒正在湮灭，"贵族"正在没落。

今日摩根财团

在经过了二战的洗礼后，尽管摩根财团的三支"余脉"，在市场经济的浪潮中逆流而上，但是，曾经不可一世的摩根家族对美国金融和经济的控制早已是明日黄花，不复存在。摩根建富最终覆灭了，摩根士丹利和摩根担保银行，也不似以前那样实力雄厚、威名在外了。问古今兴废事，总让人唏嘘不已。摩根财团的发展历程也算是一段传奇。

早在 20 世纪 50 年代的时候，H. P. 戴维森是 J. P. 摩根银行的总裁，而杰克·摩根的儿子小朱尼尔斯只是副总裁。但不管怎样，从某种意义上讲，摩根公司仍然是由摩根家族在继承和经营。然而，当时间的车轮行走到 1958 年的时候，J. P. 摩根公司在时代的浪潮中，不得不成为了一家上市公司。自此以后，可以说，摩根公司的摩根家族色彩已经越来越淡化了，甚至已消失了痕迹。

从二战后到 50 年代中期，在日益激烈的市场竞争中，摩根财团的金融地位可谓急剧下降。而其他原本与摩根财团实力相差巨大的财团则追了上来。随着其他财团与摩根财团的差距越来越小，摩根财团昔日的金融霸主地位也被易了位。而在商业上，往往牵一发而动全身，由于摩根财团在国内的金融实力削弱了，直接也影响了它在国际上其他领域的地位。当然，摩根财团并不甘心任由这样发展下去而不作为，于是，随后摩根财团迅速采取了一系列种种凌厉的反击措施，以求扭转局面。但是，虽然这些措施的确起到了一定的作用，可却不能从根本上力挽狂澜。

当时间的长河来到 20 世纪 70 年代的时候，摩根财团在电子计算机、高速复印、微型胶卷等新兴技术工业领域的投资都超过其他财团。此时，经过了无数次风雨洗礼后的摩根财团，其金融力量仍然相当雄厚，尤其是在信托资产方面，优势十分突出。而它投资的范围也更加广泛了，不仅对美国经济的影响有所扩大，即使是英法德等其他国家，也都与摩根财团保持着密切的联系。

经过一系列的变革和革新后，到 20 世纪末的时候，J．P．摩根公司已经发展成为了一家拥有 15000 名员工的大银行。虽然摩根建富消亡了，摩根士丹利也没落了，昔日一言九鼎的摩根财团已不复存在，但 J．P．摩根公司仍然试图保留传统的摩根文化和精神。在 J．P．摩根公司中，新进入公司的员工都要进行 6 个月的培训，让他们学习银行的历史和企业文化。而且虽然 J．P．摩根公司已经是上市公司了，家族色彩也淡化了，但公司每次招人时，依旧很少面向社会招人，而是局限在员工家庭和各种圈子的关系内。因此，虽然摩根财团绅士银行的名声已经不再了，但不少传统习惯还是传承了下来。

那么，现在的摩根财团发展如何呢？事实上，对于今天的中国人来说，摩根这个名字并不陌生，因为 J．P．摩根公司和摩根士丹利公司均已在华设立了代表处。尽管现在的摩根财团或许并不是由摩根家族在经营，但摩根家族几代人辛苦创下的基业却传承了下来，并且还在美国乃至全世界的金融领域发挥着越来越大的作用。

2008 年，似乎是很不平常的一年，中国汶川地震爆发，而美国也发生了次贷危机。因此，美国纽约各大银行均损失惨重，不过这次经济危机却给花旗银行、美洲银行和摩根大通为期 4 年的激烈竞争画上了终止符。这年年底，在经济危机的冲击下，花旗集团市值缩水到 300 亿美元。同样，美洲银行的情况也不容乐观，其市值同样疯狂下跌。在这样的大环境下，摩根大通也难以避免遭受损失，但即使是这样，花旗集团和美洲集团加起来的市值总和也赶不上摩根大通。因此，最终的结果是，摩根大通成为了美国第一大银行。

然而，虽然摩根大通最终取得了胜利，但这种胜利却包含着太多的酸楚。在这次危机爆发前的几年，华尔街一片欣欣向荣，到处都洋溢着金融产品所带来的繁华荣光，殊不知，这背后其实暗潮汹涌，隐藏着极大风险。事实上，这种表面上的繁荣，在很大程度上是归功于一种叫作次级抵押贷款的金融产品。从 21 世纪初开始，美国的房地产业就得到了迅速发展。然而，并不是每个人都能买得起房，于是，华尔街的金融天才们就将次级贷款应用到了房贷领域。的确，这一想法很天才，花明天的钱，住今天的房。这项业务很快就在美国成为了炙手可热的业务，不仅吸引了很多大牌银行，也吸引了很多美国民众。不过，摩根银行却是该领域的后来者，当它开始涉足这一领域的时候，其他银行已经成为了行家里手。

很多时候，机遇往往是与风险并存的。当其他银行纷纷疯狂地投入这一领域，并赚得钵溢盆满的时候，却都不曾意识到，这种虚假繁荣终有尽头时。而摩根大通的 CEO 杰米·迪蒙则是为数不多的清醒者。他原本就是风险控制方面的专家，因此，他对次级抵押贷款始终持保留态度。当整个华尔街都为此陷入狂热之际，迪蒙却小心谨慎地对待此领域。例如，2006 年秋，摩根大通抵押服务部反映次级贷款的违约掉期成本正在迅速攀升。迪蒙便认真地叮嘱属下："你得紧盯着次级贷款！我们要把许多头寸卖掉。这玩意儿可能会什么都不是，我以前见过这种情况。"正是由于迪蒙始终保持清醒的头脑，才使得摩根大通在次贷危机中遭受的损失降到了最低。

当时间进入 2007 年的时候，美国的房地产泡沫已经越来越严重，而这种虚假繁荣的景象终有一天会破灭。终于，贝尔斯登旗下两支价值 200 亿美元的基金出现严重亏损，这成为了引发次贷危机的导火索。这一导火索一经点燃，次贷风暴便迅速以燎原之势爆发开来。随着次贷危机的爆发，很多银行损失惨重，甚至有不少银行面临倒闭的厄运。而摩根大通却因提前撤出这一领域而免遭一劫，当然，还是受到了一点波及，不过损失是微乎其微的。相比之下，其他银行就没有这么幸运了。

2008 年，一家拥有 85 年历史的华尔街第五大投行面临着破产的困境。一旦它宣告破产，那么将会引发一场灾难。正是在这最危急的关头，时隔很多年后，摩根财团再次充当了"救世主"的角色，因为摩根大通最终收购了这家名为贝尔斯登的银行，避免了一场灾难的发生。随后，摩根大通再接再厉，又收购了不幸"落马"的华盛顿互惠银行。

这场危机来势凶猛，波及范围甚广，造成的损失也难以估量。当危机过后，华尔街光环散尽，一片萧索。然而，当人们蓦然惊醒时，才发现在这场危机中，摩根大通成为了最大的赢家。这时，或许人们会再次想起 J. S. 摩根和 J. P. 摩根所标榜的谨慎、保守和低调的作风。虽然如今的摩根财团已经不是摩根家族在经营，但摩根家族所创下的基业却被传承了下来，并且希望它能一直传承下去。

附：九封摩根信札

第一封　学习中的成长

一个未来的企业家，并不会在进入社会后，就不再严格要求自己努力学习。他们只是把需要用作学习的时间稍作调整，比如，日常加入一些娱乐，而夜晚和周末则成为了他们努力学习的时间。

致我最爱的小约翰：

从现在开始你已经长大成人，我有很多事情要叮嘱你，现在对你所说的话跟以前可能不太一样了。因为，你马上就要步入这个缤纷多彩的社会了，我们将一起在这里接受考验。现在，你不单单是我的孩子，同时也是我的一名战友，一名同事。今天是你结束了 20 年学校生活的日子，你已经接受了很多老师教给你的理论知识，你已经能够正式进入现实社会中工作了。也许有很多的人他们并不喜欢很早起床，日复一日地工作，从而失去他们应有的休闲娱乐，而这些工作更有可能会导致他们产生很多疾病；当然也有那么一些人会努力进入工作状态，因为那样能够让他们实现自己的梦想，他们会更努力，更多地发挥自己的才干。我衷心盼望你是属于努力实现自己梦想的人，而不只是继承了我们家族所创造出来的种种财富，你应该去努力创造更多属于你自己的财富。

孩子，在你孩童时期，我对你的教育或许有一些严厉，让你失去了很多悠闲时间，但是，你要知道的是，我这么做是为了让你学到更多的知识。如今，你所积累的知识已经十分丰富了，今后你要将你曾经的学习成果运用到这个异常残酷的社会当中，以此来保证你的生活，争取你的地位，进而创造属于你的远大前程。关于信心与经验，你正处于一个非常有利的地位，因为你有我这个父亲，还有你从心底所发出的想要成为出色企业家的呐喊。

有很多跟你一样步入社会的年轻人，他们没有你的这份幸运。他们为了生活与未来挣扎，他们有时候甚至都不知道自己的目的地在哪儿；也有小部分的人他们已经选择了自己的目的地，却一直没有办法进入那条通往终点站的高速列车。你有想过这是为什么吗？你跟他们唯一的不同就是他们没有一个我这样的父亲，我能够把我在业界多年的奋斗经验和心得毫无保留地说给你听。我们的祖先迈尔斯·摩根于1636年登陆上美洲大陆，从祖祖辈辈务农创造积累，到进入地产、金融这些商业领域，这一切的成功经验皆是点点滴滴的结晶。我期望你能够传承到我们摩根家族遗留下来的传统与事业。这样看来，你是不是比与你同龄的那些年轻人幸运了许多？你有着明确的目标，还有经验丰富的父辈为你指路，这就是一个很好的起点。

首先，你必须为自己制订一份计划，每天要准时上下班，努力工作，通过基层去了解与学习企业运转的方方面面。在工作中，纪律是非常重要的，试想一个连上下班的时间都没有办法遵守的人，你又怎么能去相信这个人能为你承担责任呢？

从客户们的立场上来看，他可能只给你一次机会，因此第一印象非常重要。

在工作的过程中，你经常会接触到那些在企业里兢兢业业的同事们。你一定要非常谦虚地学习他们的经验和管理方面的知识！你可能希望这种状态能够有所改变，但你一定不要心急，因为现在还不到时候。也许你对企业目前的做法有自己的意见与建议，放心地提出你所设想的方法吧！但你需要在提出建议以前好好考虑下，你的建议是不是一个好办法。同时，你一定要注意在提出疑问时不要过分严格。成功者从来都不会守株待兔，因为他们都是一边学习一边等待时机的人。他们往往都是将计划思索再三，想到实施后各种可能发生的状况后，才会得到一个更好的计划。即使你已经肯定了企业的制度有改变的时候，也不要匆忙去实施，除非是紧急的时候。虽然在有的时候，一个公司的管理者的判断要做到果敢、迅速，但也要根据实时情况而定，当你从来没有接触过的生意出现时，最好还是要经过长时间的讨论，做完这一切，等待基础健全时才能进行。

在学校的时候，你所学到的那些理论知识可以帮助你，给予你指导，但在工作中主要靠的还是实践。在工作的过程中，只要你能够做到谦虚地去学习，那你就能够获得很好的学习成果。在我看来，你可以从销售部门开始学习，等你了解到一定程度之后，我就会安排你去与客户见面，让你能够更加了解自己，有机会展现你的推销能力。有些客户与公司合作的年头可能会比你的岁数还要长，从客户那里你能了解到更多他们对于公司的种种看法和观点，以此来增加你对公司的认识。需要提醒你的是，在你跟客户见面之前，你要尽你所能地去了解对方，站在客户的立场上说的话，他们可能只给你这么一次机会，你必须要把最好、最积极的一面呈现出来，让客户对你有一个良好的第一印象。否则，你需要花上更多的时间才能够重新抓住这个客户，这就有可能拖住你的脚步。

你刚刚加入公司，要做到多听少说。如果你想要成为一个健谈的人，首先就必须要学会怎样倾听他人。你需要做的是多鼓励他人和多谈论一些他们感兴趣的话题，多听听他们的建议，这样才能客观地看待你所面对的问题，从而做出最正确的判断。

当你准备和客户见面时，要做到多方面准备。比如，必须带上我们公司的完善资料，还要在心中不停地告诉自己，我们能更好地为客户提供优秀满意的服务。这样一来，你就会拥有强烈的自信与勇气，能够在与客户见面时侃侃而谈，从而赢得客户的好感，进而更加顺利地完成自己的工作。可你要明确地知道，在客户面前不可夸夸其谈，更不要和客户争抢发言。要学会尊重客户，一定要做到等客户说完他想要诉说的内容，你再去陈述自己的观点。在销售工作中，服务只是其中的一小部分，而切实的售后服务才是更加重要的，假如你的服务让客户们对公司有所怨言，并离开公司，这就使得我们不得不去开发新的客户，对公司来说会是一个很大的损失。公司在不断开发新的客户群，但在公司的账面上却无法看到更多的利润。这就要求我们在不断开发新客户的同时也要重视售后服务，如此才能够确保公司的潜力和经营规划。

一个企业的服务就等于生命，优良的服务能使企业更加具备市场竞争力。所以在努力把客户服务做好的同时也不要忘记与原材料供应商们维持良好的商业关系。我希望公司在为客户提供良好服务的同时，客户能够以同样的精神支持我们。

在你过去所受到的教育中可以清楚地看到你是在为成为一个优秀的企业家而奋斗，也可以这么说，你对本公司的工作已经做好了相当的准备。在你成长的这20年里，我知道你的成长过程，知道你是一个做事留有余地而不强求的人。这样就需要你自己去发现工作当中的乐趣了。

人的进步就是一个学习的过程。当你具有梦想、自律与责任感的同时，也能让你的工作变成你生活的一部分，给予你快乐、忧伤。你不可忽略的是，竞争永远是多方面的。一个未来可能发展成你竞争对手的人，也许就和现在的你一样，刚刚进入这个社会，他在不断地磨炼自己，争取加入到这争斗中来。

在这封信的末尾，我想告诉你，一个未来的企业家，并不会在进入社会后，就不再严格要求自己努力学习。他们只是把需要用作学习的时间稍作调整，比如，日常加入一些娱乐，而夜晚和周末则成为了他们努力学习的时间。

你的父亲约翰·皮尔庞特·摩根

第二封　成长中的企业家

身为一名企业家，要做到的就是勇敢去实践新的想法，不要因为惧怕失败就举步不前。在这个世界上比我们要伟大的人比比皆是，如果总是惧怕他人，不敢做出应有的竞争，不敢直面失败，那么这样的世界也就不会是一个缤纷多彩的世界了。

亲爱的小约翰：

在不久以前我们曾谈过一个很有意思的话题，到现在我还没有忘记。现在我和你再深入地探讨一下这个话题。就在上个礼拜，我们一起在纽约参加丹尼尔家的晚宴时，曾经有过一段非常有意思的对话。在对话中你对成为一个企业家的种种猜想都非常有道理，当时我很难给予你一个正确的答复。现在，我就来告诉你一个我的朋友成为企业家的故事吧。

回想起我跟他接触时，那是我从普莱斯·瓦特豪斯公司的会计师岗位离职以前的好几年。那个时候，我是在你的母亲的介绍下，认识的约翰·伯特先生，那时候他已经步入了50岁的年纪，而我才28岁，在我还没有认识他以前，就在很早的几次社交活动中，被他散发出的个人魅力吸引，因为他有一个聪明的头脑。

当我与他见面时，他正处在人生中一个暂时的下坡路上，他手上的财产已经不够维持他的生活。有些人只是在他们需要金钱的时候才会去工作，但是这类人有着富足的知识与智慧，他们需要做的事就是全力发挥他们的头脑，创造出一个新的产品，同时提出这个新产品的推广方式。约翰·伯特就是一个这样的人。

在我决定了解身为企业家那不为人知的一面时，不能只是单纯地去看对方的表面，而是要以一个销售者的目光去深入观察。所以在我认识他的过程中，我希望抓住机会打听出他在下次再战职场的时机，并想进一步参与进去，他答应了我的要求。也许他是喜欢我冒险的精神以及我所展现出来的笑容。因为在他的身边有很多有才干的年轻人，让我找不到一个让他接受我这样一个没有经验的年轻人的理由，也可能他认为我能够与他配合得更好，所以他才选择了我。

约翰对所有的事情都不能疏忽，他需要掌管一切。在我第一次清楚地见识到他那极为罕见的观察力时，是和他在蒙特利尔繁华区的餐厅里共进早餐的时候，窗外匆忙的人们有的加快行走的速度，有的就在那小小的公车中拥挤。"人们总是在忙着工作，在得到酬金的时候，又要忙着去寻找花钱的场合，他们总是在来回奔波。如果我们能够提供给他们舒适的服务或将某个产品改良，那样我们就能够做出一番事业。也就是说，我们要去发明消费的另外一种路数。"约翰看着匆忙的人群对我说道。他的言语让我的印象非常深刻。一份事业的成功之路，就是为了那些需要我们为他们提供更加优良的商品、良好的服务的人们去创造，哪怕是一件很小的东西也没有差别。正是这样，我踏入了一个可以制造财富的企业界。多年以后，约翰过世时，我已经得到了足够的锻炼并成熟起来，而且我构建了一个企业家都必须具备的基础。那家我与他一同创立的企业，在约翰的过世后，是由他的继承人来继承，而在那个时候我已经具备了让这企业完全属于我个人的能力，并且还能够向更高处继续发展。不过，那时的我不是一个反应速度很快的人，也不是在同龄人当中能够未卜先知的人。但我从约翰那里学到了知识，并凭借着我自己的努力，我也能够拥有属于我自己的一家微不足道的企业。

我当时为了获得会计师的执照努力奋斗了 10 年，却很轻易地放弃了更好的前途，投入到当年年收入才仅仅 14 万美元的约翰·伯特的公司。在那个时段，有很多的人对我这项决策很不看好，这样的场景我到现在都依然记得，而且当时有几家大公司聘请我到他们那里做会计审查的工作，在我拒绝的同时，他们觉得我是在做一个非常疯狂的决定。现在，伯特公司已经把年营业额提高到 2500 万美元，这样的结果，看来我当年的决定并没有错。

在英语中"en-trepreneur"企业家是由从法语中的"enrte-prendre"演化

而来，在"en-trepreneur（企业家）"当中有着"企图完成什么"的意思。在牛津词典中更是指明了是"劳动阶层与资本阶层的中介者"。你要明白，在你成为一个企业家的同时就是在鼓励你去不断地创造。

这就要求企业家在任何时候都要具备很高的想象力，在所有的问题中，他要去找到一个答案，在企业家的脑海里不能存在他解决不了的问题，也不存在不能够实现出来的想法，他的思考模式永远都犹如天马行空，即使是面对同样的问题，也能够有新的想法去实现。这就不会使自己陷入企业界固定的想法中，这才是一个企业家能够成功的主要因素。

面对一个新的事物，身为一名企业家，要做到的就是勇敢去实践新的想法，不要因为惧怕失败就举步不前。如果你只能够从这件事情中看到成功或失败，没有作任何的思想斗争，是很不好的行为。在这个世界上，比我们要伟大得多的人比比皆是，如果总是惧怕他人，不敢做出应有的竞争，不敢直面失败，那么这样的世界也就不会是一个缤纷多彩的世界了。

你想想看，快餐连锁业之所以能成功，就是把一个小小的汉堡变化成一件商品而已！把杂货店的经营连锁起来不就成为了一家百货公司吗？所以身为一个企业家，一定要是一位人性的观察者。你在这个过程中要注意用心揣摩和发现其中的利润。

在一个成功的企业家的心里，销售委员会、行政部门的官员与你的参谋团，这些人都是地道的理论实践者，往往都是没有存在价值的。但能做到把石油公司在即将倒闭的危机中拯救出来的洛克菲勒是例外的，在很多大型的公司中一定存在着很多的企业家，但还有一些人，只是在努力地做好自己分内的工作，为了自己的梦想努力奋斗，哪怕外人有可能根本就没注意过他们的存在。

在当今这个社会上，有很多的人都有着让人觉得很棒的主意，但能把想法做成商品的人却只是其中的一小部分。我有一个经常说给别人听的故事就是一个非常好的例子，我觉得你一定对这个故事充满了兴趣。

在纽约的一个郊区，有一位老人经营着他的热狗店。生意非常火爆，在当地，老人的这家热狗店名声非常好，老人在他的店面上竖立着一个广告牌，广告的内容就是"全国第一热狗"。在很远的地方，大家就能够看到这个广告，所以常常有很多人慕名而来，想看看这家热狗店有什么本事能做到"全国第一"。每当客人来到他的热狗店时，老人总是站在店门口热情地迎接，嘴里总是招呼着一句："这是非常美味可口的食物啊，不要只吃一个，再尝尝第二个吧！"这样使得客人们的食欲非常好，非常喜欢老人给他们的建议。

待应生总是满脸微笑地在刚刚烘烤出炉的金黄色面包中加上香脆可口的泡菜，烹饪适中的洋葱和口感辛辣的芥末。客人们在吃完后都赞不绝口地说道："我在以前怎么就不知道一个热狗也能够这么可口。"在客人们离开时，老人总是在他们的车前对他们致以谢意："欢迎你们的再度光临，我们的热狗店很需要得到你们的支持，那些在店内为你们服务的年轻人也需要为了他们大学的学费而努力工作。"这让客人有种宾至如归的感觉，客人总是频繁光顾这里，还介绍了更多的客户光顾他们的小店。

老人的儿子在哈佛大学进修管理学，他在学成后回来看望自己的父亲。儿子在看到了父亲的经营成本后对父亲提出了自己的见解："父亲，现在正值全国经济大倒退时期，我们现在要做的就是尽量减少成本，我们只聘请两个人就可以完成这样的工作，这样我们就能节约剩下几人的消费，不要再竖立那个广告牌子了，这样可以节省宣传费用。父亲你也不要再浪费不必要的时间站在道路旁了，你只需要在后厨调制作料。我们也可以让原料供应商们为我们提供那些较为便宜的材料，用来制作泡菜的原材料也不选那么好，洋葱可以不加。为了度过这段时间的经济倒退，必定要减少一些不必要的开支。

这时父亲非常感激有这么一位高学历的儿子为自己提出建议，对自己儿子所提出来的"专业意见"也没有判断是否正确，就执行了儿子为自己提出的建议。老人在厨房当中料理那些便宜的原料，外面只有一个服务生在招呼客人，广告牌也被拆了下来。

一段时间后，儿子问老父亲的生意如何，老人望了望在前段时间还车水马龙的前门，以及现在没有几个客人的店面，对自己的儿子说道："你是对的，现在的经济真是很不好！"

看完上面的这个故事后，你了解到了什么道理？

你的父亲约翰·皮尔庞特·摩根

第三封　信念的力量

冒险能够满足企业家的自尊心，但若违反时代潮流便会导致危险。一位被喻为真正企业家的人，绝不会因为遭遇困难而埋怨周围的状况，他能很容易将以往的失败忘记，继续满足新的冒险欲望。成功了，也只不过是得意几分钟而已，失败也只是短暂的哀叹，这才是一个真正企业家的可爱之处。

亲爱的小约翰：

我知道你现在已经明白了：那个老人就是一个企业家，但他本身的才能却限制住了他的发展。

信念是一条通往成功的道路，在你身为一个企业家时就一定要有一个信念。因为人的情绪总是有高有低。你的心中有着高昂的情绪，要有一份信念上的坚持，要适时调节心理上的压力，不论在什么情况下都能把事情做好，这才是一个成功企业家的道路。

在真实的社会中，老人明确地知道客户的要求，就是身为企业家最基础的资质了，老人只是缺乏坚持下去的信念。当你能够将自己的信念坚定不移地坚持下去，那么谁也不能做到让你有所动摇。如果你有着对于成功的坚持和坚定的性格，那么就不会像我对你诉说的那位老人一样因为没有坚定的信念而失败。

在一个企业家看来，直觉也是很重要的一部分。在你需要决策一个没有依凭的方针时，你所能依靠的就是直觉了。但这只能用在几个地方，例如，商品的包装，销售方案，宣传方式，等等，这都是可以依靠直觉来判断的。

身为一个企业家不能忘记广告以及直销的效果，光是依靠这些方法就诞生了很多的百万富翁。一家企业在销售产品方面不止是需要决策者，同时也需要销售部门的配合，而不是像有些企业只是在等着客户去购买它们的产品，只有以很好的方式进入市场才能够让你踏上成功之路。

企业家也不能将所有的知识都装入脑子，客户对于公司的评价是很重要的。

倘若只是单纯地逃避问题，势必会在处理事务上犯很多错误，这些经验都是企业家在很长一段时间中摸爬滚打总结出来的，一个成功的企业家要有一个坚定的信念，但同时也要求你在处理事务上有一定的弹性，这些条件都是身为成功企业家所具备的条件。

　　一个成功的企业家往往都是不缺乏冒险精神的，因为很多生意都具有很大的风险性。很多人都知道，不管你的布局多么地精巧，也有着失败的可能性，但往往企业家都忽视了这种风险，为了他的事业而继续打拼。严苛、激烈的竞争和对于未来的期待都是企业家们享受的过程，在排除了所有可能对你造成影响的事物后，只享受了那么几分钟的胜利，继而又向着一个新的项目努力。

　　在可能发生危险的问题上，往往企业家们都能用他们的头脑去发现，并更将问题迅速解决，假如能够有人来为这项项目降低风险，他总是会想方设法去寻求援助。企业家们总是能以一种新的办法来突破瓶颈。

　　"不为打翻的牛奶哭泣"，企业家们为了事情的多方面发展总是会想到更多有效的计划。可能在 A 计划失败时，能够马上将 B 计划实施，这样就能够让资金更加安全。他们总是对自己严格要求，只是为了让他们不用再过上那种一日三餐都没有着落的日子。

　　"通往失败的道路有很多，而成功的路却只有一条……"企业家总是能想到很多方法来为他们实现理想，当他们判断出计划可能成功的概率不是很大时，他们总是要作出一些选择，大致分为以下几种情况：一、他可能会让大众来进行投资；二、运用自己的专业知识来拉拢资金；三、可能会有别的公司看好这个计划，那样就将计划卖给他们。假如根本就没人对这个计划感兴趣，他也能够直接放弃。在企业家们的心中总会有一个相对明确的判断。

　　在这个社会上也不是所有企业家都能得到成功，有一部分企业家的个性会为企业的发展诱发错误，还有一部分人往往太过于追求成功，以高速运转来换取产品开发，但这样的速度可能会为产品带来品质的差别，或者因为产品标识的疏忽，触犯了法律，这也就导致了失败的产生。还有一部分人，他们有着很好的思维，却没有充足的资金，没有朋友愿意支持他的冒险，银行也因为可能带来的风险而不贷款，这样他们就有可能再也没有成功的可能。

一个企业家与实业家的成功，都有很多的相同成分，但在企业家的个性中，往往充满着冒险、大胆等要素，而不是墨守曾经的经营方案。他们需要明白客户的需求和市场上对某方面提出的需要。当你了解到市场的行情，并作出正确的方案的时候，那么成功只是一个时间的问题。

当一位真正的企业家在遭到失败时，他从来不会抱怨社会为他带来的困难，他能让自己很快从失败的经历中挣脱出来，为自己新的欲望而继续奋斗。当成功的时候，也就是享受那么几分钟的胜利，失败却只能为他带来更多的目标，一个让人着迷的真正企业家就是这样。

冒险能够满足企业家的自尊心，但若违反时代潮流便会导致危险。一位被喻为真正企业家的人，绝不会因为遭遇困难而埋怨周围的状况，他能很容易将以往的失败忘记，继续满足新的冒险欲望。成功了，也只不过是得意几分钟而已，失败也只是短暂地哀叹，这才是一个真正企业家的可爱之处。

企业家的个性也非常重要。在工作、生活上，企业家一向只走自己的路，做自己喜欢的事。就如我最尊敬的企业家克劳多·霍布金斯曾经将他自己的孤独癖好精辟道出：

我这一生经历了很多紧急事件。但在我要处理一件很紧急的事时，总是我一个人在面对。但是我必须让自己作出判断，而往往这个判断会让别人指责我。我曾经作过很多次判断，但总是受到他人的冷嘲热讽与频频指责。在人生的道路上不管是财富、成就，还是一场硬仗的最终胜利者，都是很多人所嘲讽的对象。在我了解了这种现象之后，还曾深入调查过。我看到那一个个总是在乎他人意见却没有自己坚定立场的人，总是因为太在乎他人看法而导致失败。这样说来，在你自己的人生问题上，你是否还会太过于在乎别人对你的看法呢？

有的人可能在他们一生中作出几次伟大的决策，而那往往都是在众人不看好和反对的声音中完成的，克劳多·霍布金斯也是如此。"命运帮助勇敢者"，这是一位很伟大的诗人曾经说过的话。财富与勇气总是在人群中那么受欢迎，财富对你来说是可以任意支配的，但却不能过于意气用事，在有勇无谋的投资者看来，破产是经常发生的情况。你需要好好利用你的才能。

在我的收藏中，有一首诗，那里面包含着一个企业家所具有的勇气，你还能够回忆得起来吗？

人们总是在努力奋斗，而我在脑海中规划着属于我的梦想和憧憬，在我所追寻的梦想之路上，目标依然那么遥远，但我相信在未来的某一天我一定会完成我的梦想。我会为了我的梦想而努力奋斗，思考只是为了让我能更加积极地去行动，就像梅花一样，即使是在严寒的冬季也能散发出迷人的花香。因此，我坚信在未来的人生中即使面临各种各样的困难，即使是再大的难题也不能让我退缩、失意。我要为了我那伟大的奇迹而努力，我要超越先祖们伟大的思想，我会一步一个脚印地向前行走。你是不是感到很熟悉？这是你在中学时代所写下的文字，也许你已经忘记。但你在12岁的年纪就具有了积极向上的品质，努力奋斗的精神以及一份弹性思维。我想即使是你被人击倒，你也会为了与他再次战斗而勇敢地站起来，我会为你感到骄傲。

你的父亲约翰·皮尔庞特·摩根

第四封　最需要计较的投资：婚姻

如果你的婚姻是一场成功的投资，那么你的事业也能够迅速地上升。因为没有任何事情能比与自己的妻子配合所产生的动力更令人亢奋，更能体现出自己的价值。

亲爱的小约翰：

孩子，你的伴侣一直以来是我很关心的问题，因此，我不得不在这唠叨几句。我们都希望你有一个和谐的家庭，可你身边的女伴总是像走马灯一般地轮换，我每次都在想究竟哪位幸运的姑娘会成为你的归宿。

你总是在说"我似乎也到了结婚的年纪"，你说的可不是某个期望与陈述，而是像在宣布你即将结婚。每当听到你这样的话，我的心总是躁动不安：你怎么会有结婚的想法？可能是因为你的朋友们都步入了婚姻的殿堂你也想进入这个"圣地"？也可能是因为最近结婚是很流行的一件事，让你也想要去追赶时尚？

当然，我明白，追赶爱情的脚步是年轻人的一种普遍欲望，但如果想步入婚姻的殿堂就必须好好地考虑一下了。从某方面来讲，婚姻的结合只是缘分的发展，但决定了两人真正牵手的驱动力是只有在你真正想要结婚时才会实现，它不会因为你的一时冲动而产生，因为那样的婚姻并不理智，也不健康。或许我说的这些话会让你认为我很固执与保守，但我以一个过来人的身份告诉你：婚姻绝对不是一场游戏，一场冲动的婚姻背后隐藏的就是家庭的破散以及你精神上的折磨，而更实际一些的惩罚就是将你的资产大幅度地削减。

尽管你现在还不知道为人父母的感受，但我要告诉你的是，夫妻间的感情很可能会因为某些误会而迅速冷却，但是父母对子女的感情绝不会因为某些事件就削减，因此当你的婚姻一旦破裂，难免会对你的子女带来非常大的痛苦。

当我从一个企业家的角度来看待婚姻时我发现：婚姻其实是一个人在一生当中所必须作出的最大投资。关于这一点我们可以从两方面来解释：一、一份幸福美满的婚姻是人一生中很重要的一份支撑与动力；二、一次失败的婚姻所导致的损失是你无法估计的，一次不幸婚姻的结束，往往要牺牲掉你大半的身家，还有可能需要支付很多年的抚养费，以及挥之不散的精神折磨。

而在我看来，现在的年轻人对于婚姻方面的投资总是草草地就下了决定。"既然我们不合，那么我们干脆就离婚吧。"这句话是我经常听见年轻人在说的一句话，每次看到原本美好的婚姻被人们就这样轻易地抛弃，我总是为他们感到难过，再看到离婚为他们所带来的种种纷扰，更是让人痛心。

有许多人都在婚姻方面采取很小心的态度，但是他们的婚后生活都很幸福。而他们的婚姻之所以能如此美满，就是因为他们在结婚之前，不仅小心谨慎地相互了解，不会草率作出决定，还拥有着一颗只要选择就必须要让这份婚姻幸福地走下去的决心。

不过还好，你在挑选你未来的妻子时还是很沉稳的。你继承了我不错的个性，如果能够好好利用这些优点，那么你在以后为自身婚姻投资时一定会非常出色。

也许你会询问我对于未来生活的意见，也许不会，但无论如何，你自己的选择是非常重要的。如果你实在没有办法作出决定时，那么我告诉你：你的伴侣必须是一个讨人喜欢的，温柔的，没有顽劣、善妒性格的姑娘。千万不要去接近那些喜欢搬弄是非的女孩，更要避开那些贪婪的女人。

当你找到一个适合的伴侣时，那么接下来的日子就开始享受生活吧。

在你选定了喜欢的另一半时，那么你就要与她共度一生，我期盼你的伴侣将会是一位风华绝代的佳人。虽然以貌取人比较肤浅，但是一位表里兼具的美丽女孩成为你的妻子，那么每天只是看着她也是你人生中很大的一种享受。

如果属于你的女孩既聪明又能和你共度风雨，还能够以一个"合伙人"的身份来和你探讨意见时，那么我建议你尽快将她娶到家中。

如果你的婚姻是一场成功的投资，那么你的事业也能够迅速上升。因为没有任何事情能比与自己的妻子配合所产生的动力更令人亢奋，更能体现出自己的价值。

当然，除了我给你的几点参考意见，你还要注意：你的女孩是否懒惰？是不是一个对卫生看中的人？她的梳妆台是不是一片狼藉？她最好有一些幽默感，当然，如果你已经找到了一位气质与聪明兼备的女孩，就是你所占到的最大的便宜了，即使在她身上还存在一些其他小缺点，你也不要再去追求完美了，因为在这个世界上还没有一个真正完美的人。当她具有了聪明、迷人、气质这三项很重要的条件时，那你就可以享受惬意的婚后生活了。不过，当你们面对未来不可避免的矛盾时，我还是建议你做到以互相谦让的态度去处理问题。

在你看到你朋友的妻子时，是不是想过："如果我未来的妻子是她该多好？"如果你有类似的想法，那么我要奉劝你还是尽量不要与她见面为好，以免造成不必要的误会。

此时你需要做的就是找到自己理想中的伴侣，如果你不知道一位女孩是否适合你时，你可以去做一些分析，哪怕在婚姻的前一分钟，你也要在心里想想："是不是有更好的、更适合自己的？"当你在调查时发现了一位美丽而且对你很有吸引力的对象时，那么就鼓起勇气去追求她吧。

当你真正决定你的结婚对象后，你要去做一份"财产负债表"，将在家庭中的时间与工作时间进行恰当的分配，尽量保持两者的平衡。因为任何一方倾斜时，都容易造成不愉快的后果。值得注意的是，当你的蜜月旅行结束后，你就应该主动将工作时间的比重增加，这便是一种平衡。虽然我们工作就是为了追求那种被冠以"万能"称号的金钱。但是当你能够实现大部分我在信中对你所说的话时，那么幸福的生活将紧紧地围绕着你，你也将踏上美好的婚姻生活。孩子，我们家族无数的事业和财富需要你来继承和开发。因此，你的婚姻是否美满就更富有深意，而且你的生活是否美满更关系到我们家族的未来。

你的父亲约翰·皮尔庞特·摩根

第五封 赚钱不等于冒险

冒险很可能为你带来很大一笔财富，但并不代表冒险就一定会成功。在这点上我想告诉你，冒险也是一份值得投资的事情，但赚钱的过程并不一定要去冒险。

亲爱的小约翰：

赚钱的时候，我们总能在 30 分钟以内就把所有有利于我们的因素一一列出，但往往会把不利的因素无视掉，从而作出令人后悔的决定。我不知道你如何看待这件事，但我很担心你在这种抉择面前，忍不住诱惑，犯下错误。

在你正式参与你的朋友哈罗特为你提供的那个美好的赚钱大计之前，我要提醒你："人们总是在不知道这个计划是否可以为他们赚钱的时候，就确信这个计划会为他们带来无数的利润，会为他们带来成功。但据我所知，他邀请你作为他的生意伙伴，好像就是因为看上了你的父亲已经成功的原因。"

在你去为了这份计划未来可能带给你的金钱而行动以前，作为你的父亲，我也告诉你几件事，因为这样有可能为你挽回不必要的损失。

首先我要宣布，我并不是要去限制你发挥自己的才干。但我不得不说的是，在我听到这个计划的时候，我最先想到的是我们家的财富。因为，在一个人计划着开展新事业的时候，总是能让制造和销售的问题得到灵活的解决，但到了筹集资金把计划实现的阶段时，往往会遭遇困难。

我们姑且认为这项计划有成功的把握，并且非常地稳妥。但如果这项计划需要用灵魂去换取数百万的资产时，又有谁会去实现这个计划？我很清楚地知道，那个人一定不会是你，因为你现在还没有去经营这项特殊计划的资格。而且当你把你的精力和时间都注入这份特殊的计划中的时候，那么你就没有多余的时间为我们自己的公司工作了。而且从事实上来说，你现在的精力并不足以让你在两份不同的事业中都有所收获。

当然，或许在你投资几份这样的计划过程中，总会有那么一个获得成功，但是更有可能的是，当你在投资成功以前就已经倾家荡产了。

当他们邀请你去参加我们并不了解的事业时，哈罗特与他的那些工程师出身的朋友们同样都没有一点的经营经验。而在这种模式下，你必须要付出一定的代价才能收获合作经验，也才能对对方产生了解，但这需要付出的代价未免也太大了。

当你真正决定参与这个计划，那么你就会成为共同经营者的其中一位，你的位置是出资者，而哈罗特是管理者，查理和福莱特负责销售和生产。在开始的时候，可能大家都会去奉献，去全力以赴。但是当时间久了以后，这些人中总有那么几个因为半路的挫折而选择退出。哪怕在一份成功的事业中，这也是无法避免的情况。于是在这种情况下，你的工作变得十分忙碌，每周七八十个小时的工作量会压垮你，甚至压垮你的家人，到那时，你失败的阴影就已经悄悄降临了。

"为什么在我努力工作时，他们都在享受，在我所赚的钱中总有一部分都跑到他们的口袋？"

人们会发出种种抱怨，"为什么在我赚的钱当中要分给那些什么也没干的人呢?"

人们总是只记得对自己有利的一面,在开始时你为了成立这家公司所掏出了资金,但是他们是不会在日后成功的时候想到这件事的。到那时,你就会很快地遭到你的合伙人的质疑:"到现在你到底为了我们做过些什么?你为什么不干活白拿钱?"

或许你一定要加入他们的计划,但是我想我们有必要去做几件能够减轻痛苦的事情。从现在来看,对你最有利的情况就是你了解他们老实、勤劳、聪明的程度。我给你的建议就是,你现在最好的选择就是为他们描述以后可能产生的种种不利因素,让他们都有承受困难的准备。

而关于股份的分配方面,我希望你也要认真地考虑清楚。根据我的分析得知,哈罗特会和你的位置平等,至于另外的合伙者也都是不可或缺的角色,但毕竟不是人人都能成为大股东的,哈罗特很有可能赞成你们二人拥有公司大多数股权的看法,例如你与哈罗特平分80%的公司股权。那么此时你就该将你稳健的风范发挥出来,告诉剩下的合伙人,他们将平分剩下的20%,在这个时候不能够讲友谊的深浅。因为从事业角度来说,友谊是一种很有破坏性并且不稳定的因素。那么再将纳税以前一年所盈利的30%平均分配给他们。

当然为了避免以后很可能发生的误会,你最好将你与合伙人所持股份交给律师和会计师共同评估。否则一旦未来某人对其他合伙者声明他的股权应该拥有更大的利润时,就会像离婚一样让人烦心。因此为了防止有人有可能出售自己的股权,你们必须每年都要进行股权分配评估,这样就能让你在抽身离开的同时又避免了不必要的财产损失。

在这一点上我不是冒失地开口,因为我清楚地知道,这项事业中你的资金有着决定性的作用,那么就有必要请会计师和律师来为你操办股权认证情况。而这样也能让你自己的资金和你同伴的股份都能够达到一定程度上的控制。

我们家族的产业正在勤劳和努力中奋发地成长。最后我要告诉你的是，冒险也是一份值得投资的事情，但赚钱的过程并不一定要去冒险。

你的父亲约翰·皮尔庞特·摩根

第六封　金钱的作用

金钱可以用来投资以换取更大的利润；也可以用来享受生活，尽情挥霍。用钱可以买到你的生活必需品，也可以让你去酒吧大醉一夜，而忘记明天生活的压力。但我最担心的是，你不知道钱的正确作用，以为出手阔绰，就能赢得别人对你的好感，这一点是最可怕的。

亲爱的小约翰：

因为我害怕让你成长在固定的模式中，所以我很少在你生活方面限制住你。但最近你所做的一些事让我很是担心，我感觉我有必要和你探讨一下关于金钱的作用。

这件事的起因是在会计师去兑现几张招待清单开始的，这件事让我很困惑，这样一笔数额巨大的招待费是怎么产生的？在我们的客户中，我不记得谁是王公贵族，那么又是哪位客户要求你如此华丽地去招待他们呢？或者因为你自己已经染上了奢华浪费的习惯？

在客户和朋友的眼中，你总是一副非常阔绰的样子。适当的阔绰是可以的，我不认为这是一种错误。但铺张浪费就有着炫耀的含义了，因为在我看来这不是一件值得骄傲的事情。

金钱可以用来投资以换取更大的利润；也可以用来享受生活，尽情挥霍。用钱可以买到你的生活必需品，也可以让你去酒吧大醉一夜，而忘记明天生活的压力。但我最担心的是，你不知道钱的正确作用，以为出手阔绰，就能赢得别人对你的好感，这一点是最可怕的。

第一印象的重要性想必不用我再多说。虽然在奢华的地方去招待新客户是很快乐和体面的一件事，但是却不一定能够在客户面前为我们留下一个好的印象。关于这方面，你是否仔细地考虑过？客户在实地考察了我们的公司，也接受了我们所提供的价值100美元的餐饮招待之后，想必他们已经知道自己会作什么样的决定。因此，此时你所要做的就是自信地去与客户谈合作，而不是把我们的家产掏空去招待他们。

除此之外，你是否想过，在客户眼中你这种奢华的消费态度会让人心生反感？他们会想，这些用来享受的钱都是从他们手中赚走的，甚至可能会想你是不是卖给他们高价产品。在这种情况下，他们在以后的日子里就会慎重考虑是不是还要和你继续合作下去。如果你为了保持这样的业务来往，将会花费更多的代价来促成合作。

让客户知道我们的财富底蕴固然重要，但无谓的奢华浪费让人看来是一种非常愚蠢的表现。企业家们的工作是以现有的资金去获得更大更多的财富，而绝不是把自己的财产铺张浪费，挥霍一空。这样不但得不到别人的好感，反而会让他们认为你是一个愚蠢的人，从而不和你往来。

贫穷也是人生的一种财富，当我回想过去时，我很感谢上帝，他把这项你所没有的财富赐给了我。

你一定不知道，在我的童年，家里有时连三餐都无法维持。我的故乡也有着一位富翁，他很会享受生活，每次慈善机构需要捐款时，他总是捐助金钱最多的人。但当我决定去学习他的赚钱方法时，我知道了一些关于他的风闻：他总是对于员工过分地苛刻，哪怕是只有一丁点的利益，也要压榨出来，有很多的人都称呼他为"吝啬的富翁"。但在我现在看来，其实当时也许完全是因为别人在羡慕他的成功，从而随意加上了这些包含恶意的语言。

在那个小镇当中，富翁就好像生活在一个透明水缸中的鱼儿，他的举手投足都会吸引大家的目光，而和他沾边的消息更是大家茶余饭后的主要话题。我就知道一位在富翁背后把一点小事添油加醋加以宣传的人，但是此人在富翁面前对他点头哈腰，说他是一个成功的企业家，是一位慈善家，等等。值得庆幸的是，这位富翁从不会让这些虚假的言语影响自己，他总是以亲切的言语去赞美他们。他知道这些人都在羡慕他的财富，在他的背后说着他的坏话，可他从来没有关注过这种事情，只是一心一意经营好自己的工场。

你的祖母总是对我说："一个不注意小钱的人，是不会留住大钱的。"现在回想一下，这句话非常有道理。我想要让你知道，金钱可能会给你带来一些虚伪的朋友，他们总是一边不断对你说好话，一边从你口袋里掏出更多的金钱。如今我身边的朋友们都是从小结识的玩伴，我们的友谊中绝不掺杂金钱的纠葛，何况现在他们本身都有着不小的财富，所以你完全不用怀疑他们。而现在主要问题在你的身上，你打小就是在富足的家庭中成长，所以在你的身边有一些人是真心地和你做朋友，有些人却只是觊觎你的钱财，但是如何区分他们，就需要你自己去发现了。

人们都喜欢和有钱人交往，因为在和有钱人交往的过程中，能够让他们享受到他们从来不曾享受的物质生活。这是人的天性，而在你的朋友中也一定存在这样的人。对于因为你家庭富裕而成为你朋友的人，你一定要警觉。

　　除此之外，还有一群人，他们和你保持一定的距离是为了避免你去怀疑他们的用心，只为了维护纯粹的友谊，这些人你一定不能忽视。这部分人一般都不会主动邀请你，但可能因为你的意外出现，而使得他们高兴不已，总是亲切地和你说着家常，这才是真正的朋友。

你的父亲约翰·皮尔庞特·摩根

第七封　信用的宝贵

　　名声和财产都只是一件唯美的装饰品，但信用却可以让你获得更多。强健的身体，真正的友情，幸福的家庭，忠诚的员工，宝贵的爱情。这些都是你用再多的金钱也换不来的事物，而且使用的年限是终身。

亲爱的小约翰：

　　得到一位真正的朋友是一件很不容易的事，但失去一个朋友却很容易。最快的方法就是把钱借给他，不过我劝你不要去试验这个办法。最好不要答应朋友借钱的要求，当他真的需要用钱的时候，可以去银行贷款，而不是向你开口。

千万不要用金钱去衡量你们之间友谊的深浅。这是一个亘古不变的真理。当你的朋友遇到困难时，你可以主动去帮助他，这样不但不会伤害到你们之间的友谊，更会让他对你感激不尽；一旦等他有了能力，一定会偿还上这笔债务，这样你们的友谊也能走得更长更远。

狄米斯·托克斯在为她的女儿选择爱人时，从来不考虑对方的家产，他的选择永远是那些性格、人品俱佳的人，哪怕对方是贫穷、落魄的人。他从不倾向于那些有着无数身价，但在交际方面有着不好名声的人。所以你要记住，金钱永远不是评判一个人好坏的标准。

我对现在我白手起家所创造出的这份家业感到骄傲。现在我等待着你加入这份工作，你应该感到骄傲，更要珍惜。

如果你想要做出一番轰轰烈烈的事业，就必须要拿出你所贡献的成绩单。不然我将会拿起一把锤子，打击你那因为骄傲而膨胀的人生，直到你承认自己只是一个很普通且平凡的人为止。我这么说不是让你不为自己的成功而祝贺。你可以选择在不奢华浪费的前提下，去和你的朋友们分享这份喜悦。如果你真的这么做了，那么在你失败并且失意的情况下，你的朋友还可以倾听你对他们所述说的困难哦，而你得到的安慰也会让你很快振作起来。

一位富足的人，经常会感慨自己的孤单，因为他们的身价让他们想找到一位真心的朋友是非常不容易的。这是我在经历了贫穷和富足两种生活环境后所需要告诉你的。

金钱在某个方面可以看成幸福的代名词，如果你驾驭得恰当的话，会让你感受到极大的快乐；人在这一生中无论做什么事情，大多数都是在围绕着金钱转圈。当你有了钱，你可以在这个世界上享受一切你能够享受的东西，但也是因为有钱，你会觉得在你身边所有的人都对你有所目的，而这样如何去计算得失就看你怎么去衡量了。

一个善于用脑的人，很容易就能踏进富足的门槛，当他一旦变得富足，他和他的爱人就经常会做出一些愚蠢的事情，这样的情况是很常见的。他们更容易把辛辛苦苦所赚的钱，在很短的一段时间内挥霍出去。

财富只是一种让人快乐地去享受的手段，我不是让你去成为一个守财奴，你要做的就是在需要的时候不节省，但不必要的花销则是能省就省。不要去为了那一点点的钱财算计太多，因为人不可能清楚地知道你所花出去的所有钱都在什么地方。

节俭是你必须放在心上的事情，当你手里哪怕有 1 分钱，也要把它当成一枚可以为你产生利润的种子，去产生 10 万美元甚至几百万美元的种子，当然这样的路是将会是一条延至天际却有难以行进的道路。

金钱就是一枚可以让你的信用更加稳固的种子。当你在推动一项计划的同时，你的信用也将作为一份资产。如果你默默无名，那你在向他人借钱的时候，你想过有谁会借给你吗？但当你拥有了 200 万美元而去向对方借 100 美元，就是一件很容易的事情了。

当你要去存储一笔资金时，可能需要很长的一段时间，但要让你去把这些钱花掉，可能连一天都不需要用到，因为积累总是缓慢的。当你手里有一个能赚到 1 美元的计划时，你也要一步一步慢慢地向着你的方向前进，不能因为省事而去投机取巧。你要明白，在通往那个名叫成功的道路上有很多的分叉，你一时的选择可能就会误入歧途。当你选择了一条道路时，就要稳扎稳打，坚定地走下去。有很多人在事业的一开始就赚取到了很多的利润，然后开始自大忘形，认为自己做什么都能够成功，又要去创造一条从未走过的道路，这样非但远离了一开始的道路，还会把自己以前所赚取的一切都搭进去。而这样的人之所以会失败就是因为他们自以为自己是天才，不管做什么都会成功，自以为是击败了他们。

如果你不在乎钱财，任由它们从你的身边划过，我建议你去帮助在这个世界上那些需要帮助的人们，这样的人群是庞大的、无法统计的。在你上个月的清单中，在我看到你交际费用的金额时，我很惊讶，因为你可能在奢华的环境中迷失了自己。

《圣经》里说道："金钱是罪恶的源泉"；传道书中也说："酒肉、聚会令你欢笑，但是金钱带给你更大的满足。"这两句话我并不苟同。因为在我眼中，金钱应该和你日常的生活有着千丝万缕的关系。我更希望你能够继承我们家的传统，用心去规划你的金钱应该如何花销。

信用远远比金钱更加宝贵，因为我希望你在后面的日子里能够信守你的承诺。名声和财产都只是一件唯美的装饰品，但信用却可以让你获得更多。强健的身体，真正的友情，幸福的家庭，忠诚的员工，宝贵的爱情。这些都是你用再多的金钱也换不来的事物，而且使用的年限是终身。

你的父亲约翰·皮尔庞特·摩根

第八封 愉快地与银行合作

在银行家为你带来贷款拒绝的消息前，你可以更加冷静地去思考一下你的计划是否有不完善的地方或这个公司究竟是否值得你花这么多的资本去收购，一位银行家的忠告是很重要的。

亲爱的小约翰：

我不怪你这次失败，我知道你目前在全身心地投入到公司的业务上，但是却忽视掉了银行的重要关系。这就是你最近在银行贷款和融资上的举动总是失败的原因了。这可能会让你困惑，但每一件事都存在着它的道理。现在我感觉你在企业界已经积累了足够多的经验，所以才把这次去银行申请贷款的事情全权交给你处理，相信你在这方面能够学到很多关于金融方面的知识。

像你这样的企业家有很多，他们都是在申请贷款遭到拒绝或者被撤回的时候才想到平时银行所能带来的种种好处。在企业界存在这样的情况，总是让我觉得很不可思议，因为一家企业的管理者怎么能够忘记在生产和顾客以外还有一个更需要我们注意的存在——银行家呢？

我们在之前的很多次贷款项目中，从来就没有被银行方面拒绝过。或许是因为太过于信赖这样的成绩，所以你在等着银行自动向你下发款项？假如你真的抱有这样的想法，那么你的贷款是永远不会成功的。

你贷款失败后的心情我很能理解，这感觉一定很糟糕。你的下意识反应可能会告诉你"我让他给耍了"或者是"我竟然这么愚蠢"。可你有没有想过，一个银行家也是一名普通人，他们难免会有处理失误的时候。等你仔细地考虑你的付出和需要这笔贷款的目的，再来看看你的贷款申请书，那样你就不会感觉他们是在故意找你的麻烦了。

可能你认为银行家就要在你所需要的时间出现，你会这样看也一定有你的理由。但站在银行家的角度你也要考虑到，可能因为你的贷款不能回笼，银行家也会非常注意去选择那些有把握的对象，将那些没有把握的淘汰掉。并不是所有人都能获得银行家的贷款，当想获得贷款的时候，就必须证明你拥有还款的能力，这是很重要的一点。

如果你想要拿到贷款，那么一个非常关键的因素就是贷款申请书，你不能忽视那份贷款申请书，可能由于你的申请书不够完善，又或者是你非常肯定收购了那公司后会为我们的公司带来很多的帮助，也许是因为你对贷款非常自信，这些都是有可能让你失去贷款的因素。为了贷款，你免不了要和银行家打交道，在你书写申请书的时候，你一定要在申请书上写明你为了什么而贷款，当你的理由能让银行家感兴趣的时候，你离贷款成功就不远了。

在银行的经理深入了解了你需要收购的那家公司时，银行家感觉你是在用他的钱在收购这家公司的债务，因此他对此表现得非常不满意。一个银行家在意的是你库里的存货加上资金的运转，当贷款到期的时候，你是不是有能力还上你所欠下他的贷款。

银行家拒绝你的理由还有另一个重要的因素，就是在你收购的计划中，你所能出到的资金很有限，想要让他安稳地与你共同投资，那么你的资金比例最少要占到这笔投资的30%左右，这样他才不会担心他的资金不能够收回。

每个银行家都有自己的投资办法，如果你想拿到这笔贷款，你就必须拟定好一份可行的计划书。你现在的想法可能和我的一样，但要行动起来可能就会遭到各种麻烦。现在所需要的是你的朋友圈和你的能力，去和银行接触，使得你们之间有一份深厚的关系，这样就能让你和银行家展开一场开心的合作。

　　现在你可以去请能为你带来收获的银行经理吃顿晚宴。一场愉快的晚宴怎么也比在冰冷的办公桌前谈话来得轻松。可能他会拒绝你的邀请，但你要做的是一次又一次地邀请他，直到你们能够共进晚餐时。他不单会感谢你的晚宴，也会对你的请求很有帮助。当你在一年的时间里与他共进餐几次，等到你需要贷款的时候，先说出你对于你未来的规划，这样更能拉近彼此的关系。当然这样的办法，同时有很多人在使用，那么你就不要有着必须贷款给你的希望。

　　在你要和银行家们谈论需要贷款的时候，也是有一些小窍门的。在饭后甜点的时间，你可以清楚地告诉他你需要多少数目的贷款金额。这个时候银行家很可能会说会仔细考虑你的请求，也可能会明确地表示让你对这笔贷款死心。可能这段时间内有着好几个贷款项目让他睡不好觉，这个时间你就必须让他知道你的还款能力如何！

　　在这个世界上没有白吃的宴席。他们在审核你的计划，并告诉你拒绝贷款的理由，这也许就是他挽救了你即将可能犯下的错，他们对于审核计划案有很多的看法，因为这就是他的工作，但对于我们来说可能一年就这么一次。一份投资贷款的申请被拒绝和买下一个腐朽的公司相比，我想你能知道它们之间的差别。在银行家给的忠告中，你自己琢磨下，当你决定时，再去试试吧。

你的父亲约翰·皮尔庞特·摩根

第九封　发挥自己的能力吧

也许在未来的某个清晨，你醒来后发现我可能再也无法醒来。从那一刻起，你不只要照顾好家庭，也要扛起公司所带给你的压力。你现在必须做好心理准备迎接压力的到来。

亲爱的小约翰：

我想我到了该退休的时候了，也到了该让你发挥自己的才能的时间了。我很感谢你能在这个时候还挽留我，但我知道你这纯粹是为了我。可当我以一个公司职员的身份去参加公司管理的时候，我的自尊心不会让我这样做，虽然听到你的请求我非常地高兴，但是不管是以未来发展来说，还是我现在看到的这份周密、长远的计划书来说，你的要求对于公司来说不会是一个好的办法。

在大多数的家族企业当中，有的企业因为他们一些愚蠢的决定，就让企业再没有翻身的机会。这样的情况是很常见的，而在这些企业中他们总是会犯下两个足以致命的错误。

在他们的第一个错误中，他们总是认为他们的企业可以经久不衰，颇有些自大的习惯。最悲哀的也是当你苍老时，却还以为自己是能够掌管一切的负责人。当然，或许也正是因为这种坚韧的性格，才使他们挺过在初期所经历的种种困难，才能使得今天的事业宏伟壮大，但这种个性在现在却限制了公司的寿命。我可不想在我死后会有人这么说我。

第二个错误就是，家族企业的开拓者从不肯放下自己手中的权柄，他们总是在担心继承人是否有着和他们一样的能力。就这样，他们不肯放下手中的权力，而继承人也不能完全地掌控公司，在继承人执行决策时，他总是要说上那么几句，可就因为这几句话，就可能导致一个良好的计划付诸东流。两个人的思想不可能一致，如果二人展开了领导权的争夺，那将是很凄惨的一件事。

在很多的家族企业中，他早就选好了一位德才具备的继承人，但只是忘了给他所需要发挥的空间，这样就使得很多的家族企业面临着倒闭的尴尬，有些已经完全地没落了，有些则早早地进行了拍卖。很多人在创造了一个属于自己的商业帝国后，伴随着各种原因，又让他的企业跟他一起消失在这个世界，这是让人非常痛心的结果。

因此，我现在就把权力交给你，让你放手管理我们的家族企业，为了让我们不踏上他们的旧路，同时也让我们的企业能够适应国际化的发展。不然我们的企业很可能就会让外国的那些非常先进的公司收购或宣告破产，我们必须将我们亲手建造的事业交给我们的下一代人。

我把权力交给你的理由很简单，也许在未来的某个清晨，你醒来后发现我可能再也无法醒来。从那一刻起，你不只要照顾好家庭，也要扛起公司所带给你的压力。你现在必须做好心理准备迎接压力的到来。也许在我死后的一年，公司就会面临一个危机，这时每个公司的职员都会想："在大老板死后，这家公司以后会发展成什么样子呢？"在我们公司所来往的客户、你的朋友、公司的竞争对手，都会拭目以待看你如何发展下去。我们的公司里存在着很多的利益纠葛，银行方面会担心他们的贷款是否能够按时归还，员工们关心着他们生活的饭碗，客户们看重我们公司以后的服务和商品的质量，那么在这个关键的时候，也许你只是轻轻地说了某句话，那么重要的部门干部很可能去寻找新的工作，而银行有可能会变得很敏感，虽然他们不会因为我的死亡就收回他们的贷款，但却可以把你贷款的额度无限地缩小。

在公司的管理上，千万不能自以为是，但在该表达出你自信的地方，你一定要表现出你的自信，这样就让客户和竞争对手看不透你的经营方针。如果在我死后，你能对每个人都说出："父亲的去世，让我感到万分悲痛（你会这样说吧），但在对于公司的所有事情上没有影响，父亲在从把权力交到我手中以后，就很少过问公司的事情，公司的管理者一直都是我，当各位听到我父亲去世的消息时，也就能够安心了。"

当然我们以后还是有私下探讨的机会，但话题大部分都是信仰以及政治方面了。而对于你在公司所运营的方针，我没有打算谈起它的意思。可能在以后的社交场合上，我的老朋友会告诉我你在工作上的事情。已经有很多的亲友说过："你跟你的父亲很像！"可能在未来的某一天，他们会说出那句艾德蒙·巴克的名言，"你不仅是像你的父亲，简直就是一模一样"。我没有办法猜到你听到这句话时是什么样的表情，但我一定会开心极了。

假如你真的想知道父亲为什么就这样把奋斗了这么长时间的事业放手，那么我告诉你：

"因为你的母亲，在陪伴我的这20多年来，她仅仅只享受到了两次假期，而我正要去改写这份记录单。

"那个已经让我抛在脑后的花园需要我去花更多的时间照顾了，身为一名园丁是总要去展现一下他不平凡的目光了。

306

"在北边的湖泊里有着很多的鱼儿，在等着吃我的诱饵，在天上总盘旋着的那几只大雁，是在准备选择自己适合的锅子。"

这样我就能够去好好地享受一下我的人生，还有一些话，我希望这是最后我需要告诉你的了。在以前的日子里我告诉了你很多，也不记得这是我告诉你的第几条道理了：就像你会遵守宴会上的礼仪，但也不能忘记遵守人生上的礼仪，当美味的佳肴端到你的面前时，伸出双手，静静地等待它的到来。佳肴是这样，那么你的地位、财富、佳人也是同样的道理。

我从来都不相信有灵魂可以轮回，不过到时候我如果真的碰见这么件事，我希望能把我再送到你的身边来做你的小约翰，如果有你这样的父亲，那么我的人生将会多姿多彩。

给予你我全部的爱。

你的父亲约翰·皮尔庞特·摩根